Reflexões sobre a Revolução na França

O livro é a porta que se abre para a realização do homem.

Jair Lot Vieira

Edmund Burke

Reflexões sobre a Revolução na França

Tradução, apresentação e notas
JOSÉ MIGUEL NANNI SOARES
Doutorando em História Social
pela Universidade de São Paulo e bolsista Fapesp;
tem se dedicado aos estudos da historiografia da Revolução Francesa
e do pensamento do contrarrevolucionário saboiano
Joseph de Maistre, em especial.

Copyright da tradução e desta edição © 2014 by Edipro Edições Profissionais Ltda.

Todos os direitos reservados. Nenhuma parte deste livro poderá ser reproduzida ou transmitida de qualquer forma ou por quaisquer meios, eletrônicos ou mecânicos, incluindo fotocópia, gravação ou qualquer sistema de armazenamento e recuperação de informações, sem permissão por escrito do editor.

Grafia conforme o novo Acordo Ortográfico da Língua Portuguesa.

1ª edição, 2ª reimpressão 2019

Editores: Jair Lot Vieira e Maíra Lot Vieira Micales
Coordenação editorial: Fernanda Godoy Tarcinalli
Tradução, apresentação e notas: José Miguel Nanni Soares
Editoração: Alexandre Rudyard Benevides
Revisão: Beatriz Rodrigues de Lima
Diagramação e Arte: Karine Moreto Massoca

Dados Internacionais de Catalogação na Publicação (CIP)
(Câmara Brasileira do Livro, SP, Brasil)

Burke, Edmund, 1729?-1797

Reflexões sobre a Revolução na França / Edmund Burke ; tradução, apresentação e notas de José Miguel Nanni Soares – São Paulo : Edipro, 2014.

Título original: Reflections on the Revolution in France.

Bibliografia

ISBN 978-85-7283-862-7

1. França – História – Revolução, 1789-1799 – Causas 2. França – Política e governo – 1789-1799 3. Grã-Bretanha – Política e governo – 1760-1789 I. Título.

14-00917   CDD-944.04

Índice para catálogo sistemático:
1. França : Revolução : 1789-1799 : História : 944.04

São Paulo: (11) 3107-4788 • Bauru: (14) 3234-4121
www.edipro.com.br • edipro@edipro.com.br
@editoraedipro   @editoraedipro

Sumário

Introdução 7
    Referências 23

Reflexões sobre a Revolução na França 25

Introdução

> *Foram escritas várias obras antirrevolucionárias sobre a Revolução. Burke escreveu um livro revolucionário contra a Revolução.*
>
> Novalis (1772-1801)

Definidas pioneiramente pelo político, jurista e historiador escocês James Mackintosh (1765-1832) como um "manifesto da contrarrevolução",[1] e descritas pelo historiador Alfred Cobban (1901-1968) como "o maior e o mais influente panfleto político jamais escrito, e uma contribuição clássica para a teoria política da civilização ocidental",[2] as *Reflexões* (publicadas em primeiro de novembro de 1790) de Edmund Burke (1730-1797)[3] foram logo traduzidas para o francês (em apenas um mês!), alemão, italiano e, em edição clandestina, para o espanhol – no mundo lusófono, seria preciso esperar até 1812 pela publicação de excertos da obra nos *Extratos das obras políticas e econômicas de Edmund Burke*, do Visconde de Cairu. Na Inglaterra, foram vendidas 5.500 cópias em 17 dias, 19 mil no primeiro ano e 30 mil até o falecimento do autor, em julho de 1797. Na França, foram 2 mil exemplares nos dois primeiros dias e, em fevereiro de 1791, a obra já alcançava sua terceira edição, com mais de 10 mil exemplares vendidos.[4]

Desde então, duas questões têm inquietado os leitores da obra. A primeira procura entender as razões que levaram um político e intelectual de histó-

---

1. Em *Vindiciae Gallicae*, de 1791, panfleto favorável à Revolução Francesa.
2. COBBAN, 1950, p. 4.
3. Para uma revisão biográfica e historiográfica crítica do autor, leia-se o excelente trabalho de FLORENZANO, 1999, p. 148-80.
4. GODECHOT, 1961, p. 70-3.

rico liberal como Burke (defensor da causa dos católicos irlandeses, dos colonos norte-americanos e do povo indiano contra os diversos abusos das autoridades britânicas) a odiar tão radicalmente a Revolução na França, e num momento em que, como bem notou o historiador E. Halévy, "era uma ilusão compartilhada por todos os simpáticos à França na Inglaterra que a Revolução de 1789 era uma revolução de tipo inglês, uma imitação da revolução de 1688 e inspirada nas ideias inglesas"?[5] Em segundo lugar e na esteira da primeira questão, por que o tom agressivo e veemente da obra, que levou um filósofo liberal como Isaiah Berlin a caracterizar seu autor como um inimigo da Ilustração?[6]

Com efeito, desde a publicação do célebre panfleto de Thomas Paine em resposta às *Reflexões*, Burke tem sido acusado de haver abusado da retórica para distorcer a realidade e enganar seus leitores; mais especificamente, de recorrer a "trágicas" ou "horrendas" pinturas – "muito bem calculadas", segundo Paine, "para a "representação teatral, onde os fatos são manejados tendo em vista o espetáculo e adaptados para produzir, pela fraqueza de sentimento, o efeito do choro" –, esquecendo-se de que escrevia "história e não peças, e que os leitores esperarão verdade e não linguagem altissonante nem exclamações em alta voz".[7]

Para o renomado[8] autor de *Os Direitos do Homem*, a linguagem "alegre e florida" do panfleto burkeano – com seu estilo ou formato indefinido (uma "Miscelânea", pois não se tratava nem de carta, nem de panfleto político, nem de tratado histórico) –, traduzia uma estratégia retórica do autor para encobrir as debilidades e insuficiências de um intransigente e irracio-

---

5. HALÉVY, 1928, p. 169.

6. Em seu excelente estudo, Gertrude Himmelfarb (2004, p. 251) destacou o modo com que Berlin (*Against the current: essays in the History of Ideas*, 1955) se referiu depreciativamente a Burke, ora identificando-o como um autor de ideias "fortemente conservadoras e, com efeito, de implicações reacionárias", ora associando-o a uma cadeia nada lisonjeira de autores anti-Ilustrados que, incluindo autores tão distintos como Hamann, Fichte, Maistre e Bonald, culminava nos autores fascistas do século XX. Na contramão de Berlin e na esteira de Himmelfarb, Pierre Manent (1986, p. 9-10) observou com agudeza que a originalidade de Burke foi a de ter empreendido uma crítica conservadora à Revolução Francesa sem ter abandonado a doutrina liberal. No mesmo sentido, Cecil P. Courtney (1989) sublinhou que a filosofia política de Burke não representou uma revolta contra as Luzes, mas contra o racionalismo abstrato dos partidários dos direitos do homem.

7. PAINE, 1989, p. 41 e 97.

8. Paine já havia obtido notoriedade por meio de seu panfleto *O Senso Comum*, de 1776, que galvanizou a opinião pública dos colonos norte-americanos a favor da Revolução e da proclamação de um novo governo inspirado em ideais republicanos.

nal ataque a uma revolução de caráter eminentemente liberal-democrático como a que ocorrera na França (e que ele, Paine, a exemplo da maioria dos observadores liberais ingleses, considerava pacífica e estabilizada), assim como uma anacrônica defesa da monarquia e da aristocracia. No século XX, um renomado historiador como Jacques Godechot não fez mais que reproduzir, com outras palavras, o raciocínio condenatório de Paine. Segundo ele, as *Reflexões* possuem um duplo caráter, na medida em que apresentam simultaneamente uma exposição doutrinal de valores conservadores críticos à democracia (de onde a obra derivaria todo seu valor) e um requisitório "virulento" e frequentemente "arbitrário" (resultado de um misto de desinformação com deformação deliberada) da Revolução Francesa, portanto, sem nenhuma validade como obra histórica.[9]

Todavia, para além do justo título de obra fundadora do moderno conservadorismo político,[10] as *Reflexões* não podem ser ignoradas como um fecundo e original ensaio de interpretação histórica de uma revolução ainda em seus primórdios (fato este que Burke teve o mérito de distinguir).

Em primeiro lugar, é preciso esclarecer que Burke esteve longe de pretender capturar as emoções de seus leitores prescindindo completamente dos meios argumentativos e racionais do convencimento. Acima de tudo, Burke era tributário de uma tradição retórica que, encabeçada por Aristóteles, concedia a primazia ao apelo racional e definia o propósito da retórica como sendo um amparo e auxiliar do julgamento (*krisis*) – aristotelicamente assumido como um processo racional que mede as evidências, pesa as alternativas e obedece a procedimentos objetivos. A exemplo do Estagirita, os apelos emocionais e éticos constituíam meios subordinados para servir como reforço do julgamento racional: "Nenhum dos dois encarou suas audiências como tão fracas a ponto de serem convencidas por meio de um primário apelo emocional. Persuasão, em teoria pelo menos, era um processo de convencimento racional".[11]

Apresentadas e justificadas como uma carta endereçada a um jovem fidalgo francês, as *Reflexões* foram logo percebidas por seus leitores como um

---

9. GODECHOT, 1961, p. 66.
10. Opinião compartilhada por dois estudos clássicos sobre o pensamento conservador, respectivamente: Mannhein (1963, p. 93); Nisbet (1987, p. 15). Num estudo mais recente, o economista alemão Albert O. Hirschman (1992) observou como a retórica burkeana (classificada por ele como "retórica da perversidade") mobilizada nas *Reflexões* continua sendo um manancial inesgotável para as críticas de tendência conservadora e/ou liberal, em relação às medidas socioeconômicas intervencionistas ou inclusivas dos governos.
11. LOCK, 2000, p. 23.

panfleto, o que no século XVIII implicava em "um breve texto de prosa argumentativa, que trata de uma questão mais ou menos tópica, endereçado a um público bastante amplo, buscando exercer algum tipo de persuasão". Escritos com a intenção de persuadir, os panfletos eram "inescapavelmente retóricos", lançando mão de apelos "racionais, emocionais e éticos bem específicos".[12] De modo que os apelos burkeanos ao "discurso do precedente jurídico" e o recurso à "história paralela" (notadamente dos inúmeros exemplos tirados da história romana) autorizam o pleno enquadramento da obra como um panfleto, apesar de ela possuir uma extensão característica de um tratado político.

A respeito das passagens mais polêmicas (e destacadamente retóricas) do panfleto, o historiador F. P. Lock destacou o quanto a reabilitação da cavalaria presente nas *Reflexões* é de capital importância para a compreensão da obra, uma vez que para Burke o evento definidor da Revolução Francesa não foi a tomada da Bastilha (um evento recebido com entusiasmo quase unânime pelos mais distintos observadores ingleses), mas as jornadas de 5-6 de outubro de 1789, responsáveis pela transferência da família real a Paris por meio de um ato de força da multidão (que por muito pouco não culminou no linchamento de Maria Antonieta, assim como acontecera com os seus guardas).

Por mais escandaloso que isto possa parecer às nossas suscetibilidades modernas, a verdade é que a cavalaria (a aristocracia e as instituições monásticas) foi apreendida – e por mais de um autor britânico inequivocamente ilustrado – como uma força positiva e progressista da história moderna da Europa. A título de ilustração, o economista político e historiador escocês Adam Fergunson (1723-1816), em seu *Essay on the History of Civil Society* (1767), creditou à cavalaria um importante papel no desenvolvimento da "civilização moderna" (isto é, mercantil e socialmente diversificada). Mesmo Edward Gibbon (1737-1794), figura-chave da ilustração inglesa, sem deixar de reconhecer os abusos da Idade Média, era capaz de celebrar o ideal de cavalaria no volume final de sua *History* (1788), a ponto de, nas palavras de Lock (autor da mais completa e recente biografia de Burke), nenhum leitor atento de Gibbon poder ficar surpreso com a apologia de Maria Antonieta presente das *Reflexões:* "Eu adoro sua cavalaria".[13]

---

12. LOCK apud LEBRUN, 2010, p. 19-20.

13. Ademais, como logrou demonstrar o mesmo biógrafo, o interesse e simpatia burkeanos pela cavalaria datam de um período muito anterior à Revolução Francesa e à ameaça de contaminação na Inglaterra, remontando ao período de seu inacabado *History of England* (1757) e às edições do *Annual Register*. Leia-se: LOCK, 2006, p. 300.

Indignado desde a primeira hora com este episódio, o fato é que Burke só se manifestou (e a Revolução Francesa como um todo) em fevereiro de 1790, após tomar conhecimento, no mês anterior, dos efusivos comentários do dissidente religioso Richard Price sobre aquele "desfile triunfal" dos revolucionários franceses, e os quais, proferidos em um sermão de 4 de novembro de 1789 para o clube da Sociedade da Revolução de 1688, representaram o estopim para a redação das *Reflexões*.

Na visão de Burke, o contraste entre sua própria reação de horror e, ante o mesmo episódio, o rejúbilo "blasfemo" de Price, passou a simbolizar a oposição entre os sentimentos morais "naturais" (que ele, Burke, pretendia suscitar em seus leitores) e os "fanáticos" (atribuídos por ele aos revolucionários franceses e aos dissidentes radicais ingleses), de modo que a seção dedicada aos dias de outubro e suas ramificações foram designadas por Burke como um "um teste de sensibilidade para seus leitores".[14]

Ademais, conforme demonstrou o historiador J. C. D. Clark em um brilhante estudo sobre as *Reflexões*, Burke era tributário de uma tradição política clássica que, formulada por Giovanni Bocaccio em *De Casibus Virorum Illustrium* (1355-1374) e integrada à concepção trágica do teatro inglês, associava a "revolução" aos inesperados giros ("revoluções") da Roda da Fortuna. Segundo Clark, somente por meio desta concepção clássica da "revolução" – a qual, consagrada no teatro shakespeariano, realçava o espetáculo dos grandes homens sendo rebaixados pelos golpes (inesperados e repentinos) da Fortuna[15] – é que o leitor moderno logra compreender as intenções e o *pathos* burkeano expressos nas eloquentes alusões à Maria Antonieta e ao fim da "era da cavalaria". Neste sentido, a expropriação do clero francês (que ele, amparado em uma visita que fizera à França em 1773, e nas relações que estabelecera com alguns membros daquela ordem, julgava digno e virtuoso), a sistemática destruição da nobreza (na sociedade civil e no exército), e o quase linchamento de uma rainha (o elemento mais frágil e simbólico da hierarquia social), ofereceram os elementos clássicos para que Burke tingisse sua narrativa da Revolução Francesa com cores dramáticas.[16] Amparado em extensa documentação, Clark demonstrou como os contemporâneos de Burke, especialmente os políticos *whigs* liderados por Charles Fox, subestimaram a extensão de violência

---

14. LOCK, 2006, p. 296.

15. Leia-se, por exemplo, o penetrante ensaio de Antônio Cândido em: "*A culpa dos reis: mando e transgressão no 'Ricardo II'*" (CÂNDIDO apud NOVAES, 1992).

16. CLARK, 2001, p. 89-90.

pessoal, as desordens, as destruições de propriedades e a insubordinação militar flagrantes naqueles idílicos e supostamente pacíficos anos de 1789-1790. Burke, portanto, não só não ignorou esses episódios (extensivamente retratados pela imprensa britânica, mormente nas páginas do conservador *The Times*, mas também nas páginas do periódico semioficial francês *Le Moniteur*), como lhes atribuiu o devido peso.[17]

Entretanto, esta concepção clássica de revolução é incapaz de esclarecer o profundo e incrível prognóstico contido nas *Reflexões*, e o qual, vendo nos acontecimentos de além-Mancha não o epílogo, mas o prefácio de uma revolução ainda no seu início, segue inquietando os estudiosos:

> Dificilmente permanecerá em seu estado atual; mas antes de tomar sua forma definitiva ele [governo francês] pode ser obrigado a passar, como diz um de nossos poetas, "por grandes variedades de formas desconhecidas do ser", sendo purificado pelo fogo e pelo sangue em todas as suas transmigrações.[18]

É certo que aquela concepção "clássica" de revolução combinava-se com outra, nascida da observação atenta e crítica de Burke[19] das atividades políticas dos dissidentes ingleses. De acordo com este novo *insight* burkeano (em grande parte, derivado de suas leituras históricas de David Hume), a Revolução de 1789 representava o triunfo de um novo fanatismo na arena política, a saber, um fanatismo de natureza laica (nem por isto menos dogmático) expresso pelos defensores dos Direitos do Homem, a nova religião democrática e niveladora que ameaçaria todos os regimes estabelecidos na Europa a partir de então, inclusive o livre e próspero sistema constitucional inglês.[20]

Conforme o próprio Burke expressou em uma carta enviada a um dissidente de Bristol:

---

17. CLARK, op. cit., p. 51-3.
18. Ver nesta edição, p. 254.
19. Burke recorreu a um vasto número de publicações pré-revolucionárias francesas, as quais incluíam desde panfletos e reproduções dos *cahiers de doléances* (cadernos de queixas) das três ordens aos discursos e relatórios de abertura dos Estados Gerais. Lera não apenas os escritos dos monarquianos e dos primeiros émigrés (como Lally-Tollendal e Mounier), como estabelecera um contato pessoal com eles. Suas referências aos discursos dos deputados Gaston Camus (um dos principais articuladores da Constituição Civil do Clero) e Rabaut Saint-Etienne (pastor protestante e um dos principais oradores da Assembleia Constituinte, a qual chegou a presidir), bem como o acompanhamento diário dos periódicos ingleses e franceses (como o *Le Moniteur* e o *Courier Français*, que reproduziam os debates e discursos parlamentares), não deixam dúvidas sobre a amplitude, diversidade e profundidade das informações de que o autor das *Reflexões* dispunha quando redigiu seu célebre panfleto. Burke podia ser tudo, menos mal ou insuficientemente informado. Cf. CLARK, 2001, p. 49.
20. CLARK, 2001, p. 92-3.

Tomei conhecimento recentemente de duas publicações, que não me deixaram dúvidas de que um partido considerável foi formado e está atuando sistematicamente para destruir a Constituição nas suas partes essenciais. Fico surpreso em ver assembleias religiosas se transformarem em lugares de exercício de política e o crescimento de um partido que parece ter muito mais discórdia e poder do que piedade como seu objetivo.[21]

Pouco depois, quando já redigia as *Reflexões,* Burke fora comunicado por um amigo (cuja identidade permanece desconhecida) sobre o teor politicamente radical das propostas formuladas pelos dissidentes religiosos associados a Richard Price e Joseph Priestley, os quais promoveram uma intensa campanha nacional de propaganda a favor da reforma parlamentar e pela supressão do Test e do Corporation Act (que obrigavam todos os postulantes a cargos administrativos ou públicos a fazer um juramento de fé anglicana) a partir de fevereiro de 1790. A esse correspondente anônimo, Burke escreveu:

alguns deles encontram-se tão acalorados por suas teorias particulares, que oferecem mais do que indícios de que a queda dos poderes civis, com todas as suas terríveis consequências, contanto que possam ser úteis às suas teorias, não seria algo inaceitável ou muito distante de seus desejos.[22]

Foi assim que, em meio aos elogios à Revolução Francesa pelos dissidentes ingleses e, no Parlamento, por Fox e pelo primeiro-ministro britânico William Pitt, Burke proferiu o seguinte discurso:

Desde que a Casa [Câmara dos Comuns] entrara em recesso no último verão, muito trabalho foi feito na França. Os franceses mostraram-se ao mundo como os mais hábeis arquitetos da ruína que já existiram. Naquele exíguo espaço de tempo, eles deitaram completamente por terra sua monarquia; sua igreja; sua nobreza; sua lei; sua receita pública; seu exército; sua marinha; seu comércio; suas artes; e suas manufaturas.

Ciente da força de sedução exercida pela Revolução Francesa junto aos elementos políticos liberais da aristocracia inglesa (mormente os líderes de seu partido *whig*), Burke advertiu sobre o perigo existente na Inglaterra em caso de uma "imitação dos excessos de uma irracional, desregrada, proscritora, confiscadora, açambarcadora, feroz, sangrenta e tirânica democracia", a qual, em matéria de religião, substituía o perigo da intolerância pelo do ateísmo (segundo ele, há muito "encarnado" numa "facção" de homens de letras). Denunciando os riscos inerentes à Inglaterra de uma possível "imitação

---

21. Carta de Burke a Bright de 18.2.1790 (CLARK, op. cit., p. 59).

22. CLARK, 2001, p. 60.

do espírito francês de Reforma" – espírito este caracterizado pela glorificação da revolução como modalidade de ação política, "como se as revoluções fossem coisas boas em si mesmas" – Burke encerrou seu discurso com a seguinte provocação:

> Todos os horrores e todos os crimes da anarquia que produziram a sua revolução, acompanharam o seu progresso, e devem virtualmente servi-la em seu estabelecimento, não significam nada para esses amantes das revoluções.[23]

Conforme essas passagens indicam, a crítica radical de Burke à Revolução Francesa será feita em nome da "constituição inglesa", de modo que a "incompatibilidade entre a mensagem política da Revolução Francesa e a herança da *common law*" constituirá, como bem definiu François Furet, "o tema quase obsessivo das *Reflexões*".[24] Longe de ser um "berçário de novas revoluções", a Declaração de Direitos de 1688 foi um pacto que confirmou os direitos e as liberdades dos ingleses, ao mesmo tempo em que regulou a sucessão da Coroa. Ao invés de postular direitos *apriorísticos,* a Revolução de 1688 foi um amargo remédio constitucional usado para revalidar, estender e consagrar um patrimônio legal já existente e herdado:

> O senhor poderá observar que, da Magna Carta à Declaração de Direitos, a política constante de nossa Constituição sempre foi a de reivindicar e afirmar nossas liberdades como uma *herança inalienável*, deixada para nós por nossos antepassados e a ser transmitida à nossa posteridade...[25]

Mesmo admitindo que a França não possuía aquela feliz herança de liberdades, Burke (sem avançar uma análise detalhada do Antigo Regime francês tão criticado por ele nas décadas de 1770-1780) sustentava que os franceses poderiam, se assim o quisessem, ter aproveitado o exemplo inglês de 1688 – cujo legado fora criticado por Price e os demais dissidentes ingleses – e reconstruído a Constituição francesa (que ele admitia estar corrompida e dilapidada pela ação do despotismo monárquico e da corrupção da Corte) a partir das "muralhas" e dos "cimentos de um castelo nobre e venerável".

---

23. Edmund Burke. "Discurso Parlamentar" de 9.2.1790 (BURKE apud CLARK, 2001, p. 66-7).

24. FURET, 2001, p. 95.

25. Mais adiante, lê-se o seguinte: "Um espírito de inovação é, em geral, o resultado de um caráter egoísta e de perspectivas restritas... Mediante uma política constitucional que opera segundo o padrão da natureza, recebemos, conservamos e transmitimos nosso governo e nossos privilégios da mesma maneira como possuímos e transmitimos nossas propriedades e nossas vidas./ Essa ideia de uma tradição liberal inspira-nos com um senso de dignidade congênita que nos preserva daquela insolência de *parvenus*, tão aviltante e comum entre aqueles que pela primeira vez adquirem algum grau de distinção". Ver nesta edição, p. 55-6.

Todavia, ao invés de preservarem "a variedade de órgãos" existentes nos antigos Estados – os quais traduziam uma série de "combinação e oposição de interesses"[26] –, os franceses optaram por fazer tábua rasa do passado e, com base num artificialismo metafísico que considerava as heranças do passado como uma "enorme mácula", decidiram começar o mundo de novo.[27]

Contra o voluntarismo constitucional francês (sempre suscetível a abrir novos ciclos revolucionários, posto que sem ponto de fuga definido) – por sinal, algo implícito no pensamento político do principal ideólogo da Revolução Gloriosa, John Locke – Burke viu-se obrigado a elaborar uma memorável e original revisão da tese contratualista liberal do Estado:

> A sociedade é, certamente, um contrato. Contratos de natureza inferior que recaem sobre objetos de mero interesse ocasional podem ser desfeitos à vontade; mas o Estado não deveria ser considerado em pé de igualdade com um acordo de parceria em um comércio da pimenta, do café, do algodão, do tabaco ou em qualquer outro negócio inferior dessa espécie, uma sociedade instituída para a satisfação de um interesse temporário e dissolvida de acordo com o desejo das partes? Certamente que não. Deve ser encarado com outra reverência, porque não se trata de uma parceria em coisas inferiores apenas para satisfação da grosseira existência animal de uma natureza efêmera e perecível. O Estado é uma associação que participa de todas as ciências, todas as artes, todas as virtudes e todas as perfeições. Como os fins dessa associação não podem ser obtidos em muitas gerações, torna-se uma parceria não só entre os vivos, mas também entre os mortos e os que hão de nascer.[28]

Se para os revolucionários franceses (e seus admiradores ingleses) o natural era identificado ao racional (isto é, como aquilo que fosse inerente à natureza humana em todos os tempos e lugares, e passível de ser apreendido e aplicado racional e universalmente), Burke, amparado numa concepção de direito natural diametralmente oposta ao espírito hegemônico do racionalismo da Ilustração (e, como bem demonstrou Leo Strauss, também ao dos clássicos),[29] associava, como Montesquieu, o natural ao particular.[30]

---

26. A "ação e a reação que, nos mundos natural e político, do confronto recíproco e dos poderes discordantes, obtêm a harmonia no universo"; tornam "a deliberação uma questão de necessidade, não de escolha; fazem de toda mudança um objeto de *compromisso*, o que conduz naturalmente à moderação; criam *temperamentos*, evitando o doloroso mal de reformas brutais, precipitadas e extremas, e tornam impraticáveis para sempre todo uso inconsiderado do poder arbitrário, seja este exercido em nome de poucos ou de muitos". Ver nesta edição, p. 57.
27. Idem.
28. Ver nesta edição, p. 115.
29. STRAUSS, 1953, p. 313-4.
30. Cf. Montesquieu (2003), Livro I, cap. 3.

Pois o natural (e isto vale tanto para considerações de ordem político-constitucional quanto de ordem econômica)[31] deve "crescer" contínua, imperceptível e irrefletidamente ao longo dos tempos e sofrer uma variedade de provações/testes e adaptações através de gerações. Produto da história e não das somas das vontades abstratas e planificadoras dos indivíduos, a Constituição Britânica contemplava e harmonizava uma variedade de fins e de interesses, logrando ser plenamente natural e racional. Pelo fato de negarem as aquisições, os preconceitos e os precedentes históricos em nome de um voluntarismo abstrato, Burke considerou os revolucionários franceses como os homens menos qualificados para a legislação que a história já havia registrado, e sua obra, a Revolução de 1789, não como a consagração de uma ordem racional e de acordo com as leis naturais, mas como uma terrível negação das mesmas.[32]

Neste sentido, nada exprimia melhor a loucura dos revolucionários franceses do que as palavras proferidas pelo deputado francês Rabaut Saint-Etienne, presidente da Assembleia Nacional, e que Burke reproduziu em uma nota de pé de página das *Reflexões*:

> Todos os estabelecimentos franceses coroam a infelicidade do povo: para torná-lo feliz, é preciso renová-los, mudar suas ideias, suas leis, seus costumes; ...mudar os homens, as coisas; alterar as palavras; ...destruir tudo, pois é preciso refazer tudo.

A nosso ver, o impressionante prognóstico burkeano sobre o Terror vincula-se à sua original percepção de que o engendramento teórico da política pelo direito dos indivíduos (direito este consagrado na *Declaração* de 26 de agosto de 1789) criou, no abstrato, um poder ilimitado do corpo coletivo sobre si mesmo, sem prover os meios de determiná-lo ou de controlar o seu emprego.[33] Como bem sublinhou Furet a este respeito:

---

31. Não por acaso, o pensamento de Burke exerceu forte apelo nos pensadores liberais da escola austríaca, como o exemplo de Friedrich-August von Hayek (1899-1992) o demonstra. Cf. HAYEK, 1960.

32. STRAUSS, op. cit., p. 316.

33. "A análise burkeana permite prever o curso obrigatório desta deriva, como se ela anunciasse as leis da desordem. O indivíduo abstrato não poderia formar a coletividade. A nação, portanto, não encontra outro elo federativo senão no Estado abstrato, potencialmente despótico. O novo regime democrático coloca o cidadão na dependência direta de um poder que nada mais o tempera. A continuação da Revolução não pode se cumprir a não ser no sentido da tirania. O Terror e o recurso ao exército estão, pois, inscritos nas premissas revolucionárias de 1789". Cf. GEGEMBRE, 2007. Ver também Gauchet, 2007, p. 124-5.

[Burke percebeu como] a emancipação dos indivíduos em relação às sujeições tradicionais que os unem a suas comunidades, superiores e anteriores a eles, não implica numa diminuição da autoridade que se exerce sobre os mesmos, mas num deslocamento e alargamento dela, sob a forma de Estado soberano.[34]

Mais do que qualquer outro fator, foi esta lógica absolutista e indefinida da soberania que ensejou a usurpação política e, por meio dela, o Terror. Esta identidade transcendente – mas vazia e muda – abriu a caixa de Pandora à iniciativa daqueles que pretendiam falar em nome do próprio processo revolucionário, em nome do movimento pelo qual o poder do povo se estabeleceu, isto é, em obediência às leis naturais que estavam acima de todas as leis, até daquelas definidas pela vontade geral e consagradas pelos artigos mais garantidores das liberdades individuais da *Declaração* (como os artigos 2º, 7º, 8º, 9º, 10º e 11º). Aqueles que manifestam uma dissidência individual ou não se solidarizam com a presumida voz da razão/direito natural/*peuple malheureux* são designados por seus porta-vozes nos clubes ou na Convenção como traidores da nação ou inimigos do gênero humano, cuja sentença deveria ser a morte.

Diferentemente, portanto, das revoluções Gloriosa (Burke praticamente silencia sobre a Revolução Puritana) e norte-americana de 1776 – que tiveram um caráter político-constitucional delimitado, pois obedeceram às circunstâncias e, na medida em que conservaram a jurisprudência da *common law*, foram ditadas pelas considerações de prudência que interpuseram pesos e contrapesos (*checks and balances*) ao poder central sem prejuízo da soberania –, a Revolução de 1789 foi uma revolução total, na medida em que não apenas demoliu as ruínas da antiga Constituição francesa, como, sobretudo, solapou os antigos valores e sentimentos cristãos e aristocráticos, substituindo-os por uma nova filosofia niveladora, mecanicista e democrática: ou seja, "uma revolução dos sentimentos, dos costumes e das opiniões morais".[35]

E no que diz respeito ao valor das *Reflexões* como obra histórica, Burke esboçou uma análise que, tratando de esclarecer objetivamente as causas do fenômeno abordado (fossem elas primárias ou secundárias) e buscando identificar os atores ou agentes sociais envolvidos na Revolução de 1789, articulava a superestrutura (o ideário político da Revolução Francesa) com a estrutura socioeconômica que lhe servia de base (os agentes sociais portadores daquelas ideias, suas origens, as circunstâncias de sua coalizão). Como bem ilustrou o historiador irlandês Conor Cruise O'Brien em seu

---

34. FURET, 2001, p. 108.

35. Ver nesta edição, p. 99.

primeiro e original estudo sobre o panfleto burkeano, as *Reflexões* buscaram "olhar por entre a fachada política da Revolução, em busca de sua substância econômica e social".[36]

Nesta linha, o historiador J. G. A. Pocock[37] observou, em seu brilhante ensaio sobre as *Reflexões*,[38] como os alvos da crítica burkeana eram, respectivamente, o *monied interest* (interesse monetário/financeiro) e os *gens de lettres* (filósofos e escritores políticos em geral).

No caso do primeiro grupo, tratava-se de uma classe de "plebeus ricos, ou recém-nobilitados" que, favorecidos pelo exorbitante crescimento da dívida pública durante o reinado de Luís XVI, aproveitaram-se da crise financeira do Estado para se vingar da nobreza "por meio da Coroa e da Igreja".[39]

Produto de uma política secular do Antigo Regime francês – que mantivera "mais separados e menos miscíveis os interesses da propriedade da terra e os interesses monetários na França, e os detentores desses dois tipos de propriedade pouco dispostos a se unir, contrariamente ao que se dá neste país [a Inglaterra]" –, Burke não via nenhum indício de que os homens ricos por trás daquele interesse monetário estivessem dispostos a investir seu capital ou maximizar seus lucros no comércio ou na agricultura. Pelo fato desse interesse monetário ser estruturalmente mais aberto à inovação e dinâmico (possuir um caráter associativo devido ao seu caráter citadino e mercantil), o mesmo tendia a prevalecer sobre os grupos que compunham o interesse fundiário (a aristocracia e, no caso francês, a grande massa de população camponesa, de natureza mais passiva; ambas social e politicamente inclinadas ao isolamento), impondo-se como uma nova oligarquia (desprovida das "maneiras" ou virtudes liberais que nasciam da patronagem aristocrática) no Estado.[40]

---

36. Para este autor, as *Reflexões* e as outras obras de Burke oferecem "alguns dos melhores exemplos da crítica aristocrática em relação à burguesia, da qual o *Manifesto Comunista* faz uma apreciação sarcástica. Burke e Marx procuraram compreender os princípios revolucionários presentes na França – Burke com vista a impedir sua propagação e a destruir o núcleo da infecção; Marx para elogiar a vitória de uma nova revolução, trazendo consigo o triunfo de tudo aquilo que Burke via de mais desprezível – e não daqueles aspectos mais benéficos – da velha ordem" (O'BRIEN, 1982, p. 4).

37. Autor de dois importantes trabalhos anteriores sobre Burke, respectivamente o esclarecedor artigo "Burke and the Ancient Constitution: A Problem in the History of Ideas" (1960); e a "Introdução" (1987), para uma nova edição das *Reflections*.

38. POCOCK, 2003.

39. Ver nesta edição, p. 128.

40. "O total do poder obtido por essa revolução se estabelecerá nas cidades, nas mãos dos burgueses e dos banqueiros que as dirigem... A própria natureza da vida e da propriedade rural...

Desenvolvido paralelamente ao interesse monetário e, como este, um produto do absolutismo dos Bourbons (homens de grande talento e energia que, sem títulos de nobreza, posses, ou posição fixa na sociedade, constituíram-se numa organização própria e independente do poder em razão da progressiva falta de patrocínio da Corte), os homens de letras representavam uma facção dotada de um interesse distinto, mas intrinsecamente aliado ao grupo anterior, uma vez que seus ataques à religião forneciam a justificativa ideológica para os especuladores do crédito público levarem a cabo o arbitrário confisco das terras da Igreja em nome do "interesse público".[41]

Em linhas que antecipam as abordagens de Tocqueville[42] – e, como destacou o próprio Pocock, de Augustin Cochin[43] – sobre o decisivo papel desempenhado pelos escritores políticos e seus princípios abstratos no desenvolvimento da Revolução Francesa (e, poder-se-ia dizer, das revoluções

---

tornam os homens do campo de certa maneira incapazes de se agruparem e organizarem, que são o único meio de se obter e exercer influência... Os hábitos dos burgueses, suas ocupações..., os mantêm continuamente reunidos. Todas essas considerações não deixam nenhuma dúvida em meu espírito sobre o que acontecerá se essa monstruosa constituição perdurar: toda a França será governada por agitadores reunidos em corporações, pelas associações urbanas formadas pelos diretores dos *assignats* e pelos fiduciários da venda dos bens eclesiásticos, procuradores, agiotas, especuladores financeiros e aventureiros que compõem uma oligarquia ignóbil, fundada na destruição da Coroa, da Igreja, da nobreza e do povo. Aqui terminam todos os sonhos e visões enganosas da igualdade e dos Direitos do Homem; no 'lodaçal serboniano' dessa vil oligarquia eles são inteiramente absorvidos, submersos e perdidos para sempre". Ver nesta edição, p. 206-7.

41. "Junto ao interesse monetário, desenvolveu-se uma nova categoria de homens, com a qual esse interesse logo formou uma estreita e clara aliança. Refiro-me aos Homens de Letras políticos... Esses escritores, como os apóstolos de todas as novidades, aparentavam ter um grande zelo pelos pobres e pelas ordens inferiores, enquanto em suas sátiras tornavam odiosos, por meio de toda sorte de exagero, os erros dos tribunais, da nobreza e do clero. Eles se transformaram em uma espécie de demagogos e serviram como um elo para unir, em nome de um objetivo, uma riqueza detestável a uma miséria inquieta e desesperada". Ver nesta edição, p. 130-1.

42. Cf. Tocqueville (1856), Livro III, cap. I. No capítulo seguinte, Tocqueville dirá: "...todo espírito de oposição político a quedavam lugar os vícios do governo, não podendo ocorrer nas várias questões, se refugiara na literatura, e... os escritores se haviam tornado verdadeiros chefes do grande partido que tendia a derrubar todas as constituições sociais e políticas do país.../A Igreja constituía um obstáculo, pelos próprios princípios do seu governo, àqueles que eles queriam fazer prevalecer no governo civil. Ela apoiava-se principalmente na tradição: eles desprezavam totalmente todas as instituições que se fundam no respeito ao passado; ela reconhecia uma autoridade superior à da razão individual: eles apelavam apenas a essa mesma razão; ela baseava-se numa hierarquia: eles tendiam a misturar as condições" (TOCQUEVILLE, op. cit., Livro III, cap. II).

43. Respectivamente, *Les sociétés de pensée et la démocratie moderne: études d'histoire révolutionnaire* (1921); e *L'Esprit du jacobinisme: une interprétation sociologique de la Révolution française* (1979).

futuras), Burke observou que foi graças a esse grupo que os ideais revolucionários lograram atingir todos os grupos sociais da França e, por meio de sua organização (em clubes e sociedades de pensamento), formar uma facção no Estado (cada vez mais centralizado e expandido):

> Como esses dois tipos de homens parecem ter liderado os últimos acontecimentos, sua união e sua política servirão para explicar, não segundo quaisquer princípios legais ou políticos, mas enquanto *causa*, a fúria generalizada pela qual as propriedades das corporações eclesiásticas foram atacadas, bem como o grande cuidado com que, na contramão de seus pretensos princípios, protegeram o interesse monetário proveniente da autoridade da Coroa.[44]

Ao procederem com o confisco das propriedades da Igreja para, em nome da salvação das finanças públicas, sustentarem um sistema de crédito nacional e lastrearem seu novo papel-moeda (*assignats*), os revolucionários franceses estavam na verdade atacando o sistema francês das *maneiras* (vinculado às instituições e valores religiosos e aristocráticos) e, em última análise, destruindo a economia (mais especificamente, o comércio) da nação mais civilizada da Europa. Pois na leitura histórica de Burke, era o comércio que dependia das maneiras, não o contrário. Uma sociedade civilizada é o pré-requisito para as relações de troca, e estas, por si só, não podem produzir uma sociedade civilizada. Na contramão dos historiadores ou economistas políticos da escola escocesa – os quais, de Hume a Robertson, Smith, Millar e Gibbon tinham destacado a divisão do trabalho e o incremento das trocas como as forças motrizes para o desenvolvimento das maneiras, da cultura e do esclarecimento –, Burke advertia que os mesmos tomavam o efeito (divisão do trabalho e comércio) pela causa (maneiras). Insistindo em que o comércio só logra florescer sob a sombra das maneiras – as quais requerem a preeminência da religião e da nobreza, os protetores naturais da sociedade –, o liberal-conservador irlandês sustentava que a derrocada da religião e da nobreza implicaria na destruição da própria possibilidade do comércio:

> Esse sistema misto de opinião e sentimento teve sua origem na antiga cavalaria... Se algum dia ele se extinguir, receio que a perda será demasiado grande. Foi ele que conferiu à Europa moderna o seu caráter... Nesse nosso mundo europeu, nada é mais certo de que nossa civilização, nossos costumes, e todas as boas coisas que dele decorrem, dependeram durante séculos de dois princípios; e resultaram, sem dúvida, da combinação de ambos: aludo ao espírito do cavalheirismo e ao espírito da religião.[45]

---

44. Ver nesta edição, p. 131.
45. Ver nesta edição, p. 97-8.

Razão pela qual Burke julgou a Revolução Francesa não como uma revolução de caráter "burguês",[46] isto é, responsável pelo desenvolvimento das forças produtivas e pela expansão do comércio, mas como uma regressão econômica, social e, em última análise, civilizatória, na medida em que representou um atentado contra a própria história da França (para não dizer da Europa).[47]

De modo que muito mais poderia ser dito a título de introdução das *Reflexões*, que não apenas representam a obra fundadora do moderno conservadorismo político, como, no que há de mais fundamental, avançam alguns dos principais conceitos seja da crítica filosófica ao totalitarismo,[48] seja da crítica historiográfica revisionista à Revolução Francesa da segunda metade do século XX...

Sobre a tradução: Amparada na edição de L. G. Mitchell das *Reflections on the Revolution in France* (Oxford: Oxford University Press, 1993), esta tradução foi cuidadosamente cotejada com as versões francesa (*Réflexions sur la Révolution de France*, Paris: Hachette, 1989; tradução de Alfred Fierro) e espanholas – respectivamente de Vicente Herrero (*Reflexiones sobre la Revolución francesa*, in: *Textos Políticos*, México, D.F.: Fondo de Cultura Económica, 1942) e de Enrique Tierno Galván (*Reflexiones sobre la Revolución francesa*, Madrid: Instituto de Estudios Politicos, 1954).

José Miguel Nanni Soares

---

46. Como destacou o próprio Pocock, Burke preferiu o termo holandês anglicizado "burgher" ao equivalente francês "bourgeois" para se referir aos revolucionários envolvidos no *monied interest* (interesse monetário), uma vez que os mesmos eram tudo (desde especuladores financeiros a funcionários públicos, advogados, médicos), menos uma classe de indivíduos interessados em investir seu capital em atividades mercantis ou industriais. Leia-se: POCOCK, 1987, p. XXX.

47. Cf. POCOCK, 1987, p. XXXIII.

48. Em sua "Introdução", Pocock observou que as *Reflexões* (segundo ele, o equivalente do livro *1984*, de Orwell, em pleno século XVIII) podem ser lidas como um antídoto não só contra o Terror decorrente da "terrível energia" liberada por uma nova *intelligentsia* revolucionária, como também de certas monstruosidades como o Nazismo, a Guarda Vermelha e o Khmer Vermelho. Ver Pocock (1987, p. XXXVII). Ver também Arendt (2006, notadamente, p. 116 e 118).

Referências

ARENDT, Hannah. *Sulla Rivoluzione*. Torino: Einaudi, 2006 [1963].

BERLIN, Isaiah. *Against the current*: essays in the History of Ideas. Princeton: Princeton University Press, 2001.

CLARK, J. C. D. Introduction. In: BURKE, Edmund. *Reflections on the Revolution in France*. Stanford: Stanford Univ. Press, 2001.

COBBAN, Alfred. *The debate on the French Revolution 1789-1800*. Londres: Nicholas Kaye, 1950.

COURTNEY, Cecil P. Burke et les Lumières. La Révolution Française entre Lumières et Romantisme, *Cahiers de Philosophie Politique et Juridique, Caen*, n. 16, maio 1989.

FLORENZANO, Modesto. Burke: um homem para todas as estações. In: _____. *Começar o Mundo de novo*: Thomas Paine e outros estudos. Trabalho para o concurso de Livre-Docência em História Moderna na FFLCH-USP, São Paulo, 1999. p. 148-80.

FURET, François. Burke ou o fim de uma História só da Europa. In: _____. *A Revolução em debate*. Bauru: Edusc, 2001.

GAUCHET, Marcel. *L'avènement de la démocratie*: la révolution moderne. Paris: Gallimard, 2007.

GEGEMBRE, Gérard. Burke. In: FURET, F.; OZOUF, M. *Dictionnaire critique de la Révolution Française*. Paris: Flammarion, 2007.

GODECHOT, Jacques. *La Contre-Révolution*: Doctrine et Action 1789-1804. Paris: PUF, 1961.

HALÉVY, Élie. *The growth of philosophic radicalism*. Nova York: The Macmillan Company, 1928.

HAYEK, Friedrich-August von. *The Constitution of Liberty*. Londres: Routledge, 1960.

HIMMELFARB, Gertrude. *The roads to modernity*: The British, French and American Enlightenments. Nova York: Alfred A. Knopf, 2004.

HIRSCHMAN, Albert. *A retórica da intransigência*: perversidade, futilidade, ameaça. São Paulo: Companhia das Letras, 1992.

LEBRUN, Richard. Joseph de maistre as pamphleteer. In: ARMENTEROS, Carolina; LEBRUN, Richard (Orgs.). *The new enfant du siècle: Joseph de maistre as a writer*. St. Andrews: Univ. of St. Andrews, 2010.

LOCK, F. P. *Edmund Burke*: vol. II 1784-1797. Oxford: Oxford Univ. Press, 2006.

_____. Rhetoric and representation in Burke's *Reflections*. In: WHALE, John (Org.). *Edmund's Burke Reflections on the Revolution in France*: new interdisciplinary essays. Manchester: Manchester Univ. Press, 2000.

MANENT, Pierre. *Les Libéraux*. Paris: Hachette, 1986.

MANNHEIN, Karl. El pensamiento conservador. *Ensayos sobre Sociología y Psicología Social*, México, Fondo de Cultura Económica, p. 93, 1963.

MONTESQUIEU, Charles-Louis de Secondat. *O Espírito das Leis* (1748). São Paulo: Edipro, 2003.

NISBET, Robert. *O Conservadorismo*. Lisboa: Estampa, 1987.

NOVAES, Adauto (Org.). *Ética*. São Paulo: Companhia das Letras/Secretaria Municipal de Cultura, 1992.

O'BRIEN, Conor Cruise. O manifesto de uma contra-revolução (1969). In: BURKE, Edmund. *Reflexões sobre a Revolução na França*. Brasília: UNB, 1982.

PAINE, Thomas. *Os Direitos do Homem*: uma resposta ao ataque do Sr. Burke à Revolução Francesa. Petrópolis: Vozes, 1989. (Primeira parte publicada em 1791; segunda parte, em 1792).

POCOCK, J. G. A. A Economia Política na análise de Burke da Revolução Francesa (1995). In: _____. *Linguagens do ideário político*. São Paulo: Edusp, 2003.

_____. Burke and the Ancient Constitution: a problem in the history of ideas, *Historical Journal*, v. III, n. 2, p. 125-143, 1960.

_____. *Les sociétés de pensée et la démocratie moderne*: études d'histoire révolutionnaire. Paris: Plon-Nourrit et Cie, 1921.

_____. *L'Esprit du jacobinisme*: une interprétation sociologique de la Révolution française. Paris: Presses Universitaires de France, 1979.

_____. Introduction. In: BURKE, Edmund. *Reflections on the Revolution in France*. Indianápolis/Cambridge: Hackett Publishing, 1987.

STRAUSS, Leo. *Natural Right and History*. 1. ed. Chicago: University of Chicago Press, 1965 [1953].

TOCQUEVILLE, Alexis de. *O Antigo Regime e a Revolução*. Paris, 1856.

Reflexões sobre a Revolução na França

Talvez seja necessário informar o leitor de que as *Reflexões* que se seguem tiveram sua origem na correspondência entre o autor e um jovem fidalgo parisiense,[1] o qual lhe concedeu a honra de desejar saber sua opinião sobre os importantes acontecimentos que então ocupavam, e ainda ocupam, a atenção de todos. Uma resposta foi escrita no mês de outubro de 1789; mas por considerações de prudência ela não foi enviada. Alusões a esta carta aparecem no começo das páginas que se seguem. Desde então, ela se encontra com a pessoa a quem foi dirigida. As razões da demora em enviá-la foram expostas em uma pequena carta ao mesmo fidalgo. Esta resposta levou-o a solicitar novamente e em termos prementes os sentimentos do autor.

O autor começou uma segunda e mais aprofundada discussão do tema. Inicialmente pensou em publicá-la no começo da primavera passada; mas, levado pela matéria, percebeu que a tarefa empreendida não só excedia em muito a extensão de uma carta, como também exigia, por sua importância, uma consideração mais

---

1. O jovem fidalgo em questão é Charles-Jean-François Depont (1767-1796), um dos magistrados implicados no célebre exílio do Parlamento de Paris em Troyes (agosto de 1787) – grosso modo, em virtude da oposição da nobreza togada às políticas fiscais do ministro Loménie de Brienne (1727-1794) – e o qual, pouco antes, hospedara-se na residência familiar de Burke, em Beaconsfield, durante uma viagem que ele fizera pela Inglaterra no ano de 1785. Designado pelo comitê patriótico da cidade de Metz – para o qual fora eleito em setembro de 1789 – a proferir, em 26 de novembro do mesmo ano, um discurso à Assembleia Nacional, Dupont (um jovem de 22 anos entusiasmado e otimista quanto aos rumos da Revolução) solicitou a Burke, por meio de uma carta, a opinião do mesmo sobre a "Revolução em França". Esta missiva, datada de 4.11.1789, serviu como principal pretexto para a presente obra. (N.T.)

detalhada e para a qual ele não tinha então tempo disponível. Entretanto, havendo exposto seus pensamentos em forma de carta e com a intenção de que fosse uma carta particular, quando seus sentimentos ganharam maior desenvolvimento, resultou difícil ao autor dar a eles outra direção. Não lhe escapou que um outro plano poderia ter sido mais favorável a uma melhor divisão e distribuição da matéria.

Londres, 1º de novembro de 1790.

Caro Senhor,

O senhor me solicita novamente, e com alguma insistência, o que penso sobre os últimos acontecimentos na França. Não quero dar-lhe motivo para imaginar que atribuo aos meus sentimentos um tão grande valor como para desejar que me sejam solicitados. Eles são de muito pouca consequência para que me inquiete em comunicá-los ou guardá-los. Foi em consideração ao senhor, e somente ao senhor, que hesitei no momento em que, pela primeira vez, o senhor desejou conhecê-los. Na primeira carta que tive a honra de lhe escrever e que, afinal, decidi lhe enviar, não o fiz em nome nem representação de ninguém; o mesmo faço agora. Meus erros, se os cometer, serão de minha inteira responsabilidade; somente minha reputação responderá por eles.

A longa carta que lhe enviei ter-lhe-á mostrado, senhor, que embora deseje de todo o coração ver a França animada de um espírito de liberdade racional, e que, em minha opinião, deveria ser criado um corpo permanente onde este espírito pudesse residir, e um órgão pelo qual ele pudesse agir eficazmente, tenho a infelicidade de manter grandes dúvidas sobre vários pontos importantes dos recentes acontecimentos de seu país.

Sua última carta me mostra que a aprovação pública solenemente dada por dois clubes londrinos, a Sociedade Constitucional e a Sociedade da Revolução, a certos atos praticados na França, fez com que o senhor imaginasse que eu poderia me encontrar entre os que aprovam estes atos.

É verdade que tenho a honra de pertencer a mais de um clube onde se venera grandemente a Constituição deste Reino e os princípios de sua gloriosa Revolução, e eu me reconheço entre os que mais ardorosamente procuram manter em sua pureza e vigor máximos estes princípios e esta Constituição. Mas é justamente esta a razão pela qual desejo que não haja nenhum equivoco a meu respeito. Aqueles que veneram a memória de nossa Revolução e que respeitam a Constituição deste reino, terão muito cuidado em não se deixarem confundir com homens que, sob a aparência de zelo pela Revolução e pela Constituição, se extraviam com frequência de seus verdadeiros princípios, e estão sempre prontos a abandonar o espírito firme, porém circunspecto e avisado, que produziu a primeira e continua a presidir à segunda. Antes pois, que eu comece a responder aos pontos mais importantes de sua carta, permita que lhe envie as informações que pude recolher sobre os dois clubes que julgaram de bom alvitre interferir, de maneira corporativa, nos assuntos da França; primeiramente assegurando-lhe de que não faço, nem jamais fiz, parte de nenhuma dessas Sociedades.

A primeira, que se chamou a si mesma Sociedade Constitucional, ou Sociedade de Informação Constitucional ou algo parecido, tem, creio eu, sete ou oito anos de existência. A instituição dessa sociedade aparenta ter uma finalidade tão caritativa quanto louvável: foi criada para fazer circular, às expensas de seus membros, um grande número de livros que poucas pessoas teriam condições de comprar; e que assim poderiam permanecer nas mãos dos livreiros, para grande prejuízo dessa útil corporação. Não saberia dizer se esses livros foram lidos com a mesma caridade empregada para fazê-los circular. É possível que bom número destas obras tenha sido exportado para seu país, e que, pouco procuradas na Inglaterra, tenham encontrado mercado na França. Ouvi falar muito das luzes que se pode tirar de tais livros. Não sei dizer se teriam podido adquirir algum benefício de sua viagem (como se diz de certos licores que melhoram ao atravessar o mar); mas nunca encontrei nenhum homem de bom-senso, ou com um certo grau de informação, que dissesse uma palavra em favor da maioria das publicações postas em circulação por aquela Sociedade; nem que suas deliberações tenham sido levadas a sério, a não ser por alguns de seus membros.

A Assembleia Nacional de seu país parece ter uma opinião semelhante à minha a respeito deste pobre clube de caridade. Os representantes da nação francesa guardaram toda a eloquência de seus agradecimentos para a Sociedade da Revolução, ainda que, a bem da justiça, seus companheiros da Sociedade Constitucional também tivessem alguns direitos a estes agradecimentos. E já que os senhores escolheram a Sociedade da Revolução como o grande objeto de reconhecimento e de elogios públicos, peço-lhe que me desculpe por tomar a recente conduta desta Sociedade como objeto de minhas observações. A Assembleia Nacional da França, ao manifestar esse reconhecimento, deu importância aos membros de tal Sociedade; e estes retribuíram a gentileza, agindo como um comitê destinado a propagar, na Inglaterra, os princípios da Assembleia Nacional. É preciso pois, doravante, considerá-los como um tipo de pessoas privilegiadas, como membros não insignificantes do corpo diplomático. Esta é uma das revoluções que deu esplendor à obscuridade e distinção ao mérito desconhecido. Não lembro de, até muito recentemente, ter ouvido falar deste clube. Estou certo, em todo caso, de que em momento algum ocupou os meus pensamentos, e nem, creio, os de qualquer outra pessoa de fora do próprio grupo. Depois de me informar, soube que um clube de dissidentes, cuja confissão ignoro, conserva há muito tempo o hábito de se reunir em uma de suas igrejas para comemorar o aniversário da Revolução de 1688, ocasião em que ouvem um sermão e, em seguida, vão passar alegremente o dia em uma taberna, como, aliás, fazem os membros de outros clubes. Mas eu nunca soube de nenhuma medida pública ou de algum sistema político que tenha sido objeto de uma deliberação formal nestas solenidades, e menos ainda que se tenha discutido os méritos de uma Constituição estrangeira; até que, para minha indizível surpresa, vi estes senhores, revestidos de uma espécie de capacidade pública, enviar uma mensagem de felicitação endossando com sua autoridade os atos da Assembleia Nacional francesa.

Não vejo nada a censurar nos antigos princípios e conduta deste clube, ao menos como têm sido dados a conhecer. A meu juízo, é provável que novos membros tenham entrado no clube com algum propósito, e que alguns destes políticos realmente cristãos, que gostam de distribuir benfeitorias, mas cuidando em esconder a mão que as executa, possam ter feito dessa sociedade um instrumento de seus piedosos desígnios. Entretanto, ainda que eu tenha razões para desconfiar de suas finalidades secretas, só darei por certo aquilo que é público.

De minha parte, aborrecer-me-ia muito em que me vissem direta ou indiretamente envolvido com suas ações. Sem dúvida, como todo o mundo, me permito especular, sob minha própria responsabilidade, a respeito dos fatos que aconteceram ou acontecem na cena do mundo, tenham eles se dado em qualquer lugar antigo ou moderno, na república de Roma ou na de Paris. No entanto, como não estou investido de nenhuma missão de apostolado universal, como sou cidadão de um Estado particular cuja vontade pública me limita consideravelmente, penso que cometeria um ato no mínimo inconveniente e incorreto, ao iniciar publicamente uma correspondência formal com o governo de uma nação estrangeira, sem a expressa autorização do governo sob o qual eu vivo.

Estaria ainda menos disposto a entrar em tal espécie de correspondência, sob qualquer representação equívoca, correndo o risco de fazer crer a todos que não estivessem a par dos costumes de meu país, que a associação na qual eu teria entrado, seria composta de pessoas revestidas de uma espécie de caráter público, autorizadas pelas leis deste Reino a se manifestarem sobre o significado destas leis. As sociedades de nomes genéricos, que não são autorizadas, estão envoltas em tanta ambiguidade e incerteza, podendo praticar tantos abusos de confiança, que não é por puro formalismo que a Câmara dos Comuns rejeitaria, por mais obsequiosos que fossem os termos ou mais insignificantes os objetos, qualquer petição que lhe fosse apresentada sob esta forma de assinatura. E, no entanto, foi um documento desta espécie que a Assembleia Nacional francesa recebeu com tanta cerimônia e pompa e com tantos aplausos como se estivesse acolhendo em toda sua majestade a deputação da nação inglesa inteira. Se o que esta Sociedade julgou apropriado enviar aos franceses fosse apenas um argumento, não seria essencial conhecer sua fonte, posto que isso não tiraria nem acrescentaria nada ao seu valor. Mas, aqui, trata-se apenas de um voto e de uma resolução e que repousa unicamente sobre a autoridade dos que a emitiram, ou seja, no caso presente, sobre a autoridade de indivíduos dos quais só se conhece um pequeno número. Em minha opinião, a assinatura de todos os membros do clube deveria ter sido anexada ao documento. Isto teria permitido ao mundo todo saber quantos são, quem são, que valor suas opiniões tiram de seus talentos, de seus conhecimentos, de sua experiência, de sua influência e de sua autoridade no Estado. A mim, que sou um homem sem artifícios, tal atitude me parece por demais refinada e engenhosa. Ela se assemelha muito a um estratagema político destinado a dar, graças a um nome pomposo, às declarações públicas deste clube uma importância que elas não têm quando se olham as coisas de perto. É uma política que se parece muito a uma fraude.

Tanto quanto qualquer membro deste clube, lisonjeio-me por amar uma liberdade viril, moral, e bem regrada; e, possivelmente, por ter dado, em todo o curso de minha vida pública, boas provas de minha fidelidade a esta causa. Tanto quanto eles, acredito não invejar a uma outra nação sua liberdade. Mas não poderia me adiantar e distribuir críticas ou elogios concernentes a ações ou interesses humanos, à simples vista do objeto, despojado de toda relação, em toda a nudez e isolamento da abstração metafísica. São as circunstâncias (as quais para alguns cavalheiros não contam) que, na realidade, dão a todo princípio político sua cor própria e seu efeito particular.

São as circunstâncias que fazem com que qualquer sistema civil e político seja benéfico ou nocivo à humanidade. Falando-se em abstrato, o governo, assim como a liberdade, é bom; no entanto, há 10 anos, teria eu podido, em sã consciência, felicitar a França por possuir um governo (pois ela tinha um) sem ter, de antemão, inquirido o que era este governo e como estava administrado? Posso hoje felicitar essa mesma nação por sua liberdade? Pelo fato de a liberdade em abstrato poder ser classificada entre as dádivas da humanidade, poderia eu seriamente felicitar um louco, que fugiu da coerção protetora e da total obscuridade de sua cela, por poder gozar novamente da luz e da liberdade? Iria eu cumprimentar um assaltante e assassino que tenha fugido da prisão, por ter readquirido seus direitos naturais? Seria recomeçar a história do metafísico Cavaleiro da Triste Figura, que empregava todo o seu heroísmo em libertar criminosos condenados às galés.

Quando vejo o princípio de liberdade em ação, vejo agir um princípio vigoroso, e isto, de início, é tudo o que sei. É como na fermentação de um líquido, quando os gazes se libertam bruscamente: para se fazer um julgamento, é necessário que o primeiro movimento se acalme, que o líquido se torne mais claro, e que nossa observação possa ir um pouco além da superfície agitada. Antes que me aventure a felicitar alguém publicamente sobre um bem que lhe advenha, é necessário que eu esteja relativamente certo de que a pessoa tenha de fato recebido tal bem. A bajulação corrompe tanto a quem a faz quanto a quem a recebe; adular não é útil aos povos, nem aos reis. Por tal razão, deveria me abster de felicitar a França por sua nova liberdade até que tivesse conhecimento de como esta liberdade se harmoniza com o governo, com o poder público, com a disciplina e a obediência dos exércitos, com o recolhimento e a boa distribuição dos impostos, com a moralidade e a religião, com a solidez da propriedade, com a paz e a ordem, com os usos civis e sociais. Todas essas coisas são (à sua maneira) bens, e se vierem a faltar, a liberdade deixa de ser um benefício e tem pouca chance de durar muito tempo. O efeito da liberdade é de permitir aos indivíduos fazerem aquilo que lhes agrada: vejamos, pois, o que lhes será agradável fazer antes de nos arriscarmos a cumprimentos que muito cedo, talvez, devam ser convertidos em pêsames. A prudência nos ditaria tal conduta no caso de indivíduos separados e isolados; mas quando os homens agem em corpo, a liberdade é *poder*. Antes de se pronunciarem, pessoas esclarecidas gostarão de conhecer o uso que é feito do *poder*, sobretudo quando se trata de algo tão delicado quanto um poder *novo* em mãos de pessoas *novas* que conhecem pouco ou nada dos princípios, das características e das disposições do poder, e em situações nas quais os que mais parecem animar a cena talvez não sejam os que realmente a dirigem.

Porém, todas essas considerações estavam abaixo da dignidade transcendental da Sociedade da Revolução. Enquanto estive no campo, de onde tive a honra de lhe escrever, tive apenas uma imperfeita ideia de suas atividades. Quando voltei para a cidade, consegui um exemplar das atas publicadas sob sua autoridade, contendo um sermão do Dr. Price,[2] juntamente com as cartas do Duque de la Rochefoucauld[3] e do Arcebispo de Aix[4] e outros documentos anexos. O conjunto desta produção, que tem o desígnio manifesto de conectar os negócios da França aos da Inglaterra, levando-nos a imitar a conduta da Assembleia Nacional, suscitou-me considerável inquietação. Os efeitos desta conduta sobre o poder, o crédito, a prosperidade

---

2. Uma das figuras mais eminentes da *Revolution Society* (*Sociedade da Revolução*, fundada em 1788 para celebrar o centenário da Revolução Gloriosa de 1689), o matemático e dissidente religioso Richard Price (1723-1791) tornou-se célebre por seus discursos teológico-políticos não conformistas e favoráveis à reforma parlamentar, bem como pela defesa da causa dos colonos norte-americanos na década de 1770 (sendo ele próprio ligado a Benjamin Franklin). Seu "Discurso sobre o Amor à nossa Pátria", pronunciado no templo dissidente de *Old Jewry* no dia 4 de novembro de 1789 e publicado pela *Sociedade da Revolução*, teria fornecido o estímulo imediato para as *Reflexões*, após a leitura do mesmo por Burke, em janeiro de 1790. Ademais, Price era consultor direto de Lord Shelburne, rival do duque de Rockingham – o patrono político de Burke. (N.T.)

3. Louis-Alexandre, duque de la Roche-Guyon e de la Rouchefoucauld d'Enville (1743-1792), tradutor para o francês das *Constituições dos treze Estados da América (1783)*, foi um dos primeiros representantes da nobreza a se juntar ao Terceiro Estado nos Estados Gerais. Nobre liberal e amigo de Benjamin Franklyn e de Lord Stanhope – que então presidia a *Sociedade da Revolução* –, relatou à Assembleia Nacional (em 25.11.1789) a mensagem de felicitação da referida sociedade londrina aos representantes franceses. Faleceu na cidade de Gisors, na Normandia, em circunstâncias trágicas e violentas (foi apedrejado diante da mãe e da esposa em 14.9.1792), vítima da perseguição de membros das seções e sociedades populares revolucionárias nos quadros da guerra da primeira coalizão e de "caça" aos contrarrevolucionários (reais ou pretensos). Além de pertencer a uma das famílias nobres mais ilustres e antigas do reino, pesou contra ele o fato de ter assinado o decreto de 6 de julho de 1792, o qual suspendeu Pétion, o popular prefeito da Comuna de Paris, de suas funções. (N.T.)

4. Jean de Dieu Raymond de Boisgelin de Cucé (1732-1804), arcebispo de Aix e deputado do clero nos Estados Gerais, presidiu a Assembleia Nacional francesa por um breve período de 15 dias (a partir de 25.11.1789), durante o qual foi incumbido de enviar uma carta de agradecimentos a Lorde Stanhope e à *Sociedade da Revolução*. Apesar de sua oposição à reunião das três ordens, como liberal moderado, votou pela abolição dos direitos feudais e pela repartição anual do imposto fundiário. Favorável à prerrogativa real sobre os direitos de guerra e paz, combateu a nacionalização dos bens da Igreja e a Constituição Civil do Clero (1790), duas questões que o levaram a entreter uma breve correspondência com Burke, em 1791. Emigrou para a Inglaterra em 1792, retornando à França somente após a assinatura da Concordata entre Napoleão e o papa Pio VII, em 1801. (N.T.)

e a tranquilidade da França tornam-se a cada dia mais evidentes. A forma futura de sua nova Constituição torna-se mais clara. Hoje podemos vislumbrar, com razoável exatidão, a verdadeira natureza do modelo que nos é proposto para imitação. Se a prudência da reserva e o decoro impõem silêncio em algumas circunstâncias, uma prudência de ordem superior pode justificar em outras que expressemos nossos pensamentos. Os começos da confusão são ainda bastante pequenos na Inglaterra, mas, entre vocês, não vimos uma infância bem mais débil chegar em pouco tempo a uma força capaz de destruir montanhas e de lutar contra o próprio céu? Quando a casa de nosso vizinho pega fogo, é recomendável que tomemos precauções para proteger a nossa. É melhor ser desdenhado por excesso de precaução, que se ver arruinado por excesso de confiança.

Como é a paz de meu país que está no centro de minhas preocupações, se bem que a situação do seu não me deixe insensível, desejo assegurar um pouco mais de publicidade àquilo que inicialmente foi escrito para sua satisfação pessoal. Não deixarei, pois, de considerar os negócios franceses e continuarei a me dirigir ao Senhor. Perdoe-me se, usando o estilo epistolar, deixar meus pensamentos e sentimentos se exprimirem tal como surgem em minha mente, prestando muito pouca atenção ao método formal. Começo me ocupando das deliberações da Sociedade da Revolução, mas não me limitarei a elas. Como poderia fazê-lo? Parece que me encontro diante de uma grande crise não apenas francesa, mas europeia, e, talvez, mais que europeia. Considerando-se bem todas as circunstâncias, a Revolução Francesa é a mais espantosa que aconteceu até agora no mundo. As coisas mais surpreendentes foram produzidas, em mais de um caso, pelos meios mais absurdos e ridículos; nos modos mais ridículos, e, aparentemente, pelos mais vis instrumentos. Tudo parece fora do natural neste estranho caos de leviandade e ferocidade, onde todas as espécies de crimes misturam-se com todas as espécies de loucuras. Em vista dessa monstruosa cena tragicômica, necessariamente as paixões mais opostas se sucedem e às vezes se misturam, fazendo-nos passar do desprezo à indignação, do riso às lágrimas, do desprezo ao horror.

Não se pode negar, contudo, que para alguns esta estranha cena tenha sido considerada de um ponto de vista bem diferente. Neles só produziu entusiasmo e exaltação. No que se passou na França, eles não viram mais que o exercício firme e equilibrado da liberdade; tão compatível, no conjunto, com a moral e a piedade ao ponto de não só merecer o aplauso secular de audazes políticos maquiavélicos, mas de se tornar um tema adequado para todas as efusões devotas da eloquência sagrada.

Na manhã do dia 4 de novembro passado, o Dr. Richard Price, eminente ministro de fé não conformista, pregou no templo dissidente de Old Jewry,[5] a seu clube ou sociedade, um sermão extraordinariamente variado no qual alguns bons sentimentos religiosos e morais, e não mal expostos, se misturam em uma espécie de caldo composto de opiniões e reflexões políticas diversas: mas a Revolução Francesa é o grande ingrediente do caldeirão. Considero que a moção enviada à Assembleia Nacional pela Sociedade da Revolução, por meio de Lorde Stanhope,[6] tem sua origem nos princípios expostos neste sermão, sendo um corolário deles. A moção foi proposta pelo pregador daquele discurso e foi aprovada pelos ouvintes que, ainda entusiasmados pelas suas palavras, a votaram sem críticas nem restrições explícitas ou implícitas. Se, contudo, algum dos senhores interessados desejasse separar o sermão da moção, teria meios de reconhecer um e de negar a outra. Estes senhores podem fazê-lo, eu não posso.

De minha parte, considero este sermão como a declaração pública de um homem muito ligado a conspiradores literatos e filósofos intrigantes; a teólogos políticos e a políticos teólogos, tanto de dentro quanto de fora do país. Sei que o consideram como uma espécie de oráculo; porque, com as melhores intenções do mundo, *filipisa* com naturalidade, e entoa seu canto profético em uníssono com seus desígnios.

Este sermão tem um estilo que, creio, não é ouvido em nenhum dos púlpitos tolerados ou encorajados neste reino desde 1648, quando um predecessor do Dr. Price, o Reverendo Hugh Peters,[7] fez ressoar na própria capela do rei em Saint James um sermão sobre a honra e o privilégio dos Santos, que "com louvores a Deus em suas bocas, e uma espada com *duas* lâminas em suas mãos, deveriam executar o julgamento dos pagãos e o castigo dos *povos*, aprisionar com correntes a seus *reis* e colocar a ferros seus *nobres*".[8]

---

5. Velho Bairro Judeu, em Londres. (N.T.)

6. Charles, terceiro conde de Stanhope (1753-1816), autor de trabalhos científicos sobre a eletricidade e inventor de máquinas de cálculo, era membro da Câmara dos Comuns desde 1780, onde se notabilizou por defender o fim da guerra contra os colonos norte-americanos e uma gradual reforma eleitoral. Membro do grupo político liberal ou *whig* do Parlamento Britânico (constituído ao final do século XVII, procurava limitar as prerrogativas da Coroa e reforçar o poder parlamentar) e presidente da recém-constituída *Sociedade da Revolução*, Stanhope enviou duas efusivas mensagens de felicitação à Assembleia Nacional pela tomada da Bastilha. (N.T.)

7. Hugh Peters (1598-1660), pregador dissidente que se distinguiu na Guerra Civil inglesa (1642-1651) por defender a causa Parlamentar e servir como capelão no *New Model Army* (o exército parlamentar constituído em 1645). Devido ao papel ativo que desempenhou no processo e condenação de Carlos I, foi executado no início da Restauração. (N.T.)

8. *Salmo* CXLIX.

Poucas arengas sacras, salvo no tempo da Liga na França[9] e no tempo de nosso Pacto Solene,[10] respiraram tão pouca moderação quanto este de Old Jewry. Mesmo considerando-se que houvesse algo de moderado em tal discurso, ainda assim deveríamos ter em mente que a política e o púlpito pouco se harmonizam. Nas igrejas não se deveria ouvir senão a doce voz da caridade cristã. A causa da liberdade e do governo ganha tão pouco quanto a da religião com essa confusão de deveres. Aqueles que abandonam seu próprio caráter para assumir um outro que não lhes pertence ignoram, em geral, tanto o caráter que deixam quanto o que assumem. Totalmente desconhecedores do mundo no qual gostam de se misturar e inexperientes nos negócios sobre os quais se pronunciam com tanta confiança, eles só têm em comum com a política as paixões que excitam. A Igreja é certamente um lugar onde as dissensões e as animosidades da humanidade deveriam ter um dia de trégua.

Este estilo de oratória sacra, revivido depois de tão longo intervalo, tem para mim ares de novidade; mas de uma novidade não inteiramente livre de perigo. Não que eu veja perigo em todas as partes do sermão. As sugestões feitas a um nobre e venerável teólogo leigo, tido como membro importante de uma de nossas universidades,[11] e a outros teólogos leigos de semelhante "categoria e letras" podem ser oportunas e adequadas ainda que algo novas. Se estes nobres *Seekers*[12] não encontram nada que satisfaça suas fantasias piedosas no velho depósito da Igreja nacional, ou nos ricos sortimentos dos armazéns das congregações dissidentes, o Dr. Price aconselha-os a progredir no não-conformismo, fundando cada um seu próprio

---

9. Também conhecida como Liga Católica, foi constituída em 1576 pelo influente e poderoso duque de Lorena (Henrique de Guise) e, com o apoio do papa Sisto V e do rei espanhol Filipe II; tinha como objetivo mover uma cruzada antiprotestante (especialmente anticalvinista) pelo território francês, nem que para isto fosse preciso se opor à autoridade real de Henrique III (visto como excessivamente tolerante ao protestantismo). Exemplo disso foi o assassinato, em 1589, do monarca Henrique III (o último da dinastia dos Valois) por um frade dominicano – Jacques Clément – vinculado à Liga, em retaliação ao assassinato do duque de Guis, e no ano anterior. Desintegrou-se gradualmente durante o reinado de Henrique IV (o primeiro monarca da dinastia Bourbon), sobretudo após a assinatura do Edito de Nantes, em 1598, mas não sem deixar profundas marcas na cultura política do Antigo Regime. (N.T.)

10. Alusão a um pacto estabelecido em 1643 entre o Parlamento inglês e os presbiterianos escoceses, contra o absolutismo de Carlos I e as políticas religiosas do arcebispo Laud. (N.T.)

11. Richard Price, *Discurso sobre o Amor à nossa Pátria*. 3. ed., 1789. p. 17-8.

12. Seita puritana inglesa constituída durante os anos da Guerra Civil do século XVII, cujos líderes pregavam a busca pela verdade religiosa sem controle exterior. Posteriormente, vários desses líderes – entre eles, alguns membros da aristocracia, daí a alusão feita por Burke – entraram para a "Sociedade dos Amigos" (*Quakers*). (N.T.)

templo segundo seus princípios particulares.[13] É bastante notável que este reverendo teólogo se mostre tão determinado em promover o estabelecimento de novas igrejas e tão perfeitamente indiferente às doutrinas que elas possam ensinar. Seu zelo tem um curioso caráter. Não propaga suas próprias opiniões, mas qualquer opinião. Não é pela difusão da verdade, mas pela expansão da contradição. Que os nobres professores dissintam, pouco importa de quem ou de quê. Uma vez obtido este grande feito, tem-se como fato consumado que sua religião será racional e viril. Eu duvido que a religião venha a retirar da formação desta "grande companhia de grandes pregadores" todos os benefícios supostos por este teólogo calculador. Certamente, isto representaria um precioso complemento de elementos ainda não estudados à ampla coleção de classes, gêneros e espécies já conhecidas, que enriquece o *hortus siccus*[14] da dissidência. O sermão de um nobre duque, de um nobre marquês, de um nobre conde, ou de um bravo barão, iria certamente aumentar e diversificar as distrações desta cidade, que começa a se cansar da uniformidade de seus monótonos divertimentos. Pediria apenas a estes novos Mess Johns[15] engalanados e coroados, que, na exposição dos princípios democráticos e niveladores, guardassem a medida que se espera de seus púlpitos titulados. Os novos evangelistas desapontarão, ouso dizer, as esperanças que neles foram depositadas. Eles não se tornarão, em sentido próprio ou figurado, polemistas em teologia, nem estarão dispostos a organizar suas congregações a ponto de poder, como nos bons velhos tempos, pregar suas doutrinas a regimentos de dragões e corpos de infantaria e artilharia. Tais condutas, ainda que favoráveis à causa da liberdade obrigatória, tanto civil como religiosa, podem não ser igualmente benéficas para a tranquilidade nacional. Espero que não se veja nestas restrições grandes traços de intolerância, nem violentas manifestações de despotismo.

Entretanto, poderia dizer de nosso pregador que, *utinam nugis tota illa dedisset tempora soe vitiae*.[16] Nem todas as coisas desta bula fulminatória são tão inocentes assim. Suas doutrinas afetam partes vitais de nossa Cons-

---

13. "Aqueles que desaprovam o culto prescrito pela autoridade pública deveriam, se *não* logram encontrar um culto *fora* da Igreja que aprovam, *estabelecer um culto separado para si mesmos;* e, assim procedendo, oferecendo um exemplo de culto racional e viril, homens de *peso* por sua *categoria* e literatura podem prestar o maior serviço à sociedade e ao mundo". *Sermão do Dr. Price*, p. 18.

14. Jardim seco. (N.T.)

15. Expressão familiar para designar os pastores presbiterianos escoceses. (N.T.)

16. Trecho das *Sátiras*, de Juvenal: "Gostaria que ele tivesse devotado às asneiras todo o tempo que ele empregou à violência" (IV, p. 150). (N.T.)

tituição. No seu sermão político, ele diz à Sociedade da Revolução que Sua Majestade "é quase o *único* rei legítimo que existe no mundo, porque é o *único* que deve sua coroa à *escolha de seu povo*". Todos os reis do mundo (exceto um) são colocados por este "arquipontífice" dos *Direitos do Homem* sob cláusula de interdição e anátema e proclamados usurpadores por toda a longitude e latitude do globo, com um poder igual em plenitude, e superior em audácia, ao poder de deposição reconhecido ao Papa pelo fervor do século XII. E se cabe a esses reis considerar como irão acolher em seus territórios esses missionários apostólicos que pretendem ensinar a seus povos que eles não são soberanos legítimos, cabe a nós, em um importante interesse doméstico, examinar seriamente a solidez do *único* princípio segundo o qual estes senhores reconhecem o dever de fidelidade ao rei da Grã-Bretanha.

Aplicada ao príncipe que agora ocupa o trono britânico, esta doutrina ou não tem sentido, e, portanto, não é verdadeira nem falsa, ou, se tem, afirma uma posição totalmente infundada, perigosa, ilegal e inconstitucional. Segundo este doutor espiritual da política, se Sua Majestade não deve sua coroa à escolha de seu povo, ele não é rei *legítimo*. Ora, nada pode ser mais falso do que imaginar que a coroa deste reino seja assim mantida por Sua Majestade. Por isso, seguindo-se essa regra, o rei da Grã-Bretanha, que não recebeu suas funções de nenhuma forma de eleição popular, não vale mais que todo este bando de usurpadores que reinam, ou melhor, que pilham sobre toda a superfície desse nosso miserável mundo, sem ter nenhum direito ou título à fidelidade de seus súditos. O programa desta doutrina geral tão qualificada é suficientemente claro. Os propagadores deste evangelho político esperam que se passe por alto sobre seu princípio abstrato (o da legitimação da magistratura soberana pela escolha do povo) enquanto o rei da Grã-Bretanha não for por ele atingido. Entretanto, acostumarão aos poucos suas congregações a considerarem tal princípio como algo indiscutível. No momento seria apenas uma teoria, preservada no âmbito privilegiado da eloquência sacra, e guardada para uso posterior. *Condo et compono quae mox depromere possim*.[17] Com esta política, enquanto se lisonjeia nosso governo com um privilégio ao qual ele não tem nenhum direito, se lhe retira a segurança que tem em comum com todos os governos, se é que há segurança na opinião.

Assim procedem estes políticos, enquanto se presta pouca atenção a suas doutrinas; mas, se lhes pergunta pelo verdadeiro sentido de suas palavras e

---

17. Horácio, *Epístolas* I, i, p. 12: "Eu componho e reúno aquilo que eu possa ser capaz de trazer à tona mais tarde". (N.T.)

pela finalidade direta de seus princípios, então recorrem aos equívocos e se lançam às escapatórias. Quando dizem que o rei deve a coroa à escolha de seu povo sendo, portanto, o único soberano legítimo no mundo, talvez, queiram nos dizer que alguns dos predecessores do rei tenham sido chamados ao trono por alguma espécie de eleição, devendo portanto a coroa à escolha de seu povo. Desta forma, graças a um miserável subterfúgio, esperam tornar sua proposição aceitável, despojando-a de todo o seu sentido. Posto que se refugiam na loucura, que sejam bem-vindos ao asilo que procuram para suas ofensas. Pois, se admitirmos tal interpretação, em que sua ideia de eleição difere de nossa ideia de hereditariedade? E como a fixação da Coroa na linhagem de Brunswick, que deriva de Jaime I, pode legitimar nossa monarquia e não a de qualquer dos países vizinhos? Certamente, em um ou outro momento, todos os fundadores de dinastia foram escolhidos pelos que os chamaram a governar. Há fundamento na opinião de que todos os reinos da Europa foram, no passado, eletivos, com mais ou menos limitações nos objetos de escolha; mas, qualquer que tenha sido a natureza do poder real, há mil anos, ou qualquer que tenha sido a maneira pela qual as dinastias reinantes da Inglaterra ou da França tenham se iniciado, o rei da Grã-Bretanha é rei, hoje, por uma regra fixa de sucessão, de acordo com as leis de seu país; e enquanto as condições legais do pacto de soberania forem preenchidas (como elas são hoje), ele possuirá sua coroa, em desdenho à escolha da Sociedade da Revolução, cujos membros, aliás, não têm, individual ou coletivamente, nenhum direito a eleger um rei; embora não tenho dúvida de que eles, estando maduras as coisas, logo se erigiriam em colégio eleitoral. Os herdeiros e sucessores de Sua Majestade, cada um a seu tempo e ordem, acederá à coroa, com o mesmo desdém pela escolha deles com que Sua Majestade acedeu à coroa que ostenta.

Qualquer que possa ser o sucesso no subterfúgio para explicar o grosseiro erro *de fato* que supõe dizer que Sua Majestade deve sua coroa à escolha de seu povo (embora a retenha com o assentimento de seus súditos), nada pode desfazer a declaração explícita da Sociedade da Revolução a respeito do princípio de um direito do povo de escolher; princípio diretamente afirmado e mantido com tenacidade. Todas as insinuações oblíquas sobre a eleição se baseiam nesta proposição e a ela se referem. Por temer que o fundamento do título legal exclusivo do rei fosse tomado como mero palavreado de liberdade aduladora, o teólogo político passa a afirmar dogmaticamente que,[18] pelos princípios da Revolução [de 1688], o povo da Inglaterra

---

18. Richard Price, *Discurso sobre o Amor à nossa Pátria*, 3. ed., p. 34.

adquiriu três direitos fundamentais, todos os quais, diz ele, compõem um sistema e podem ser expressos em uma curta sentença, a saber, que adquirimos o direito de:
1. "Escolher nossos próprios governantes",
2. "Destituí-los por má conduta",
3. "Constituir nosso próprio governo".

Essa nova, e até agora inédita, declaração de direitos, ainda que feita em nome de todo o povo, pertence apenas aos senhores da Sociedade da Revolução, e somente à sua facção. O conjunto do povo inglês não a partilha e desaprova-a completamente. Combaterá sua colocação em prática com as vidas e as fortunas dos seus membros, que estão obrigados a assim proceder pelas leis de seu país, feitas por ocasião desta mesma Revolução, e às quais ousa apelar, para defender direitos imaginários, a Sociedade que abusa de seu nome.

Estes senhores da Old Jewry, em todos os seus raciocínios sobre a Revolução de 1688, têm de tal forma diante de seus olhos e no seu coração a revolução que aconteceu na Inglaterra há cerca de 40 anos, e a que se produz na França atualmente, que, constantemente, confundem as três. É necessário que separemos o que eles confundem. Lembremos às suas desgarradas imaginações, os *atos* da Revolução que reverenciamos, a fim de podermos descobrir seus verdadeiros *princípios*. Se os *princípios* da Revolução de 1688 tiverem de ser encontrados em algum lugar, certamente, este lugar será o estatuto chamado *Declaração de Direitos*.[19] Nesta declaração cheia de sabedoria, moderação e prudência, elaborada por grandes juristas e grandes estadistas, e não por entusiastas calorosos e inexperientes, não há nenhuma palavra, nenhuma sugestão que se relacione a um direito geral "de escolher nossos próprios governantes, de destituí-los por má conduta, e de constituir nosso próprio governo".

Esta Declaração de Direitos (ato do 1º ano do reinado de Guilherme e de Maria,[20] seção 2, cap. 2) é a pedra angular de nossa Constituição, con-

---

19. Nos quadros da Revolução Gloriosa (1688-1689), foi um documento emitido pelo Parlamento que, entre outras coisas, garantiu a liberdade, a vida e a propriedade privada dos súditos contra os possíveis abusos do absolutismo real e/ou do poder do Estado *tout court*, assim como estabeleceu as regras para a sucessão do trono. Antecedeu e serviu de modelo a uma declaração de direitos mais completa, o célebre *Bill of Rights* de 1689. (N.T.)

20. Guilherme III da Casa de Orange-Nassau (1650-1702), regente ("*stadhouder*") das cinco Províncias dos Países Baixos (das quais a Holanda era a mais importante) desde 1672, e sua prima (por parte de mãe) e esposa (desde 1677) Maria II da Inglaterra (1662-1694) – esta, filha de Jaime II (1633-1701), o último monarca da dinastia Stuart – foram a solução encontrada pelos

forme reforçada, explicada, melhorada, e em seus princípios fundamentais estabelecida para sempre. Ela se intitula: "Ato declarando os direitos e as liberdades do súdito e *estabelecendo* a *sucessão* da Coroa". O Senhor poderá observar que estes direitos e esta sucessão se encontram no corpo de uma mesma lei e estão indissoluvelmente ligados entre si.

Poucos anos depois desse período, uma segunda oportunidade surgiu de se afirmar um direito de eleição para a Coroa. A perspectiva de se ver o rei Guilherme e a Princesa, mais tarde rainha Ana, sem posteridade, suscitou no Parlamento a questão de se saber onde fixar a Coroa e como garantir no futuro as liberdades do povo. Tomou então o Parlamento alguma disposição para legalizar a coroa baseando-se nos espúrios princípios da Revolução da Old Jewry? Não. Ele se ateve aos princípios da Declaração de Direitos, limitando-se a indicar com mais precisão quem, na linha protestante, deveria herdar a coroa. Este ato também incorporou, pela mesma política, nossas liberdades e o regulamento da sucessão real pela via hereditária. Em vez de um direito de escolher nossos governantes, o Parlamento declarou que o estabelecimento da *sucessão* nessa linhagem (a linhagem protestante, descendente de Jaime I) era absolutamente necessária "para a paz, tranquilidade e segurança do reino", e que era igualmente urgente "manter uma *certeza na sucessão*, à qual os súditos possam sempre recorrer para sua própria proteção". Estes dois atos, que exprimem da maneira mais clara e inequívoca os princípios da Revolução, longe de justificarem pretensões delirantes e enigmáticas a um "direito de escolher nossos governantes", demonstram, ao contrário, como a sabedoria da nação se opôs a converter um caso de necessidade em principio jurídico.

Houve, inegavelmente, quando da Revolução, na pessoa do rei Guilherme, um pequeno e temporário desvio na estrita ordem de uma sucessão hereditária regular; mas é absolutamente contrário a todos os princípios elementares da jurisprudência derivar um princípio de uma lei feita em

---

líderes parlamentares *whigs* para o impasse dinástico que teve início após o nascimento, em 1688, de Jaime Francisco Eduardo Stuart (1688-1766), pretendente católico ao trono inglês e filho de Jaime II (de um segundo casamento com Maria de Módena). A conversão ao catolicismo (entre 1668-1669) de Jaime II (que sucedeu seu irmão Carlos II no trono porque este não teve herdeiros legítimos à sucessão) deflagrou uma crise política que culminou na formação dos modernos partidos políticos ingleses – isto é, os *whigs* (liberais, opunham-se às tentativas de restauração do absolutismo monárquico pelos reis Carlos II e Jaime II, diplomaticamente alinhados à França e filocatólicos) e os *tories* (conservadores, defendiam os nomes de Jaime II e, posteriormente, de seu filho Jaime Francisco, como legítimos pretendentes ao trono inglês) – e, em última análise, na Revolução Gloriosa, que elevou os protestantes Maria II e o Príncipe de Orange (Guilherme III) ao trono da Inglaterra. (N.T.)

um caso especial, e concernente a uma pessoa particular. *Privilegium non transit in exemplum*.[21] Se houve um tempo favorável ao estabelecimento do princípio segundo o qual somente um rei por escolha popular era legítimo, este tempo foi, sem dúvida, o momento da Revolução. O fato de não ter sido estabelecido nesse momento, é a prova de que a nação era da opinião de que não deveria ser estabelecido em nenhum outro. Não há ninguém tão ignorante de nossa história a ponto de não saber que a maioria dos dois partidos no Parlamento estava tão pouco disposta a estabelecer algo de semelhante a este princípio, que, de início, estavam determinados a colocar a coroa vacante não sobre a cabeça do Príncipe de Orange, mas na de sua esposa Maria, filha do rei Jaime, a primogênita da prole desse rei, que reconheciam como indubitavelmente dele. Seria recomeçar uma história bem triste, lembrar todas as circunstâncias que demonstram que, aceitando o rei Guilherme, o Parlamento não fazia propriamente uma *escolha*. A verdade é que para aqueles que não queriam chamar de volta o rei Jaime, nem ensanguentar sua pátria, e precipitar de novo sua religião, suas leis e suas liberdades nos perigos dos quais eles acabavam de sair, o reconhecimento do rei Guilherme foi um ato ditado pela *necessidade*, no mais estrito sentido moral que esta palavra possa ter.

No próprio ato em que, por algum tempo, e num único caso, o Parlamento afastou-se da estrita ordem de hereditariedade em favor de um príncipe que, embora não o próximo, estava, no entanto perto na linha de sucessão, é curioso observar como Lorde Somers,[22] que redigiu o projeto de lei chamado de Declaração de Direitos, comportou-se nesta ocasião delicada. É curioso observar quanta habilidade este grande homem e o Parlamento que o seguiu usaram para dissimular esta temporária solução de continuidade, ao mesmo tempo em que eles se esforçavam em reforçar e exaltar tudo aquilo que, neste ato imposto pelas circunstâncias, pudesse justificar a ideia de uma sucessão hereditária. Abandonando o estilo seco e imperativo nos atos do Parlamento, Lorde Somers levou os Lordes e os Comuns a declararem em uma piedosa jaculatória "que Deus foi, para com esta nação, de uma maravilhosa providência e de uma misericordiosa bondade, con-

---

21. Máxima do Direito Romano que pode ser traduzida da seguinte forma: "Um direito individual não se transforma em uma regra geral". (N.T.)

22. John Somers (1650-1716), advogado, jurista e escritor político *Whig*, desempenhou um papel ativo na Revolução Gloriosa, quando não apenas presidiu o comitê parlamentar encarregado da redação da *Declaração de Direitos*, como contribuiu decisivamente na elaboração da mesma. (N.T.)

servando as ditas Majestades Reais a fim de fazê-las, muito felizmente, reinar sobre nós *do trono de seus antepassados*, pelo que eles retribuem, do mais profundo de seus corações, com seus mais humildes louvores e agradecimentos". Não há duvida que o Parlamento tinha em vista os atos de reconhecimento do primeiro ano do reinado de Elisabeth I (cap. 3) e o do primeiro ano do reinado de Jaime I (cap. 1), ambos os quais afirmam com toda a força a natureza hereditária da Coroa; e em muitas partes seguem, com uma precisão quase literal, os termos e a própria forma de ação de graças que se encontram nestes antigos estatutos declaratórios.

As duas Câmaras, no ato do rei Guilherme, não agradeceram a Deus por terem encontrado uma boa oportunidade para afirmar o direito de escolher seus próprios governantes, muito menos de fazer de uma eleição o *único* direito *legítimo* à Coroa. O fato de terem estado em condição de evitar, tanto quanto possível, até mesmo a mera aparência disso, foi então considerado uma saída providencial. Elas jogaram um espesso véu político sobre as circunstâncias capazes de enfraquecer os direitos que queriam perpetuar na ordem de sucessão melhorada; ou que fosse suscetível de fornecer um precedente para qualquer futuro afastamento da regra que acabavam de estabelecer para sempre. A fim de não arranhar a autoridade da monarquia e de se conformarem estreitamente à prática de seus ancestrais, tal como elas apareciam nos estatutos declaratórios das rainhas Maria[23] e Elisabeth,[24] os membros do Parlamento, no artigo seguinte, reconhecem em suas majestades Guilherme e Maria todas as prerrogativas legais da Coroa, declarando "que, em suas pessoas, estão *plena*, justa e *inteiramente* investidas, incorporadas, unidas e anexadas". Na cláusula que se segue, a fim de prevenir questionamentos, em razão de qualquer pretendido título à coroa, eles declaram (ainda aqui, conforme a tradição nacional e servindo-se da linguagem tradicional a ponto de reproduzir como uma rubrica os termos dos atos precedentes de Elisabeth e de Jaime) que da preservação de "uma

---

23. Maria I, seção 3, cap. I.

24. Trata-se de Elisabeth I (1533-1603), filha de Henrique VIII, cujo falecimento representou o fim da dinastia Tudor (1485-1603), uma vez que não deixou herdeiros. Entre as realizações de seu duradouro reinado de quase 45 anos (1558-1603), também conhecido como *era elisabetana*, merecem destaque a consolidação da Reforma religiosa e do Estado absolutista inglês – sendo um dos principais instrumentos deste avanço absolutista a expropriação e a venda das terras da Igreja católica pelo Estado, medida de graves consequências para o absolutismo Stuart no futuro –, bem como, no âmbito militar, a reorientação estratégica do reino (os enormes dispêndios com malsucedidas campanhas militares de Henrique VIII no continente europeu dão lugar a uma nova vocação naval do reino sob Elisabeth), lançando as bases para o que viria a ser o longo domínio britânico sobre os mares. (N.T.)

certeza na SUCESSÃO, dependem inteiramente, sob Deus, a unidade, a paz e tranquilidade desta nação".

Eles sabiam que um título duvidoso de sucessão seria muito semelhante a uma eleição; e que uma eleição destruiria completamente "a unidade, a paz e a tranquilidade desta nação", coisas que consideravam de alguma importância. A fim de alcançar esses objetivos, e, portanto, excluir para sempre a doutrina da Old Jewry a respeito de "um direito a escolher nossos próprios governantes", os membros do Parlamento introduziram uma cláusula, contendo um compromisso solene, tirado do precedente ato da Rainha Elisabeth – o voto mais solene que já foi ou pode ser feito em favor de uma sucessão hereditária, e a mais solene renúncia que se poderia fazer dos princípios que a Sociedade da Revolução lhes queria imputar. "Os Lordes espirituais e temporais, bem como os Comuns, agindo em nome de todo o dito povo, com toda a humildade e fidelidade, submetem *a si mesmos, seus herdeiros e posteridade para sempre*, e prometem fielmente proteger, manter e defender, com todas as suas forças, as ditas Majestades, e também a *limitação da Coroa* tal qual ela se encontra especificada e contida no presente ato" etc.

Tão longe está de ser verdade que com a Revolução tenhamos adquirido o direito de eleger nossos reis que, se o tivéssemos possuído antes, a nação inglesa naquele momento renunciou e abdicou muito solenemente a ele, para si própria e para seus descendentes, para sempre. Esses senhores da Old Jewry podem se orgulhar quanto quiserem por seus princípios *whigs*; quanto a mim, não desejo em absoluto ser tomado por um *whig* melhor que Lorde Somers; seja por entender os princípios da Revolução melhor que os que a realizaram; seja por ler na Declaração de Direitos qualquer mistério desconhecido para aqueles cujo estilo penetrante gravou as palavras e o espírito daquela lei imortal em nossos ordenamentos e em nossos corações.

É verdade que, ajudada pelos poderes derivados da força e da oportunidade, a nação era naquele momento, num certo sentido, livre para colocar no trono quem ela quisesse; mas livre somente nos mesmos termos pelos quais poderia ter abolido completamente sua monarquia ou qualquer outra parte de sua Constituição. No entanto, seus representantes não acharam que mudanças tão audaciosas fizessem parte de seu mandato. É de fato difícil, talvez impossível, estabelecer-se limites à mera competência *abstrata* do poder supremo, tal qual exercido pelo Parlamento naquela época; mas os limites de uma competência *moral* que submete, mesmo em poderes mais indiscutivelmente soberanos, a vontade ocasional à razão permanente, e às máximas constantes da fé, da justiça e dos princípios fundamentais da política, são perfeitamente inteligíveis e perfeitamente obrigatórios para aqueles que exercem alguma autoridade, sob qualquer nome, ou a qualquer titulo, no Estado. É assim que, por exemplo, a Câmara dos Lordes não é moralmente competente para dissolver a Câmara dos Comuns; nem sequer para dissolver a si própria, nem para abdicar, se quisesse, à porção do poder legislativo que ela possui no reino. Um rei pode abdicar por sua pessoa mas não pode abdicar pela Monarquia. Por uma razão tão ou mais forte, a Câmara dos Comuns não pode renunciar à sua parcela de autoridade. O compromisso ou pacto social, que se conhece geralmente como Constituição, proíbe tal violação e tal rendição. As partes constituintes de um Estado estão obrigadas a respeitar as obrigações públicas que têm umas para com as outras, bem como todos aqueles compromissos dos quais derivam interesses importantes, da mesma forma que o Estado, como um todo, é obrigado a cumprir seus compromissos com as comunidades particulares. De outra forma, competência e poder logo se confundiriam e nenhuma lei restaria que não fosse a decorrente da vontade da força dominante. Com base nesse princípio, a ordem de sucessão à Coroa sempre foi o que é agora: uma sucessão hereditária fixada pela lei. Era, na linhagem antiga, uma sucessão pelo direito consuetudinário; na nova, pelo direito estatutário, operando segundo os princípios do direito consuetudinário e sem mudar sua substância, mas regulamentando o modo e descrevendo as pessoas. Estas duas espécies de direito têm força equivalente e derivam de uma mesma autoridade que emana do acordo comum e do pacto original do Estado, *communi sponsione republicae*,[25] e, como tal, são igualmente obrigatórias para o rei e para o povo, enquanto seus termos forem observados e continuem a formar o mesmo corpo político.

Não é impossível reconciliar – desde que não nos deixemos enredar nos labirintos de um sofisma metafísico – o uso de uma regra fixa e um desvio ocasional da mesma; o caráter sagrado do princípio de sucessão hereditária em nosso governo, com o poder de mudar sua aplicação em caso de extrema necessidade. Mas mesmo neste extremo (se medimos a extensão de nossos direitos pelo exercício que deles fizemos na Revolução) a mudança deve ser limitada à parte deteriorada apenas; à parte que tornou o desvio necessário; e mesmo então deve ser efetuada sem uma decomposição de todo o corpo civil e político, com a finalidade de se criar uma nova ordem civil a partir dos primeiros elementos da sociedade.

---

25. Convenção Geral da República. (N.T.)

Um Estado sem meios para mudar, não tem meios para se conservar. Sem esses meios, corre até mesmo o risco de perder aquela parte da Constituição que com mais devoção desejaria conservar. Os dois princípios da conservação e da correção agiram fortemente nos dois períodos críticos da Restauração e da Revolução, quando a Inglaterra viu-se sem um rei. Em cada um destes dois períodos, a nação perdera o fator de união de seu antigo edifício; nem por isso dissolveu-se todo o edifício. Ao contrário, em ambos os casos, fez-se uso das partes da antiga Constituição que nada tinham sofrido para regenerar a parte afetada. Conservou-se as antigas partes exatamente como eram, a fim de que aquela que se reconstituía pudesse ser adaptada a elas. Agiu-se por meio dos antigos estados, constituídos na forma tradicional de sua organização, e não por meio de *moleculae* orgânicas de um povo desagregado. Talvez em momento algum, o Parlamento soberano manifestou mais respeito a esse princípio fundamental da Constituição britânica do que na época da Revolução, quando se desviou da linha direta de sucessão hereditária. A Coroa foi afastada ligeiramente da linha até então seguida; mas a nova dinastia derivava do mesmo tronco. Continuava sendo uma linha de sucessão hereditária; uma descendência hereditária pelo mesmo sangue, mas com a condição de ser de religião protestante. Quando o Parlamento alterou a direção mas manteve o princípio, demonstrou que o considerava inviolável.

Com base nesse princípio, em tempos passados e muito antes da época da Revolução, o direito de herança admitira algumas emendas. Algum tempo depois da conquista, grandes questões surgiram sobre os princípios legais da descendência hereditária. Houve dúvidas a respeito de quem teria o direito à sucessão, se o herdeiro *per capita* ou se o herdeiro *per stirpes*;[26] mas que o primeiro tenha cedido ao segundo, ou o herdeiro católico tenha sido preterido em favor do protestante, ainda assim, o princípio da hereditariedade sobreviveu como uma espécie de imortalidade através de todas as transmigrações – *multosque per annos stat fortuna domus et avi numerantur avorum*.[27] Esse é o espírito de nossa Constituição, não só em seu curso estabelecido, mas em todas as suas revoluções. Quem quer que tenha obtido a

---

26. Respectivamente, se o critério prevalecente na sucessão ao trono deveria recair sobre os direitos individuais (no caso em questão, as pretensões do católico Jaime Francisco Stuart ao trono) ou observar os direitos do ramo familiar (a exigência da religião protestante pela facção parlamentar dominante *whig* decidindo a favor de Maria II e Guilherme III). (N.T.)

27. Virgílio, *Geórgicas* IV, 8-9: "Através dos anos, a fortuna dos antepassados se mantém, e os antepassados dos antepassados são contados". (N.T.)

Coroa, ou como a tenha obtido, se pela lei ou pela força, a sucessão hereditária foi continuada ou adotada.

Estes senhores da Sociedade pelas Revoluções não veem na de 1688 mais que o desvio da Constituição; e eles tomam o desvio do princípio pelo princípio. Eles pouco se importam com as óbvias consequências de sua doutrina, embora devam ver que ela deixa autoridade positiva em muito poucas das instituições positivas deste país. Uma vez estabelecida a irresponsável máxima de que nenhum trono é legítimo se não for eletivo, então nenhum ato dos príncipes que precederam a essa era de eleição fictícia pode ser válido. Será que estes teóricos pretendem imitar alguns de seus predecessores que tiraram os corpos de nossos antigos soberanos da tranquilidade de seus túmulos? Será que querem atingir e depor retrospectivamente todos os reis que reinaram antes da Revolução, e, assim, manchar o trono da Inglaterra com o opróbrio de uma usurpação continua? Pretendem invalidar, anular ou questionar, com os títulos de toda a linhagem de nossos reis, aquele grande corpo de nosso direito estatutário, instituídos sob aqueles mesmos que agora tratam como usurpadores? Anular leis de valor inestimável para nossas liberdades – de um valor pelo menos tão grande quanto as que foram aprovadas durante ou depois da Revolução? Se reis, que não deviam a coroa à escolha de seu povo, não tinham direito a fazer leis, o que será do estatuto *de tallagio non concedendo*? – da *petição de direitos*? – e da lei do *habeas corpus*?[28] Presumem esses novos doutores dos Direitos do Homem que o rei Jaime II, que acedeu à coroa como o seguinte na sucessão pelo sangue, de acordo com as regras de sucessão então não qualificadas, não era, para todos os propósitos, rei legítimo da Inglaterra, antes de que realizasse algum daqueles atos que foram justamente interpretados como uma abdicação de sua coroa? Se não o tivesse sido, muitos dos problemas enfrentados pelo Parlamento poderiam ter sido evitados no período que esses senhores comemoram. Mas o rei Jaime era um rei mau com um bom

---

28. Burke elenca, em ordem cronológica, alguns dos principais dispositivos jurídicos do sistema constitucional inglês para a defesa das garantias individuais contra o absolutismo estatal-monárquico: *De Tallagio non Concedendo*, decretado em 1297 sob o reinado de Eduardo I, vetava a imposição da talha pelo rei sem a autorização do Parlamento; *Petição de Direitos* (1628), ao lado da Magna Carta (1215) e do *Bill of Rights* (1689), um dos principais marcos regulatórios das garantias legais e constitucionais dos ingleses ante o poder absolutista, estabelecia que o rei não poderia criar impostos sem autorização parlamentar, nem prender quem quer que fosse ou estabelecer cortes marciais em desacordo com as leis vigentes; *Habeas Corpus* (1679), já presente na tradição do direito consuetudinário inglês, foi ampliado e consolidado durante as lutas políticas entre Coroa e Parlamento do século XVII, tornando-se o principal instrumento de proteção das liberdades civis contra as prisões arbitrárias do Estado. (N.T.)

título, e não um usurpador. Os príncipes que o sucederam de acordo com o ato do Parlamento que atribuiu a coroa à eleitora Sofia[29] e a seus descendentes protestantes, fizeram-no pelo mesmo título hereditário que levara o rei Jaime ao trono. Este acedeu ao trono de acordo com a lei existente no momento de sua coroação; e os príncipes da dinastia de Brunswick chegaram a herdar a coroa, não por eleição, mas pela lei vigente no momento de suas respectivas ascensões ao trono como herdeiros e sucessores protestantes, como espero ter demonstrado suficientemente.

O direito pelo qual esta família real está destinada à sucessão, é constituído pelo ato do Parlamento dos anos 12º e 13º do rei Guilherme. Os termos deste ato obrigam "a nós e nossos herdeiros, e nossa posteridade, em relação a eles, seus *herdeiros*, e sua *posteridade*", desde que protestantes, até o fim dos tempos, com as mesmas palavras com as quais a Declaração dos Direitos nos obrigara com relação aos herdeiros do rei Guilherme e da rainha Maria. A lei assegura, portanto, tanto uma coroa hereditária quanto uma fidelidade hereditária. Em que base, excetuada a política constitucional de assegurar esse tipo de sucessão que impede para sempre uma escolha popular, poderia o Parlamento ter rechaçado desdenhosamente as boas e abundantes escolhas que nosso país lhe oferecia para ir buscar em terras estranhas princesas estrangeiras, de cujo ventre haveria de derivar a dinastia de nossos futuros monarcas seu titulo para governar milhões de homens por muitas eras?

A princesa Sofia foi nomeada pelo ato de estabelecimento (12º e 13º do rei Guilherme), como um *tronco* e raiz da *herança* de nossos reis, e não em consideração a seus méritos como administradora temporária de um poder que poderia nunca ter exercido e que de fato não exerceu. Ela foi adotada por uma razão, e somente uma: a saber, diz o ato, "a excelentíssima princesa Sofia, Eleitora e Duquesa viúva de Hannover, é *filha* da excelentíssima princesa Elisabeth, que foi rainha da Boêmia, *filha* de nosso falecido Senhor *soberano* o rei Jaime I, de fausta memória, e aqui é declarada como sendo a próxima na sucessão na linha protestante" etc.; "e a coroa continuará nos herdeiros de seu corpo, sendo protestantes". Esta limitação foi feita pelo Parlamento não só para que por meio da princesa Sofia continuasse no futuro

---

29. Como Maria II e Guilherme III não tiveram filhos, e diante do falecimento, em 1700, do último filho da rainha Ana I (1665-1714) – também ela filha de Jaime II –, o Parlamento inglês, no intuito de prevenir o retorno de um príncipe católico ao trono, decretou o *Act of Settlement* (Ato de Estabelecimento, 1701), pelo qual os descendentes da Eleitora Sofia de Hanover (1630-1714), neta de Jaime I, seriam legalmente reconhecidos como os sucessores ao trono da Inglaterra, dando início à duradoura dinastia de Hanover (1714-1901). (N.T.)

uma linha hereditária, mas (coisa que consideravam muito importante) para que por intermédio dela a herança ficasse vinculada à velha linha hereditária do rei Jaime I; de maneira que a monarquia pudesse preservar uma unidade inquebrantável através dos tempos e pudesse ser preservada (com segurança para nossa religião) conforme o velho e aprovado modo de herdar, no qual, se nossas liberdades estiveram por uma vez em perigo, elas foram no mais das vezes preservadas, mesmo diante de todas as tempestades e lutas de prerrogativa e privilégio. Fizeram bem. Nenhuma experiência nos ensinou que, se tivéssemos seguido outro caminho ou método que não o da transmissão *hereditária da coroa*, pudessem ser perpetuadas regularmente e conservadas como sagradas nossas liberdades como *direito hereditário* nosso. Um movimento irregular convulsivo pode ser necessário para combater uma enfermidade convulsiva e irregular. Mas o hábito saudável da Constituição britânica é a sucessão. Será que o Parlamento, que aprovou a lei limitando a coroa à dinastia de Hanover – derivada dos descendentes femininos de Jaime I – desconhecia o inconveniente de ter dois ou três, ou possivelmente mais, estrangeiros na sucessão ao trono britânico? Não! Ele tinha o devido sentido dos males que poderiam advir desse governo estrangeiro, e mais do que um devido sentido deles. Mas não há prova mais decisiva da plena convicção que tinha a nação britânica de que os princípios da Revolução não a autorizava a eleger reis a seu bel prazer, e sem qualquer atenção aos antigos princípios de nosso governo, que o fato de continuarem a adotar um plano de sucessão hereditária protestante na velha linhagem, mesmo tendo diante de seus olhos, operando com o máximo vigor, todos os perigos e inconvenientes da perspectiva de uma dinastia estrangeira.

Há poucos anos apenas eu me envergonharia de sobrecarregar um assunto tão capaz de sustentar a si mesmo, com o então desnecessário apoio de algum argumento; mas agora ensina-se, defende-se e imprime-se publicamente esta doutrina sediciosa e inconstitucional. A antipatia que sinto pelas revoluções, cuja sinalização frequentemente partiu dos púlpitos; o espírito de mudança que se expande no estrangeiro; o desprezo total que prevalece entre os senhores, e que pode vir a prevalecer entre nós, por todas as instituições antigas, quando em oposição ao sentido de conveniência ou inclinação atuais; todas essas considerações tornam aconselhável, em minha opinião, a voltarmos nossa atenção para os verdadeiros princípios de nossas leis internas; para que o senhor, meu amigo francês, comece a conhecê-las, e nós continuemos a cultivá-las. Não devemos, em nenhum dos dois lados do mar, deixar que se nos imponham mercadorias falsificadas que algumas pessoas, mediante uma dupla fraude, exportam ilicitamente aos senhores, como matérias primas de criação britânica embora completamente estranhas ao nosso solo, de modo a introduzi-las posteriormente de contrabando nesse país, manufaturadas segundo a mais recente moda parisiense de liberdade melhorada.

O povo da Inglaterra não vai macaquear as modas que nunca experimentou; nem voltar àquelas que, por experiência, achou daninhas. Ele olha para sucessão hereditária legal de sua coroa como um de seus direitos, não como um de seus erros; como um benefício, não como um agravo; como uma segurança para a sua liberdade, não como um símbolo de servidão. Ele olha para a estrutura de seu Estado, *tal como existe*, como sendo de valor inestimável; e concebem a inalterada sucessão da coroa como promessa da estabilidade e perpetuidade de todos os demais membros de nossa Constituição.

Que me seja permitido, antes de prosseguir, de me ocupar de alguns artifícios mesquinhos, que os defensores da eleição, como o único título legal à coroa, estão sempre prontos a empregar, a fim de tornar a defesa dos princípios justos de nossa Constituição uma tarefa um tanto ingrata. Estes sofistas recorrem a uma causa fictícia e a personagens fingidos em cujo favor eles o dão como comprometido, sempre que o Senhor defende a natureza hereditária da coroa. É comum entre eles discutir como se estivessem em conflito com alguns daqueles desacreditados fanáticos da escravidão que antigamente afirmavam, o que, acredito, criatura nenhuma agora afirma, "que a coroa é possuída por direito divino, hereditário e irrevogável". Esses velhos fanáticos do poder arbitrário único dogmatizavam como se a realeza hereditária fosse o único governo legítimo do mundo, tal como nossos novos fanáticos do poder popular arbitrário sustentam que uma eleição popular é a única fonte legítima da autoridade. É verdade que os entusiastas da antiga prerrogativa real especulavam insensata e, talvez impiamente, como se a monarquia tivesse mais sanção divina do que qualquer outra forma de governo; como se o direito hereditário de governar fosse estritamente *indestrutível* em qualquer pessoa que se pudesse encontrar na sucessão de um trono e sob qualquer circunstância, o que nenhum direito civil ou político pode ser. Mas uma opinião absurda concernente ao direito hereditário do rei à coroa não prejudica outra que seja racional e fundada sobre princípios jurídicos e políticos sólidos. Se todas as teorias absurdas de juristas e teólogos pudessem viciar os objetos de que se ocupam, não teríamos lei nem religião no mundo. Mas uma teoria absurda sobre um lado de uma questão não constitui justificativa para alegar um fato falso, ou promulgar máximas maldosas sobre o outro.

A segunda reivindicação da Sociedade da Revolução é o "direito de destituir por *má conduta* os governantes". Talvez as apreensões que nossos antepassados nutriram de criar um precedente como esse "de destituir por má conduta" tenham sido a causa de a declaração do ato que levou à abdicação do rei Jaime ter sido concebida em termos muito reservados e muito circunstanciais.[30] Mas todas essas reservas e todo esse acúmulo de circunstâncias servem para mostrar o espírito de cautela que predominava nos conselhos da nação, em uma situação na qual homens irritados pela opressão, e exaltados pelo triunfo sobre ela, tendem a se entregar a soluções extremas e violentas; para mostrar a ansiedade dos grandes homens que influenciaram na condução dos assuntos naquele grande acontecimento, fazendo da Revolução o fundamento de um edifício durável e não o berço de revoluções futuras.

Nenhum governo poderia se manter, ainda que por um instante, se pudesse ser derrubado por algo tão elástico e indefinido quanto uma opinião de "má conduta" de sua parte. Os que lideraram a Revolução não fundaram a virtual abdicação do rei Jaime sobre tal luz e princípio incerto. Eles o acusaram de nada menos do que o propósito, confirmado por uma multidão de atos abertamente ilegais, de *subverter a igreja Protestante e o Estado,* e seus direitos e liberdades *fundamentais* e indiscutíveis: acusaram-no de ter rasgado o *contrato original* entre o rei e o povo. Isto era mais que uma *prevaricação.* Uma necessidade grave e imperiosa obrigou-os a dar o passo que deram, e deram-no com infinita relutância, como sob a mais rigorosa de todas as leis. Não depositaram sua confiança na salvaguarda futura da Constituição em futuras revoluções. A grande política de todas as suas regulamentações foi tornar quase impossível, para qualquer futuro soberano, obrigar os estados do reino a voltar a recorrer a esses remédios violentos. Deixaram a coroa na mesma situação em que ela sempre esteve aos olhos da lei: perfeitamente irresponsável. A fim de aligeirar ainda mais os encargos da coroa, eles agravaram a responsabilidade dos ministros de Estado. Pelo ato do primeiro ano do reinado do rei Guilherme (seção 2), chamado *ato relativo à declaração dos direitos e liberdades, e à regulamentação da sucessão da Coroa,* declarou-se que os ministros deveriam servir à Coroa nos termos desta declaração. Logo em seguida eles garantiram as *reuniões frequentes do Parlamento,* a fim de que todo o governo fosse submetido à constante ins-

---

30. "O rei Jaime II, tendo procurado *subverter a Constituição do reino,* rompendo o *contrato original* entre o povo e o rei, e tendo, por conselho dos jesuítas e de outros malfeitores, violado as leis *Fundamentais* e *deixado o reino,* abdicou do governo, e por isso o trono está *vacante".*

peção e ao controle ativo dos representantes da nação e dos grandes do reino. No grande ato constitucional seguinte, o do 12º e 13º anos do reinado do rei Guilherme, para limitar ainda mais o poder real e *melhor* garantir os direitos e liberdades do súdito, estabeleceram "que nenhuma graça sob a grande chancela da Inglaterra poderia se opor a uma acusação contra ministros (*impeachment*) pelos Comuns reunidos em Parlamento." A regra decretada para o governo na Declaração de Direitos, a inspeção constante do Parlamento, o direito efetivo de acusar os ministros (*impeachment*), eram vistos por eles como uma segurança infinitamente melhor, não só para sua liberdade constitucional, mas contra os vícios da administração, do que o estabelecimento de um direito tão difícil na prática, tão incerto no resultado e frequentemente tão prejudicial em suas consequências, quanto aquele de "depor seus governantes".

Neste sermão,[31] o Dr. Price condena, com muito acerto, a prática de dirigir aos reis mensagens revestidas de termos grosseiramente adulatórios. Ao invés desse estilo repugnante, ele propõe que se diga a Sua Majestade, em ocasião das congratulações, que "ele deve se considerar mais exatamente como servidor que o soberano de seu povo". Para uma saudação, essa nova forma de expressão não parece ser muito delicada. Os que são servidores, tanto nominalmente como de fato, não gostam de ser lembrados de sua situação, seu dever e suas obrigações. Na antiga peça, o escravo diz a seu senhor: *Haec commemoratio est quasi exprobatio.*[32] Não é agradável como cumprimento, e não é benévolo como instrução. Afinal, se o rei consentisse em fazer eco a esta nova forma de expressão, em admiti-la em termos e mesmo a adotar, como estilo real, o nome de Servidor do Povo, não consigo imaginar o que ele ou nós ganharíamos com isto. Vi cartas muito presunçosas assinadas: "Vosso mui obediente e humilde servidor". A dominação mais despótica que já se viu sobre a terra assumiu um título muito mais humilde do que esse agora proposto para os soberanos pelo Apóstolo da Liberdade. Reis e nações foram pisoteados por alguém que se denominava o "Servidor dos Servidores"; e mandatos para a deposição dos soberanos foram lacrados com o sinete do "Pescador".

Eu teria considerado tudo isso apenas como uma espécie de discurso vão e frívolo, no qual diversas pessoas veem evaporar-se o espírito da liberdade como uma exalação repulsiva, se não fosse claramente em apoio

---

31. Idem, p. 22-4.

32. Citação extraída da comédia *Andria*, de Terêncio: "Uma tal recordação soa quase como uma acusação". Ato I, Cena I, verso 17. (N.T.)

à ideia e uma parte do plano de "demitir reis por má conduta". Sob este prisma, o assunto merece algumas observações.

Em um determinado sentido, é evidente que os reis são servidores do povo, pois o seu poder não tem outro fim racional a não ser o bem geral; mas não é verdade que eles sejam, na acepção ordinária que se emprega ao termo (ao menos de acordo com nossa Constituição), algo semelhantes a servidores, cuja essência é a de obedecer às ordens de alguém mais, e de serem facilmente destituídos. Mas o rei da Grã-Bretanha não obedece a ninguém, pelo contrário, todas as demais pessoas encontram-se individual e coletivamente submetidas a ele e, coletivamente também, devem-lhe obediência legal. A lei, alheia à adulação e ao insulto, chama a este alto magistrado não de nosso servidor, como o faz este humilde Teólogo, mas o nomeia *Nosso Soberano Senhor, o Rei*, e, de nossa parte, aprendemos a falar apenas a linguagem prístina da lei, e não o jargão confuso de seus púlpitos babilônicos.

Como não lhe cabe obedecer-nos, mas cabe a nós obedecer à lei representada por ele, nossa Constituição não estabeleceu nenhuma disposição no sentido de torná-lo, em algum grau, responsável como servidor. Nossa Constituição não conhece uma magistratura semelhante à do *Justicia* de Aragón, nenhum tribunal legalmente constituído ou procedimento legalmente estabelecido que possa submeter o rei à responsabilidade que cabe a todos os servidores. Nisso ele não se distingue dos Comuns, nem dos Lordes (que, em suas diversas atribuições públicas, jamais podem ser chamados a prestar contas de sua conduta), embora a Sociedade da Revolução prefira afirmar, em direta oposição a uma das mais belas e sábias passagens de nossa Constituição, que "um rei não é nada mais senão o primeiro servidor do público, criado por ele, *e responsável perante ele*".

Nossos ancestrais da Revolução não teriam merecido sua reputação de sábios se não tivessem sabido garantir sua liberdade com algo mais consistente que um governo débil em suas operações e fundado em título precário, e se não tivessem sabido inventar melhor remédio contra o poder arbitrário senão a confusão civil. Que esses senhores declarem quem é esse público *representativo* perante o qual querem afirmar que o rei é o responsável como servidor. Será então momento apropriado para apresentar-lhes a lei estatutária positiva que afirma que ele não o é.

A deposição de reis, sobre a qual estes senhores discorrem com tamanha naturalidade, raramente pode, se é que pode, ser executada sem o uso da força. Torna-se, então, um caso de guerra, e não de Constituição. As leis são obrigadas a se calar diante das armas e os tribunais caem por terra com a paz que eles não são mais capazes de manter. A Revolução de 1688 foi conseguida por meio de uma guerra justa, no único caso em que uma guerra, e sobretudo uma guerra civil, pode ser justa. *Justa bella quibus necessaria*.[33] A questão de destronar ou, se estes senhores preferirem, "depor reis" será sempre, como sempre foi, uma questão de Estado extraordinária, e totalmente alheia ao direito; uma questão (como as outras relativas ao Estado) de circunstâncias, de meios, e de consequências prováveis, mais do que de direitos positivos.

Como não foi feita para abusos comuns, tampouco deve ser agitada por mentes comuns. A linha teórica de demarcação que indica o fim da obediência e o começo da resistência é vaga, obscura e não facilmente definível. Não é um ato isolado ou um acontecimento único que pode determiná-la. Os governos precisam ser abusivos e arbitrários antes que isso possa ser estipulado; e a perspectiva do futuro deve ser tão ruim quanto a experiência do passado. Quando as coisas tiverem chegado a esta situação lamentável, a natureza da enfermidade deve indicar o remédio aos que a natureza qualificou para aplicar, em casos extremos, esta poção ambígua, crítica e amarga aos Estados destemperados.

As circunstâncias, as ocasiões, as provocações ensinarão suas próprias lições. Os sábios determinarão pela gravidade do caso; os imprudentes, por sensibilidade à opressão; os espíritos elevados, por desprezo e indignação diante de poder abusivo em mãos indignas; os corajosos e audaciosos, por amor ao perigo ilustre em uma causa generosa: mas, certa ou errada, uma revolução será o último de recurso de homens refletidos e virtuosos.

Como precedente e como princípio, a terceira questão de direito propalada pelo púlpito da *Old Jewry,* ou seja, o "direito de estabelecer um governo por nós mesmos", tem, pelo menos, tão pouca congruência com qualquer coisa feita na Revolução quanto as duas primeiras pretensões destes senhores. A Revolução foi feita para preservar nossas *antigas* e indiscutíveis leis, liberdades e aquela *antiga* Constituição de governo, nossa única garantia da lei e da liberdade. Se o senhor desejar conhecer o espírito de nossa Constituição e a política predominante que a garantiu até os nossos dias, procure-os em nossas histórias, em nossos arquivos, em nossas leis e diários do Parlamento, e não nos sermões da *Old Jewry,* ou nos brindes de sobremesa da Sociedade da Revolução: no primeiro, o senhor encontrará outras ideias e outra linguagem. Tal pretensão é não apenas tão inadequada a nosso temperamento e aos nossos anseios, como está desprovida de toda aparência

---

33. Citação extraída da *História de Roma,* de Tito Lívio: "Uma guerra é justa e correta, samnitas, quando se nos impõe". Livro IX, cap. I, p. 10. (N.T.)

de autoridade. A simples ideia de criar um novo governo é suficiente para encher-nos de repulsa e horror. Na época da Revolução, como na atual, o que desejávamos era derivar tudo o que temos como *uma herança de nossos antepassados*. Tivemos o cuidado de não inocular nenhuma muda estranha nesse corpo e nessa cepa de herança algum enxerto estranho à natureza da planta original. Todas as reformas que fizemos até hoje respeitaram o princípio de referência ao passado; e espero, ou melhor, estou convencido de que todas as que possamos realizar no futuro estejam cuidadosamente construídas sobre precedente, autoridade e exemplo análogos.

Nossa reforma mais antiga é a da Magna Carta. O senhor verá que Sir Edward Coke,[34] aquele grande oráculo de nossa legislação, e todos os grandes homens que o seguiram, até Blackstone,[35] foram engenhosos em provar a genealogia de nossas liberdades. Esforçaram-se em provar que o antigo diploma, a Magna Carta do rei João,[36] relacionava-se com um outro diploma positivo do rei Henrique I, e que um e outro eram apenas uma reafirmação da ainda mais antiga lei permanente do reino. Com efeito, estes autores parecem estar com a razão na maioria das vezes. Pode ser que se equivoquem algumas vezes, mas seus erros em alguns detalhes comprovam com mais força minha posição, pois eles demonstram a poderosa simpatia pela tradição, que sempre norteou as mentes de nossos juristas, legisladores, e do povo que eles desejavam influenciar, e evidenciam a política estável deste reino de considerar seus direitos e franquias mais sagrados como uma *herança*.

Na famosa lei do terceiro ano de reinado de Carlos I, chamada *Petição de Direitos*, o Parlamento diz ao rei: "Vossos súditos *herdaram* esta liber-

---

34. Edward Coke (1552-1634), considerado o principal jurista do direito consuetudinário das eras elisabetana e jacobita (1603-1625), foi decisivo na defesa das garantias constitucionais dos súditos perante as extrapolações do poder monárquico, seja por sua contribuição direta na redação da *Petição de Direitos* de 1628, seja por seus estudos históricos e comentários da *common-law* (direito consuetudinário), os quais foram reunidos em sua obra – de suma importância política nos quadros da Guerra Civil Inglesa (1642-1651) – *Institutes of the Law of England* (*Institutos da Lei da Inglaterra*, 1628-1644). Entre 1613-1616, chegou a ocupar o cargo de Chief Justice of the King's Bench, ou seja, a máxima autoridade judiciária da Inglaterra. (N.T.)

35. Vide Blackstone, *Magna Carta*, Oxford, 1759. [William Blackstone (1723-1780), jurista, juiz e político *tory* do Parlamento, foi a principal autoridade constitucional inglesa; autor de uma edição comentada da *Magna Carta*, em 1759, e dos *Commentaries on the Laws of England* (*Comentários sobre as Leis da Inglaterra*, 1765-1769), obra clássica do pensamento jurídico britânico e norte-americano. (N.T.)]

36. A Magna Carta foi um ato constitucional imposto, em 1215, ao soberano inglês João Sem Terra por seus barões, os quais, com o apoio da Igreja e dos notáveis da cidade de Londres, lideraram uma revolta antiabsolutista contra o monarca Plantageneta. (N.T.)

dade" não em virtude de princípios abstratos, "como os Direitos do Homem", mas como os direitos dos ingleses, e como um patrimônio derivado de seus antepassados. Selden[37] e os demais eruditos que redigiram esta "Petição de Direitos" conheciam tão bem as teorias gerais a respeito dos "Direitos do Homem" quanto qualquer um dos oradores de nossos púlpitos ou nas tribunas francesas, do Dr. Price ao Abbé Sieyès.[38] Entretanto, por razões dignas daquela sabedoria prática que se sobrepunha à sua ciência teórica, preferiram esse título positivo, *hereditário* e registrado, que pode ser caro ao homem e ao cidadão, àquele vago direito especulativo que exporia sua herança garantida a ser escarnecida e despedaçada por qualquer espírito litigioso desregrado.

A mesma política impregna todas as leis que desde então foram feitas para a preservação de nossas liberdades. No famoso estatuto do primeiro ano do reinado de Guilherme e Maria, chamado "Declaração de Direitos", as duas câmaras não dizem uma sílaba sobre "o direito de estabelecer um governo por nós mesmos". O senhor verá o cuidado que tiveram em assegurar a religião, as leis e as liberdades possuídas há tanto tempo, e que recentemente haviam sido ameaçadas. "Levando[39] em mais alta consideração os *melhores* meios para formar um sistema no qual sua religião, leis e liberdades não corram o risco de voltar a ser subvertidas", elas inauguram todos os seus atos indicando como um desses *melhores* meios, "em *primeiro lugar*", fazer "como seus *ancestrais em casos semelhantes costumavam* fazer para defender seus *antigos* direitos e liberdades, declarar..."; e em seguida rogam ao

---

37. John Selden (1584-1654), jurista e acadêmico da universidade de Oxford, foi um dos principais redatores da *Petição de Direitos* e um destacado opositor das medidas fiscais da Corte durante o reinado de Carlos I, razão pela qual foi um dos deputados da Câmara dos Comuns enviados à Torre de Londres, em 1629, onde ficou preso por oito meses. (N.T.)

38. Abade Emmanuel-Joseph Sieyès (1748-1836), conquista a celebridade por meio de seu panfleto *Qu'est-ce que le tiers état?* (*O que é o terceiro estado?*, de janeiro de 1789), um dos documentos mais emblemáticos da Revolução Francesa, símbolo da nova orientação do partido patriótico (isto é, da ruptura com o discurso histórico de oposição do aristocrático Parlamento de Paris) e do caráter democrático (ou melhor, antiaristocrático) da Revolução de 1789. Eleito por Paris como representante do Terceiro Estado aos Estados-Gerais, desempenhou papéis de destaque seja nos eventos políticos que conduziram à formação da Assembleia Nacional Constituinte, seja na discussão e redação da *Declaração dos direitos do homem e do cidadão* (26.8.1789). Em sua *História da Revolução Francesa* (1847), o historiador Jules Michelet ilustrou com uma fala de Sieyès, proferida na Assembleia do Terceiro Estado no dia 10 de junho, o avanço irrevogável da "nau" revolucionária. A frase é a seguinte: "Cortemos as amarras, é tempo". In: Jules Michelet, *História da Revolução Francesa: da queda da Bastilha à Festa da Federação*. Tradução de Maria Lucia Machado (São Paulo: Cia das Letras, 2003), p. 111. (N.T.)

39. Guilherme I e Maria.

rei e à rainha "que possa ser *declarado* e decretado que os direitos e liberdades *afirmados* e *declarados* no ato, na *totalidade* ou *isoladamente*, são os verdadeiros e indubitáveis direitos e liberdades *antigos* do povo deste reino.

O senhor poderá observar que, da Magna Carta à Declaração de Direitos, a política constante de nossa Constituição sempre foi a de reivindicar e afirmar nossas liberdades como uma *herança inalienável*, deixada para nós por nossos antepassados e a ser transmitida à nossa posteridade; como uma propriedade que pertence especialmente ao povo deste reino sem nenhuma referência que seja a algum direito mais geral ou anterior. Dessa forma, nossa Constituição preserva uma unidade na imensa diversidade de suas partes. Temos uma coroa hereditária, uma nobreza hereditária e uma Câmara dos Comuns e um povo herdeiros de privilégios, franquias e liberdades de uma longa linha de ancestrais.

Esta política parece-me ser o resultado de uma profunda reflexão, ou então o feliz resultado de uma conduta que seguiu a natureza, que é sabedoria sem reflexão, pois está acima dela. Um espírito de inovação é, em geral, o resultado de um caráter egoísta e de perspectivas restritas. Um povo que não cultiva a memória de seus ancestrais não cuidará de seus descendentes. Ademais, o povo inglês sabe bem que a ideia de herança proporciona um princípio seguro de conservação e um princípio seguro de transmissão, sem excluir totalmente um princípio de aperfeiçoamento. Deixa livre a aquisição, mas assegura o adquirido. Quaisquer que sejam as vantagens que se obtenham por um Estado pautado por estas máximas, são firmemente asseguradas como em uma espécie de exploração familiar, mantidas como uma espécie de usufruto eterno. Mediante uma política constitucional que opera segundo o padrão da natureza, recebemos, conservamos e transmitimos nosso governo e nossos privilégios da mesma maneira como possuímos e transmitimos nossas propriedades e nossas vidas. Recebemos e legamos aos outros as instituições políticas no mesmo rumo e ordem que os bens da fortuna e as dádivas da Providência. Nosso sistema político encontra-se em justa correspondência e simetria com a ordem do mundo, e com o modo de existência decretado para um corpo permanente composto de peças transitórias, no qual, por meio da disposição de uma estupenda sabedoria que molda a grande e misteriosa encarnação da espécie humana, o todo, em um determinado momento, nunca é velho, ou de meia-idade, ou jovem, mas, em um estado de constância imutável, segue em frente por meio do variado sistema de decadência, queda, renovação e progressão perpétuas. Assim, seguindo o método natural na condução do Estado, no que melhoramos nunca somos completamente novos, e no que conservamos nunca somos completamente obsoletos. Permanecendo ligados a nossos ancestrais desta maneira e sobre estes princípios, não nos guiamos pela superstição de antiquários, mas pelo espírito de analogia filosófica. Nessa escolha de herança, demos à nossa moldura política a imagem de uma relação de sangue; unindo a Constituição de nosso país aos nossos mais caros laços domésticos; adotando nossas leis fundamentais no seio de nossas afeições familiares; mantendo inseparáveis e cultivando com o calor de todos os seus benefícios combinados e recíprocos, nosso Estado, nossos corações, nossos sepulcros e nossos altares.

De acordo com o mesmo plano que nos fez adequar nossas instituições artificiais à natureza, e apelando à ajuda de seus infalíveis e poderosos instintos para fortalecer as débeis e frágeis invenções de nossa razão, derivamos diversos outros benefícios, e não certamente pequenos, do fato de considerarmos nossas liberdades à luz da herança. Sempre agindo como em presença de ancestrais canonizados, o espírito da liberdade, que por si só conduz ao desgoverno e ao excesso, é temperado com uma formidável gravidade.

Essa ideia de uma tradição liberal inspira-nos com um senso de dignidade congênita que nos preserva daquela insolência de *parvenus*, tão aviltante e comum entre aqueles que pela primeira vez adquirem algum grau de distinção. Por esse meio, nossa liberdade se converte em nobre independência, trazendo consigo um aspecto imponente e majestoso. Ela tem uma nobre linhagem e ancestrais ilustres; tem seus suportes e seu brasão de armas; tem sua galeria de retratos, suas inscrições comemorativas, seus arquivos, provas e títulos. Fazemos respeitar nossas instituições civis segundo o princípio pelo qual a natureza nos ensina a reverenciar os indivíduos, isto é, de acordo com a idade deles e daqueles de quem descendem. Nenhum dos sofistas de seu país poderá inventar algo mais bem adaptado a preservar uma liberdade racional e viril do que o caminho que adotamos, procurando seguir a natureza ao invés de nossas especulações, nossos sentimentos ao invés de nossas invenções, e fazendo deles a salvaguarda e o depósito de nossos direitos e privilégios.

Os franceses poderiam, se quisessem, ter aproveitado nosso exemplo e ter dado à sua recobrada liberdade uma liberdade correspondente. Seus privilégios, embora interrompidos, não estavam esquecidos à memória. É bem verdade que sua Constituição havia se corrompido e dilapidado enquanto esteve fora de sua posse, mas os senhores possuíam em algumas partes as muralhas e, em todas, os cimentos de um castelo nobre e venerável. Poderiam ter reparado essas muralhas e edificado sobre essas antigas fundações. Sua Constituição foi suspensa antes de ter sido aperfeiçoada, mas os senhores tinham os elementos de uma constituição quase tão boa quanto se poderia desejar. Possuíam nos seus antigos Estados a variedade de órgãos correspondentes às diferentes partes de que afortunadamente se compunha sua comunidade; tinham toda aquela combinação e oposição de interesses, a ação e a reação que, nos mundos natural e político, do confronto recíproco e dos poderes discordantes, obtêm a harmonia no universo. Estes interesses opostos e conflitantes, tidos pelos senhores como uma enorme mácula na sua antiga e em nossa atual Constituição, interpõem um salutar freio a todas as decisões precipitadas. Tornam a deliberação uma questão de necessidade, não de escolha; fazem de toda mudança um objeto de *compromisso*, o que conduz naturalmente à moderação; criam *temperamentos*, evitando o doloroso mal de reformas brutais, precipitadas e extremas, e tornam impraticáveis para sempre todo uso inconsiderado do poder arbitrário, seja este exercido em nome de poucos ou de muitos. Graças a essa diversidade de membros e interesses, a liberdade geral teve tantas seguranças e garantias quantas eram distintas as perspectivas nas diversas ordens; e ao se colocar o peso de uma monarquia por cima de todo o conjunto, as diferentes partes teriam sido impedidas de se deformar e distanciar de suas posições designadas.

Os senhores possuíam todas essas vantagens em seus antigos Estados, mas resolveram agir como se nunca tivessem sido moldados em uma sociedade civil, como se pudessem refazer tudo a partir do nada. Começaram mal, pois começaram desprezando tudo o que lhes pertencia. Estabeleceram seu comércio sem capital. Se as últimas gerações de seu país careciam de brilho a seus olhos, poderiam tê-las deixado passar e derivado suas reivindicações de antepassados mais remotos. Sob uma piedosa veneração por esses ancestrais, suas imaginações teriam encontrado neles um padrão de virtude e de sabedoria superior à prática vulgar do momento, e os senhores ter-se-iam elevado com o exemplo daqueles que aspiravam imitar. Respeitando seus ancestrais, teriam aprendido a respeitar a si próprios. Não teriam considerado os franceses como um povo de ontem, como uma nação de desditosos servos malnascidos até o emancipador ano de 1789. Não teriam escolhido representar a si mesmos como um bando de escravos negros fugidos, subitamente libertados de seus grilhões, e que, portanto, deviam ser perdoados pelo abuso da liberdade a que não estavam acostumados e para a qual estavam mal preparados, com o propósito de, às expensas de sua honra, fornecer a seus apologistas ingleses uma desculpa para diversas atrocidades suas. Não teria sido mais sábio, meu caro amigo, que fizessem crer aos franceses o que, de minha parte, sempre acreditei que fossem, isto é, uma nação generosa e corajosa, infelizmente ludibriada por muito tempo pelos seus elevados e românticos sentimentos de fidelidade, honra e lealdade; que os eventos lhes tivessem sido desfavoráveis, mas que eles não estavam reduzidos à escravidão por nenhuma disposição servil e humilde; que, em sua mais dedicada submissão, fossem movidos por um princípio de espírito público, e que era a sua pátria que os senhores veneravam na pessoa de seu rei? Se houvessem dado a entender que, na ilusão deste amável erro, os senhores tinham ido mais longe que seus sábios ancestrais; que tivessem resolvido retomar seus antigos privilégios, preservando o espírito de suas antigas e recentes lealdade e honra; ou se, desconfiando de si mesmos e não distinguindo a quase obliterada constituição de seus ancestrais, os senhores dirigissem os olhos para seus vizinhos desta terra, que conservaram vivos, melhorados e adaptados a seu estado atual, os antigos princípios e modelos do antigo direito consuetudinário europeu; então, seguindo sábios exemplos, os senhores teriam dado ao mundo novos exemplos de sabedoria e tornado a causa da liberdade venerável aos olhos dos sábios de todos os países. Teriam coberto de opróbrio o despotismo por toda a face terrestre, mostrando não somente que a liberdade é conciliável com a lei, mas ainda que, quando bem disciplinada, torna-se sua auxiliar. Teriam logrado um rendimento produtivo e nada opressor, e um comércio próspero para alimentá-lo. Teriam tido uma Constituição livre; uma monarquia poderosa; um exército disciplinado; um clero reformado e venerado; uma nobreza menos orgulhosa, porém mais digna, para guiar sua virtude, não para asfixiá-la; uma burguesia liberal para emular e arregimentar essa nobreza; um povo protegido, satisfeito, laborioso e obediente, habituado a buscar e a reconhecer a felicidade que pode ser proporcionada pela virtude em todas as condições; nisso consiste a verdadeira igualdade moral da humanidade, e não aquela ficção monstruosa que, inspirando ideias falsas e esperanças vãs nos homens destinados a trilhar o caminho obscuro de uma vida laboriosa, serve apenas para agravar e amargar aquela desigualdade real de que ela é incapaz de suprimir, e que a ordem da vida civil estabelece seja em benefício dos que devem permanecer em uma posição obscura, seja dos que se elevam a uma condição mais esplêndida, mas não mais feliz. A felicidade e a glória tinham aberto aos senhores um caminho mais suave e tranquilo do que tudo o que havia sido registrado pela história, mas os senhores mostraram que a dificuldade é salutar ao homem.

 Calculem seus ganhos: vejam o que se conseguiu com essas especulações extravagantes e presunçosas que ensinaram seus líderes a desprezar todos os seus predecessores e todos os seus contemporâneos, e inclusive a desprezar a si próprios, até o momento em que se tornaram verdadeiramente desprezíveis. Seguindo essas falsas luzes, a França comprou calamidades indisfarçáveis a um preço mais elevado do que o pago por qualquer nação pelos mais inequívocos benefícios! A França comprou a miséria com o crime! A França não sacrificou sua virtude ao seu interesse, mas abandonou o seu interesse de modo a poder prostituir sua virtude. Todas as outras nações iniciaram a construção de um novo governo ou a reforma de um antigo pelo estabelecimento ou observação escrupulosa de alguns ritos religiosos. Todos os outros povos alicerçaram a liberdade civil em costumes mais severos e um sistema de moralidade mais austero e viril. Ao soltar as rédeas da autoridade régia, a França duplicou a licenciosidade de uma feroz dissolução nas maneiras e de uma insolente irreligião nas opiniões e práticas, estendendo a todas as classes da sociedade, como se transmitisse algum privilégio ou revelasse algum benefício recôndito, todas as desventuradas corrupções que costumeiramente acometiam a riqueza e o poder. Esse é um dos novos princípios da igualdade na França.

Pela perfídia de seus líderes, a França desmoralizou por completo nos gabinetes dos príncipes o tom do conselho indulgente, tirando de tais conselhos seus argumentos mais fortes. Ela santificou as sombrias máximas ditadas pela desconfiança tirânica e ensinou os reis a tremerem diante daquilo que o futuro designará como enganosos prognósticos de políticos morais. Os soberanos considerarão como elementos subversivos aqueles que os aconselham a ter ilimitada confiança em seu povo, como traidores que visam à sua destruição, levando sua bondade natural a admitir, sob pretextos capciosos, a participação de homens imprudentes e desleais no poder. Isso apenas, sem necessidade de outra coisa, é uma calamidade irreparável para os senhores e para a humanidade. Lembrem-se de que seu Parlamento de Paris, ao convocar os Estados Gerais a se reunirem, disse a seu rei que ele nada tinha a temer a não ser o pródigo excesso de seu zelo na proteção do trono. É justo que estes homens hoje protejam suas cabeças, como é justo que devam assumir sua parcela de responsabilidade na ruína que seu conselho trouxe a seu soberano e à sua pátria. Tais declarações confiantes tendem a entorpecer a autoridade; a encorajá-la a envolver-se temerariamente em perigosas e adventícias políticas; a negligenciar aqueles preparativos, provisões e precauções que diferenciam a benevolência da imbecilidade; e sem os quais ninguém pode responder pelo efeito salutar de qualquer plano abstrato de governo ou de liberdade. Pela falta dessas precauções, eles viram o remédio do Estado corromper-se em seu veneno. Viram os rebeldes franceses tratarem a um monarca brando e legítimo com mais fúria, afronta e insulto jamais levantados por nenhum povo contra o usurpador mais ilegítimo e o tirano mais sanguinário. Os franceses resistiram à concessão, revoltaram-se contra a proteção e desferiram um golpe contra uma mão que lhes concedia graças, favores e imunidades.

Isso não foi natural, mas tudo o que se seguiu está em ordem. Eles encontraram seu castigo no seu próprio êxito. Leis viradas de cabeça para baixo; tribunais subvertidos; indústria sem vigor; comércio agonizante; impostos sonegados e, ainda assim, o povo empobrecido; uma Igreja saqueada sem que o Estado obtivesse alívio com isso; anarquia civil e militar transformada em constituição do reino; tudo que era humano e divino sacrificado ao ídolo do crédito público e da bancarrota nacional que foi sua consequência; e, para coroar tudo isso, o papel-moeda emitido por um poder novo, precário e vacilante, os desacreditados papéis de uma trapaça empobrecida e de uma rapina mendicante, mostrados como moeda corrente para a manutenção de um império, ao invés dos dois grandes valores reconhecidos que representam o crédito convencional e duradouro da humanidade e que desapareceram e se esconderam na terra de onde vieram, quando o princípio da propriedade, do qual eles são criaturas e representantes, foi sistematicamente subvertido.

Eram necessários todos esses horrores? Eram o resultado inevitável do combate desesperado de patriotas resolutos que, para alcançar a margem de uma liberdade tranquila e próspera, não tiveram outra escolha senão o tumulto e o sangue? Não, nada disso. As recentes ruínas da França, que tanto horror nos causam aonde quer que olhemos, não são a devastação da guerra civil, mas os tristes, porém instrutivos, monumentos do conselho temerário e ignorante em tempos de absoluta paz. São o resultado do exercício de uma autoridade irresponsável e presunçosa, porque ninguém opôs-lhe resistência; e ninguém, com efeito, poderia fazê-lo. As pessoas que dilapidaram o tesouro precioso de seus crimes, os que abusaram dos males públicos (esta última reserva destinada a pagar o resgate do Estado) com tamanha prodigalidade e desregramento, encontraram pouca ou nenhuma oposição em seu caminho. Toda a sua marcha teve mais o aspecto de uma procissão triunfante que a de uma guerra em andamento. Foram precedidos por pioneiros que demoliram e nivelaram tudo a seus pés. Não derramaram uma única gota de *seu* sangue pela causa do país que arruinaram. Não sacrificaram a seus projetos senão as fivelas de seus sapatos; enquanto aprisionavam o seu rei, assassinavam seus concidadãos, banhando em lágrimas e mergulhando na pobreza e na miséria milhares de famílias e homens dignos. Sua crueldade não foi nem mesmo o vil resultado do medo, mas o efeito do seu senso de perfeita segurança em autorizar traições, roubos, violações, assassinatos, massacres e incêndios por toda a extensão de sua terra devastada. Mas a causa de tudo o que aconteceu era evidente desde o começo.

Essa livre escolha, essa eleição voluntária do mal, pareceriam perfeitamente inexplicáveis se não considerássemos a composição da Assembleia Nacional. Não me refiro à sua constituição formal que, em seu estado atual, é bastante discutível; mas aos elementos de que ela em grande medida se compõe, algo dez mil vezes mais importante que todas as formalidades do mundo. Se conhecêssemos essa Assembleia apenas por seu título e função, não poderíamos vislumbrar nada mais venerável que ela: a mente de um pesquisador, subjugada por uma imagem tão impressionante quanto a da sabedoria e da virtude de todo um povo reunidas em um único centro, deter-se-ia e hesitaria em condenar até mesmo coisas do pior aspecto possível. Ao invés de culpáveis, os acontecimentos pareceriam apenas misteriosos. Mas nenhuma designação, poder, função, ou qualquer instituição artificial que seja, é capaz de fazer os homens que compõem algum sistema de autoridade serem algo diferente daquilo que Deus, a natureza, a educação e seus hábitos de vida lhes fizeram. Capacidades além destas o povo não tem para dar. A sabedoria e a virtude podem ser os objetos de sua escolha, mas sua escolha não confere àqueles sobre os quais ele estende sua mão consagradora nem uma coisa nem outra. Nem Deus, nem a natureza investiram-no de um tal poder.

Após ter visto a lista dos membros e as descrições dos eleitos para o *Terceiro Estado,* nada do que fizeram posteriormente poderia parecer surpreendente. Entre eles, sem dúvida, vi alguns de posição elevada e de talento brilhante, mas nenhum só homem com alguma experiência prática nos assuntos públicos. Os melhores eram apenas homens de teoria. Entretanto, quaisquer que tenham sido os poucos de distinção, é a substância e a massa do corpo que constituem o seu caráter e devem finalmente determinar seu rumo. Em todos os corpos, os que querem conduzir devem também, em um grau considerável, seguir. Devem adaptar suas propostas ao gosto, talento e disposição daqueles a quem pretendem conduzir: portanto, se uma Assembleia é viciosa e fragilmente composta em sua maior parte, nada senão um supremo grau de virtude, tal como raramente surge no mundo e com o qual, pois, não se deve contar, pode impedir os homens de talento disseminados por ela de se converterem em instrumentos hábeis de projetos absurdos!

Se, como ocorre amiúde, ao invés de possuírem esse grau incomum de virtude esses homens de talento forem movidos por uma ambição sinistra e uma ânsia de glória meretrícia, então a parte mais fraca da Assembleia, à qual adaptaram-se no início, converte-se por sua vez em vítima e instrumento de seus desígnios. Nesse tráfico político, os líderes serão obrigados a reverenciar a ignorância de seus seguidores; e os servidores, a tornarem-se subservientes aos piores desígnios de seus líderes.

Para obter um certo grau de sobriedade nas proposições feitas pelos líderes em qualquer assembleia pública, seria necessário que eles respeitassem, e talvez até temessem, um pouco aqueles a quem conduzem. Para seguir de uma maneira que não seja cega, os seguidores devem qualificar-se, se não para atores, ao menos para juízes, devendo também ser juízes de relevância e autoridade naturais. Nada pode assegurar em tais assembleias uma conduta séria e moderada, a menos que o corpo delas seja composto de pessoas respeitáveis por sua condição de vida, propriedade permanente, educação e hábitos de vida que possibilitam uma visão mais ampla e liberal.

A primeira coisa a chamar minha atenção na convocação dos Estados Gerais na França, foi o afastamento dos antigos hábitos. Constatei que a representação do Terceiro Estado se compunha de 600 pessoas, igualando assim, em número, os representantes das outras duas ordens. Se as ordens fossem agir separadamente, o número não seria de muito importância para além das considerações de despesas. Mas, quando ficou evidente que as três ordens iriam fundir-se em uma, a política e os efeitos necessários dessa numerosa representação tornaram-se claros. Uma insignificante deserção por parte de qualquer das duas outras ordens jogaria o poder nas mãos da terceira. Com efeito, todo o poder do Estado concentrou-se logo nesse corpo. Sua composição tornou-se, pois, uma questão infinitamente mais importante.

Julgue, pois, Senhor, o quão surpreso fiquei ao descobrir que uma proporção muito grande da Assembleia (a maioria, creio, dos que ocupavam suas cadeiras) compunha-se de advogados profissionais. Não de magistrados distinguidos, que tivessem dado a seu país provas de sua ciência, prudência e integridade; nem de advogados eminentes, a glória dos tribunais; ou ainda de renomados professores de universidades –; mas, em sua maioria, como sói ocorrer em número tão grande, dos membros mais modestos e menos qualificados da profissão, encarregados das simples tarefas de execução ou mecânicas. Havia honrosas exceções, mas a composição geral era de obscuros advogados provincianos, funcionários de pequenas jurisdições locais, procuradores rurais, notários e todo o séquito de caudilhos dos litígios municipais, fomentadores e condutores da mesquinha guerra de insultos das aldeias. Assim que percorri com os olhos a lista, vi claramente – e quase como se passou – tudo o que viria em seguida.

O grau de estima que se atribui a uma profissão torna-se o padrão da estima que têm de si mesmos os profissionais que a exercem. Quaisquer que tenham sido os méritos pessoais de muitos homens da lei, e em muitos casos eram inequivocamente muito consideráveis, em um reino militar como o da França, nenhuma magistratura era tida em grande conta, a não ser aquelas mais altas que frequentemente uniam a seus cargos profissionais um grande esplendor familiar e estavam investidas de grande poder e autoridade. Certamente, essas eram fortemente respeitadas, e não com pequeno grau de temor. As magistraturas inferiores não eram muito estimadas, pois tinha-se o ofício mecânico da profissão em conta muito baixa.

Quando a autoridade suprema é confiada a um corpo assim constituído, não se deve estranhar as consequências resultantes da colocação da autoridade suprema nas mãos de homens não habituados a respeitar a si mesmos, que não têm nenhuma reputação a arriscar, e dos quais não se poderia esperar que conduzam com moderação ou exerçam com discrição um poder que eles próprios, mais do que quaisquer outros, deviam ficar surpresos de ver em suas mãos. Quem poderia se iludir de que tais homens, arrancados subitamente, e como que por encanto, da mais humilde posição de subordinação, não seriam embriagados por essa grandeza para a qual não estavam preparados? Quem poderia conceber que, ao término de seus mandatos, esses homens geralmente insinuantes, ousados, sutis, ativos, de disposições litigiosas e espíritos inquietos, retornariam facilmente a seu antigo estado de contendas obscuras, e reles e improfícua chicana? Quem poderia duvidar de que eles haveriam de perseguir a satisfação de seus interesses privados, dos quais entendiam muito bem, por mais elevado que fosse o seu custo ao Estado, do qual não compreendiam nada? Era algo que não dependia da sorte ou do azar: era inevitável, era necessário, estava na natureza das coisas. Devem *aderir* (se sua capacidade não lhes permitir *conduzir*) a qualquer projeto no qual possam obter uma *constituição litigiosa*, pois isto lhes permitiria empreender inúmeras negociatas que acompanham todas as grandes convulsões e revoluções no Estado, e, particularmente, todas as grandes e violentas permutações de propriedade. Era de se esperar que se preocupassem com a estabilidade da propriedade, indivíduos cuja existência sempre dependeu do que tornasse a propriedade questionável, ambígua e insegura? Seus objetivos ampliar-se-iam com sua elevação, mas sua disposição e hábitos, e o modo de realizar seus desígnios, deviam continuar os mesmos.

Que seja! Mas havia outros grupos de homens de mentes mais sóbrias e inteligências mais amplas que poderiam moderá-los e contê-los. Deveriam, então, deixar-se amedrontar pela majestosa autoridade e espantosa dignidade de um punhado de rústicos saltimbancos que têm assento naquela Assembleia, dos quais se diz que alguns não sabem ler e escrever? Ou então, inclinar-se-iam a um número não muito maior de comerciantes que, apesar de um pouco mais instruídos e proeminentes na ordem social, nunca conheceram nada além do seu escritório? Não, uns e outros, rústicos e negociantes, estavam mais destinados a serem dominados e governados pelas intrigas e artifícios dos homens da lei do que para se tornarem seu contraponto. Com uma desproporção tão perigosa, os últimos devem necessariamente governar tudo. À faculdade de Direito juntou-se, em uma escala não desprezível, uma parcela da faculdade de Medicina, a qual, a exemplo da primeira, não tinha obtido um justo reconhecimento em seu país. Seus doutores, portanto, devem ter as qualidades de homens não habituados a sentimentos de dignidade. Mas mesmo que tivessem a estima de que sua profissão goza na Inglaterra, as cabeceiras dos leitos dos enfermos não são as academias para formar estadistas e legisladores. Havia, ainda, os especuladores de fundos e ações ávidos por trocar, a qualquer custo, sua riqueza ideal de papel pela substância mais sólida representada pela terra. A estes juntaram-se homens de outras categorias, dos quais não se poderia esperar mais conhecimento ou cuidado aos interesses de um grande Estado, nem muita consideração pela estabilidade de alguma instituição; homens feitos para serem instrumentos e não para exercer um controle.

De tal maneira compunha-se, em geral, o *Terceiro Estado* na Assembleia Nacional; e no interior do qual mal se podiam perceber os mais ligeiros traços daquilo que designamos como o interesse fundiário do país.

Sabemos que a Câmara dos Comuns britânica, sem fechar suas portas ao mérito de qualquer classe, contém, pela operação segura de causas apropriadas, tudo o que o país pode oferecer de mais ilustre pela posição, descendência, riqueza hereditária ou adquirida, talentos cultivados, distinção militar, civil, naval e política. Mas, supondo-se o que dificilmente se poderia conceber como exemplo, a saber, que a Câmara dos Comuns viesse a ser composta da mesma maneira que o *Terceiro Estado* na França, suportaríamos com paciência este domínio da chicana, ou conceberíamos tal ideia sem horror? Não permita Deus que eu insinue algo desairoso àquela profissão que, na condição de outro sacerdócio, administra os ritos da justiça sagrada. Mas ainda que reverencie os homens no exercício das funções que lhes cabem – e faria o quanto a um homem é possível fazer para impedir a exclusão deles de alguma dessas funções –, não posso, para agradá-los, contrariar a natureza. Apesar de ser bom e útil para o país que os homens de lei tenham reconhecimento, é nocivo que adquiram tamanha preponderância a ponto de se tornarem virtualmente o todo do país. A própria excelência que dispensam em suas funções peculiares pode estar longe de qualificá-los para outras. A observação não pode ignorar que, quando os homens se acham demasiadamente confinados a hábitos profissionais e ao seu alvedrio, e, por assim dizer, enraizados no emprego recorrente desse círculo estreito, estão mais incapacitados do que habilitados para se ocuparem dos assuntos que dependem do conhecimento da humanidade, da experiência em diversos assuntos, de uma perspectiva ampla e coesa sobre os vários e delicados interesses externos e internos que participam da formação deste organismo complexo que se chama de Estado.

Todavia, mesmo que a Câmara dos Comuns fosse totalmente composta por profissionais liberais, qual seria o seu poder, uma vez que se encontra circunscrita e limitada pelas irremovíveis barreiras de leis, usos, regras positivas de doutrina e experiência, contrabalançada pela Câmara dos Lordes e, a cada momento de sua existência, sob a discrição da Coroa para que continue, seja prorrogada ou dissolvida? O poder da Câmara dos Comuns é, direta ou indiretamente, muito grande. Possa ela conservá-lo por muito tempo e, com ele, o espírito compatível com a verdadeira grandeza em sua plenitude. E para que isto aconteça, é preciso impedir que aqueles que violam as leis na Índia se tornem os legisladores da Inglaterra.[40] Mas o poder da Câmara dos Comuns, mesmo em sua maior extensão, é como uma gota d'água no oceano se comparado ao poder que reside em uma maioria bem estabelecida de sua Assembleia Nacional. Desde a destruição das ordens, essa Assembleia não tem nada que a possa frear, seja uma lei fundamental, uma convenção estrita ou um costume respeitado. Em vez de ser obrigados a respeitar uma Constituição estabelecida, seus representantes têm o poder de elaborar uma que seja conforme aos seus desígnios. Não há nada, no céu ou no terra, que lhes possa servir de controle. Como haveriam de ser os corações, as mentes, as disposições que estivessem qualificados ou que ousassem não só fazer as leis sob uma Constituição consolidada, mas também forjar, de um só golpe, uma Constituição inteiramente nova, válida para um grande reino e a cada uma de suas partes, do monarca à sacristia de uma paróquia? Mas *os insensatos se precipitam onde os anjos temem colocar os pés*. Em semelhante situação, isto é, de poder ilimitado para propósitos

---

40. A partir de 1784, Burke passou a trabalhar arduamente no processo de *impeachment* contra o Governador-Geral da Índia entre 1773-1784, Warren Hastings (1732-1818), sob o qual pesavam denúncias de abuso de poder e malversação. Apesar do singular e obsessivo esforço de Burke, o longo processo (1788-1795) terminou com a absolvição de Hastings de todas as acusações. (N.T.)

indefinidos e indefiníveis, uma inaptidão moral e quase física do homem para a função deve ser o que de mais infeliz se possa imaginar na condução dos assuntos humanos.

Após ter considerado a composição do Terceiro Estado tal como ele se apresentava na origem, dirigi o olhar para os representantes do clero. Também aqui pareceu haver bem pouca consideração pela segurança geral da propriedade, ou pela aptidão dos deputados para seus propósitos públicos, nos princípios de sua eleição. Essa eleição foi planejada de forma a enviar uma enorme proporção de vigários de aldeia para o grande e árduo trabalho de remodelar o Estado; homens que jamais tinham visto o Estado sequer em ilustração; homens que nada sabiam do mundo para além dos limites de uma aldeia obscura; que, mergulhados em uma irremissível miséria, não podiam considerar a propriedade, fosse secular ou eclesiástica, senão com os olhos de inveja; entre os quais deve haver muitos que estejam dispostos a participar, enquanto tenham a menor esperança no mais ínfimo dividendo, prontamente de qualquer ataque a um conjunto de riqueza, no qual dificilmente poderiam esperar ter qualquer participação, salvo por meio de uma revolução geral. Em vez de contrabalançar o poder dos chicaneiros ativos da outra assembleia, esses eclesiásticos devem infalivelmente se tornar os ativos colaboradores ou, na melhor das hipóteses, os instrumentos passivos daqueles que habitualmente os conduziram em suas mesquinhas preocupações de vila. Tampouco podiam ser os membros mais conscienciosos do clero francês aqueles que, conjecturando a partir de seu entendimento incompetente, disputaram por meio de intrigas um mandato que, extraviando-os de sua relação natural com seus rebanhos e de suas esferas naturais de ação, atribuía-lhes por missão empreender a regeneração dos reinos. Esse peso preponderante, somado à força exercida pelo corpo da chicana no Terceiro Estado, rematou aquele monumento de ignorância, temeridade, presunção e sede de pilhagem a que nada foi capaz de resistir.

Desde o início, pareceu aos observadores atentos que a maioria do Terceiro Estado, juntamente com a delegação do clero que acabo de descrever, devia inevitavelmente, enquanto buscava a destruição da nobreza, tornar-se subserviente aos piores desígnios dos membros dessa ordem. Esses indivíduos encontrariam na pilhagem e na humilhação de sua própria ordem um fundo seguro para o pagamento de seus novos correligionários. Dilapidar os bens que fizeram a felicidade de seus companheiros não lhes seria sacrifício algum. Os homens de qualidade, quando turbulentos e descontentes, geralmente desprezam sua própria ordem na proporção em que se inflam de orgulho e de arrogância. Um dos primeiros sintomas que exibem de uma ambição egoísta e maliciosa é o pródigo desprezo de uma dignidade que partilham com os demais. A afeição à subdivisão, o amor ao pequeno núcleo da sociedade a que pertencemos, é o primeiro princípio (o germe, por assim dizer) dos sentimentos de afeição pública. É o primeiro elo de uma cadeia que nos une por amor à nossa pátria e à humanidade. Os interesses dessa porção do conjunto social estão confiados às mãos de todos os que a compõem, e assim como apenas os maus cidadãos justificariam seus abusos, apenas os traidores sacrificariam os interesses de sua ordem em troca de alguma vantagem pessoal.

Na época de nossos distúrbios civis (não sei se os senhores têm algo parecido em sua Assembleia na França), havia diversas pessoas que atraíram um ódio à Coroa pela prodigalidade dos favores dispensados a si próprias ou a suas famílias, como o então Conde de Holland,[41] que posteriormente se juntaram às rebeliões das quais eles mesmos eram a causa; homens que ajudaram a subverter aquele trono ao qual alguns deles deviam sua existência, e outros que deviam ao trono todo o poder que empregaram em arruiná-lo. Se alguns limites são estabelecidos às ávidas exigências desse tipo de pessoas, ou se outros obtêm permissão a tomar alguma parte nos bens que pretendiam açambarcar, a inveja e o desejo de vingança logo preenchem o espaço vazio deixado por sua avareza. Desconcertados pelo labirinto de paixões desenfreadas, sua razão se perde, sua vista se alarga e se torna confusa, inexplicável aos outros e incerta até para eles. Em qualquer ordem de coisas bem estabelecida, sua ambição inescrupulosa encontra limites por toda a parte; mas em meio às brumas da confusão civil, tudo é ampliado e parece desprovido de qualquer limite.

Quando homens de posição sacrificam todas as ideias de dignidade a uma ambição sem objeto definido e operam vis instrumentos para vis fins, toda a sociedade torna-se baixa e mesquinha. Não se percebe algo de semelhante a isso agora na França? Isso não produz algo ignóbil e inglório; uma espécie de baixeza em toda a política dominante; uma tendên-

---

41. Sir Henry Rich (1590-1649), membro da Corte e da Câmara dos Lordes do Parlamento britânico, foi um dos favoritos do rei Jaime I (que reinou a Inglaterra entre 1603-1625), que em 1624 o nomeou Conde de Holland. Burke refere-se a ele nas *Reflections* e, sobretudo, na *Letter to a Noble Lord* (1795-1796), como o modelo da inconsequência de alguns aristocratas de seu tempo, pelo fato de flertarem com as ideias revolucionárias francesas. Defensor da causa Parlamentar no início da Guerra Civil, o conde transferiu rapidamente seu apoio à causa real e da Corte em 1643, permanecendo fiel à mesma até ser capturado na batalha de Saint Neots (1648). Julgado pelo Parlamento, foi sentenciado à morte por traição em fevereiro de 1649. (N.T.)

cia geral para rebaixar não apenas os indivíduos, mas toda a dignidade e importância do Estado? Outras revoluções foram conduzidas por pessoas que, ensaiando ou realizando mudanças no Estado, consagravam sua ambição em acrescentar dignidade ao povo cuja paz perturbavam. Enxergavam à distância. Pretendiam governar, não destruir seu país. Seus talentos civis e militares eram grandes e, ainda que fossem o terror de sua época, foram-lhe também o ornamento. Não eram como os corretores judeus[42] que disputavam entre si quem poderia provocar melhor, pela circulação fraudulenta de papéis depreciados, a miséria de sua pátria em seus conselhos degenerados. O elogio feito a um dos grandes malfeitores d'outrora (Cromwell)[43] por seu parente, poeta de grande estima naquele tempo, mostra o que ele propunha e o que ele, de fato, logrou em grande medida no triunfo de sua ambição:

> Enquanto *vos* elevais, o *Estado*, também exaltado,
> Não entra em tumulto enquanto *vós* o alterais.
> Transformado como o grande cenário do mundo quando, silentes,
> As luzes *vulgares* da noite são destruídas pelo sol nascente.[44]

---

42. Primeira de uma série de alusões burkeanas à participação dos judeus nas agitações revolucionárias francesas – ou de parte deles, pois em sua *Letter to a member of the National Assembly* (*Carta a um membro da Assembleia Nacional*, 1791), Burke fará a distinção entre os membros "dignos de todo o respeito dessa nação" e os outros, "ladrões, receptadores e falsificadores de moedas", que não mereciam outro destino senão a forca ("Letter to a member of the National Assembly". In: *Reflections on the Revolution in France*. Oxford, 2009, p. 262). Aqui, importa salientar que o autor das *Reflections* não fez mais do que refletir a opinião dominante de seu século, como os exemplos de Montesquieu (que associava os judeus ao dinheiro) e de Voltaire (no artigo "Judeus" que redigiu para o *Dictionnaire philosophique*, o "apóstolo da tolerância" descreveu-os como um "povo ignorante e bárbaro" que unia a "mais sórdida e detestável superstição à mais sórdida avareza") atestam. (N.T.)

43. Oliver Cromwell (1599-1658), membro do Longo Parlamento, apoiou os Puritanos contra Carlos I e o arcebispo Laud. Comandante de uma tropa do exército parlamentar desde 1642, obteve importantes vitórias (como a de Winceby, em 1643) contra as tropas reais, que lhe valeram a sanção do Parlamento para o seu plano de remodelação do exército. Sob sua liderança, este novo exército – também conhecido como *New Model Army* (instituído em abril de 1645, manteve-se até a Restauração, em 1660) – mostrou-se decisivo não só na fundamental vitória Parlamentar na batalha de Naseby (em junho de 1645), como também no expurgo do Longo Parlamento (em 1648), preparando-lhe o caminho para a posterior nomeação como *Lord Protector* (1653-1658) da breve República inglesa (1649-1660). Apesar de ter sido um dos principais responsáveis pelo julgamento que condenou Carlos I à morte por traição (30 de janeiro de 1649), e, nas palavras de Burke, ter exercido um governo "militar e despótico" sobre o país, Cromwell obteve o reconhecimento do autor das *Reflections* pelo fato de ter salvo o país da anarquia. (N.T.)

44. Tratam-se dos versos extraídos do *Panegyric to my Lord Protector* (*Panegírico ao meu Lorde Protetor, 1655*), de William Waller (1606-1687). (N.T.)

Esses agitadores não eram tanto usurpadores do poder quanto homens que afirmavam seu posto natural na sociedade. Sua elevação era para iluminar e embelezar o mundo. Triunfavam sobre seus oponentes eclipsando-os. A mão que, como um anjo destruidor, castigava o país, comunicou-lhe ao mesmo tempo a força e a energia com as quais suportava tudo. Não digo (não o permita Deus!) que as virtudes desses homens devessem ser vistas como compensação para seus crimes, embora pelo menos corrigissem um pouco os seus defeitos. Assim foi, como eu disse, o nosso Cromwell. Assim foi toda a sua raça dos Guise,[45] Condé[46] e Coligni.[47] Assim os Richelieu[48] que, em tempos menos conturbados, conduziram-se pelo espírito da guerra

---

45. Os duques de Guise, notadamente Francisco (1520-1563) e seus filhos Henrique (1549-1588) e Luís, cardeal de Lorena (1555-1588), tiveram papel de destaque nas guerras civis e religiosas francesas do século XVI à frente do partido católico. Vide nota 9. (N.T.)

46. Luís II de Bourbon, príncipe de Condé (1621-1686), foi um dos principais líderes políticos e militares da revolta dos nobres togados do Parlamento de Paris contra as medidas fiscais do cardeal Mazarino durante a menoridade de Luís XIV, também conhecida pejorativamente como a "Primeira Fronda" (1648-1649) – pois "fronda" era o nome de um instrumento ou brinquedo utilizado na diversão de crianças da época. Cumpre observar que uma das principais reivindicações dos revoltosos dizia respeito à reunião dos Estados Gerais para a aprovação de novos impostos ou taxações reais, algo que não acontecia desde 1615 e que só voltaria a ocorrer às vésperas da Revolução, em março de 1789. (N.T.)

47. Gaspard de Châtillon, o conde de Coligny (1519-1572), era almirante francês e um dos líderes políticos e militares dos huguenotes franceses assassinados durante o Massacre de São Bartolomeu, ocorrido em Paris no dia 24.8.1572. Sob sua iniciativa, o vice-almirante Nicolas Durand de Villegaignon (1510-1571) organizou uma expedição de protestantes franceses para colonizarem o território do que hoje equivale à Baía de Guanabara – RJ, posteriormente batizado de França Antártica (1555-1567) pelos invasores franceses. Foi sob o impulso dessa expedição colonial francesa que as autoridades portuguesas, sob a liderança de Estácio de Sá (sobrinho do Governador-Geral da colônia, Mem de Sá), fundaram a cidade de São Sebastião do Rio de Janeiro, atual Rio de Janeiro, em 1º de março de 1565. Os colonos franceses foram definitivamente expulsos da cidade somente em 1567. (N.T.)

48. Armand-Jean du Plessis, cardeal de Richelieu (1585-1642), o poderoso ministro de Luís XIII, contribuiu decisivamente no fortalecimento do poder absolutista da dinastia Bourbon por meio de uma política orientada pelo conceito de "razão de Estado", responsável por subsumir o zelo religioso católico nos quadros da Guerra dos Trinta Anos (1618-1648) no plano maior de conservação e engrandecimento territorial do Estado, nem que isto implicasse em estabelecer alianças com príncipes e nobres protestantes (como Holanda e Suécia contra os católicos Habsburgos, respectivamente). A referência ao cardeal também pode ser lida como uma condenação ao seu famoso descendente aristocrático, o duque d'Aiguillon (1761-1800), o qual, após ser eleito como deputado da nobreza pela senescalia d'Agen, tornou-se um dos mais fervorosos apoiadores da Revolução no interior do Clube Bretão (precursor do clube dos Jacobinos). (N.T.)

civil. Assim ainda foram o seu Henrique IV[49] e o seu Sully,[50] homens melhores que os precedentes e engajados em uma causa menos duvidosa, apesar de criados em distúrbios civis e não inteiramente desprovidos de suas máculas. É admirável ver com que rapidez a França, assim que teve um momento de respiro, recuperou-se e emergiu da mais longa e terrível guerra civil jamais sofrida por qualquer outra nação. Por quê? Porque, em meio a seus massacres, a *mentalidade* de seu país não foi assassinada. Uma cônscia dignidade, um nobre orgulho, um generoso senso de glória e emulação não foram extintos. Pelo contrário, foram estimulados e inflamados. Também existiam, por mais destroçados que estivessem, os órgãos do Estado. Todos os prêmios da honra e da virtude, todas as recompensas, todas as distinções, permaneceram. Mas sua presente confusão, como uma paralisia, atacou a própria fonte da vida. Quem quer que, em seu país, seja capaz de agir motivado por um princípio de honra é aviltado e humilhado, não podendo nutrir sentimento algum exceto o de uma indignação mortificada e humilhada. Todavia, essa geração passará bem depressa. A geração seguinte de sua nobreza assemelhar-se-á à dos charlatães e dos palhaços, dos especuladores financeiros, usurários e judeus que serão sempre seus companheiros e, às vezes, seus senhores. Creia-me, Senhor, aqueles que tentam nivelar nunca igualam. Em todas as sociedades, consistindo em várias categorias de cidadãos, é preciso que alguma delas predomine. Os niveladores, portanto, somente alteram e pervertem a ordem natural das coisas, sobrecarregando o edifício social ao suspender o que a solidez da estrutura requer seja posto no chão. As corporações de alfaiates e carpinteiros de que se compõe, por exemplo, a República de Paris, não podem ser elevadas à situação na qual, pela pior das usurpações – a das prerrogativas da natureza –, os senhores tentam forçá-las.

O Chanceler da França, em um tom de floreio oratório, disse na abertura dos Estados Gerais que todas as ocupações eram ilustres. Se ele quisesse

---

49. Henrique IV (1553-1610), duque de Bourbon e rei de Navarra, líder do partido protestante após o assassinato de Coligny, torna-se rei da França em 1589, após o assassinato de Henrique III por um membro da Liga católica. A fim de restabelecer a paz civil e religiosa no reino, abjurou o protestantismo em 1593 (quando teria pronunciado a seguinte e célebre frase: "Paris vale bem uma missa") e garantiu a seus correligionários huguenotes um estatuto de tolerância pelo Edito de Nantes (1598). Assassinado em 14 de maio de 1610 por um fervoroso católico (François Ravaillac), indignado com a hipótese da invasão dos Países Baixos espanhóis pelo monarca fundador da dinastia Bourbon. (N.T.)

50. Duque de Sully (1559-1641), principal conselheiro e Controlador Geral das Finanças no reinado de Henrique IV, célebre por sua gestão eficiente da economia do reino francês. (N.T.)

dizer apenas que nenhum emprego honesto é desonroso, não teria se distanciado da verdade. Mas quando se afirma que certa coisa é honrosa, implica-se também alguma distinção em seu favor. A ocupação de um cabeleireiro, ou de um fabricante de velas – para não mencionar outras ocupações mais servis –, não pode ser motivo de honra para qualquer pessoa. Essas categorias de homens não devem ser oprimidas pelo Estado, embora este último sofra opressão quando cidadãos como eles, individual ou coletivamente, têm a permissão para comandar. Nisso o senhor julga estar combatendo um preconceito quando, na verdade, está em guerra contra a natureza.[51-52]

Não o concebo, meu caro Senhor, detentor daquele espírito sofístico capcioso, ou de uma estupidez maliciosa, a ponto de exigir, para cada observação ou sentimento geral, um detalhamento explícito dos corretivos e exceções que a razão presume devam estar incluídos em todas as proposições advindas de homens razoáveis. Não imagine que eu pretenda restringir o poder, a autoridade e a distinção pelo sangue, nomes e títulos. Não, Senhor. Apenas a virtude e a sabedoria, efetivas ou presumidas, qualificam para o governo. Onde quer que elas realmente se encontrem, elas têm, não importa o estado, condição, profissão ou negócio, o passaporte celeste para as funções e honrarias humanas. Desventurado o país que louca e impiamente rejeite o serviço dos talentos e virtudes, civis, militares ou religiosos, que são dados para agraciá-lo e servi-lo, condenando à obscuridade tudo o que se formou para difundir o brilho e a glória por todo o Estado. Desventurado igualmente o país que, passando ao extremo oposto, considera uma educação precária, uma visão estreita das coisas ou uma sórdida ocupação mercenária como títulos preferenciais ao mando. Todos os postos devem estar abertos, mas não indistintamente, a todos os homens. Não há rotação,

---

51. "A sabedoria do escriba lhe vem no tempo do lazer: aquele que pouco se agita adquirirá sabedoria." (Ec 38:24); "Que sabedoria poderia ter o homem que conduz a charrua, que faz ponto de honra aguilhoar os bois, que participa de seu labor, e só sabe falar das crias dos touros?" (Ec 38:25); "Igualmente acontece com todo carpinteiro, todo arquiteto, que passa no trabalho os dias e as noites. Assim sucede àquele que grava as marcas dos sinetes, variando as figuras por um trabalho assíduo; que aplica todo o seu coração na imitação da pintura, e põe todo o cuidado no acabamento de seu trabalho." (Ec 38:27); "Mas eles mesmos não terão parte na assembleia, não se sentarão nas cadeiras dos juízes, não entenderão as disposições judiciárias, não apregoarão nem a instrução nem o direito, nem serão encontrados a estudar as máximas." (Ec 38:33); "Entretanto, sustentam as coisas deste mundo." (Ec 38:34). Não pretendo discutir se esse livro é canônico, como a Igreja Galicana (até recentemente) o considerou, ou apócrifo, como é tomado aqui. Todavia, estou certo de que está eivado de bom-senso e verdade.

52. A Igreja Católica admite a autenticidade deste livro que figura entre os denominados deuterocanônicos, ao passo que as igrejas protestantes costumam negá-lo como apócrifo. A enumeração dos versículos da Bíblia católica não coincide com a indicada por Burke. (N.T.)

sorteio ou modelo eleitoral que, operando em um ou noutro desses princípios, possam ser geralmente bons para um governo que trata de temas amplos. Porque tais medidas não tendem, direta ou indiretamente, a escolher o homem com vistas ao dever a se cumprir, ou a acomodar os deveres aos homens eleitos. Não hesito em afirmar que a via da condição obscura para a eminência e o poder não deve ser percorrida com excessiva facilidade, ou encarada como demasiado óbvia. Se um mérito raro é a mais valiosa de todas as coisas raras, deve passar por algum tipo de provação a fim de obtê-lo. O templo da honra deveria assentar-se sobre uma eminência. Se tiver de ser aberto pela virtude, que não se esqueça que a virtude nunca é posta à prova a não ser por meio de alguma dificuldade ou de alguma luta.

Nenhuma representação de um Estado é conveniente e adequada se não compreende sua aptidão, bem como sua propriedade. Mas como a aptidão é um princípio ativo e vigoroso, ao passo que a propriedade é apática, inerte e tímida, esta nunca pode estar livre das investidas da aptidão, a menos que predomine desproporcionalmente na representação. A fim de que seja devidamente protegida, a propriedade também deve estar representada em grandes reservas acumuladas. A característica essencial da propriedade, resultante dos princípios combinados de sua aquisição e conservação, consiste em ser *desigual*. Por conseguinte, torna-se necessário protegê-la da possibilidade de qualquer perigo, uma vez que excita a inveja e estimula a rapacidade. Desse modo, formará um baluarte natural ao redor das propriedades menores em todas as suas gradações. A mesma quantidade de propriedade que, pelo curso natural das coisas, for dividida entre muitos, não produzirá o mesmo efeito, uma vez que o seu poder defensivo se debilita na proporção em que se difunde. Nessa difusão, a porção destinada a cada homem é menor do que aquela que, na avidez de seus desejos, pode lisonjear-se de obter dissipando as acumulações de outros. Com efeito, a pilhagem dos bens de uns poucos resultaria somente em uma parcela inconcebivelmente pequena quando distribuída entre os muitos. Todavia, os muitos não são capazes de fazer esse cálculo; e os que os levaram à rapina nunca pretendem que se realize essa distribuição.

O poder de perpetuar nossa propriedade em nossas famílias é uma de suas características mais valiosas e interessantes, e a que mais tende à perpetuação da própria sociedade: converte nossa debilidade em serva de nossa virtude e enxerta benevolência até mesmo na avareza. Os detentores da riqueza familiar e da distinção que acompanha o patrimônio hereditário (na condição de parte mais interessada) são as garantias naturais para essa transmissão. Entre nós, a Câmara dos Lordes é formada sobre esse princípio. Compõe-se inteiramente pelos que possuem propriedade e distinção hereditárias, perfazendo, com isso, a terça parte do Parlamento e, em última instância, o único juiz de toda propriedade, em todas as suas subdivisões. A Câmara dos Comuns, de fato, mas não necessariamente, é sempre composta do mesmo modo em sua maioria. Seja como forem esses grandes proprietários – e há chances de que estejam entre os melhores –, eles são, no pior dos casos, o lastro na nave da comunidade. Pois embora a riqueza hereditária e a posição que a acompanha sejam demasiadamente idolatradas por aduladores rasteiros, e pelos cegos e abjetos admiradores do poder, são igualmente desprezadas com excessiva precipitação nas superficiais especulações dos petulantes, arrogantes e míopes janotas da filosofia. Não é anormal, nem injusto, nem apolítico, conceder alguma proeminência decente e regulada, alguma preferência (ainda que não exclusiva), ao nascimento.

Diz-se que 24 milhões deveriam prevalecer sobre 200 mil. Assim seria, se a Constituição de um reino fosse um problema de aritmética. Essa espécie de discurso funciona muito bem com o auxílio das lanternas,[53] mas, para homens que *podem* refletir calmamente, são ridículos. A vontade da multidão e seu interesse divergem com muita frequência, e a diferença será enorme quando fizerem uma má escolha. Um governo de 500 procuradores provincianos e clérigos obscuros não é bom para 24 milhões, ainda que tivesse sido escolhido por 48 milhões; nem torna-se melhor se conduzido por uma dúzia de pessoas de qualidade que traíram sua ordem a fim de obter esse poder. No momento presente, os senhores parecem ter-se extraviado da grande estrada da natureza. A propriedade da França não a governa. É certo que a propriedade está destruída e não se desfruta de uma liberdade racional. Tudo o que os senhores obtiveram até agora foi a circulação de um papel e uma constituição de agiotagem: e, quanto ao futuro, o senhor seriamente crê que o território da França possa algum dia ser governado como um corpo único, ou talvez movido pelo impulso de uma mente, sob o sistema republicano de 83 municipalidades independentes, para não dizer das partes que as compõem? Quando a Assembleia Nacional tiver completado sua obra, ela terá alcançado sua ruína. Essas comunidades não suportarão por muito tempo a sujeição perante a República de Paris. Não suportarão que esse

---

53. Alusão aos linchamentos e enforcamentos em postes de iluminação de pessoas tidas como contrarrevolucionárias pela multidão revolucionária de Paris e dos campos durante os meses de julho e agosto de 1789. Para maiores detalhes sobre o contexto do fenômeno e seus desdobramentos explosivos no campo, leia-se a clássica obra de Georges Lefebvre (publicada em 1933): *O Grande Medo de 1789: os camponeses e a Revolução Francesa*; tradução de Carlos Eduardo de Castro Leal (Rio de Janeiro: Ed. Campus, 1979). (N.T.)

único corpo monopolize o cativeiro do rei e o domínio sobre a Assembleia que se denomina Nacional. Cada uma delas conservará para si mesma sua própria parte dos despojos da Igreja e não tolerará que esses despojos, nem os frutos mais justos de sua indústria ou o produto natural do seu solo, sejam enviados para aumentar a insolência ou alimentar a luxúria dos mecânicos de Paris. Nisso elas não enxergarão nada da igualdade sob cuja pretensão foram tentadas a lançar por terra sua lealdade ao soberano juntamente com a antiga Constituição de sua pátria. Não se admite uma cidade capital em uma Constituição como a que eles recentemente elaboraram. Os homens que a fizeram se esqueceram de que, ao constituírem governos democráticos, haviam virtualmente desmembrado o seu país. Não permitiram que restasse a centésima parte do poder suficiente para manter unida essa coletânea de repúblicas à pessoa que insistem em chamar de rei. A fim de continuar seu despotismo, a República de Paris certamente esforçar-se-á para consumar a libertinagem do exército e perpetuar ilegalmente a Assembleia sem consultar seus eleitores. Convertendo-se no centro da circulação ilimitada do papel-moeda, esforçar-se-á em atrair tudo para si, mas em vão. Constatar-se-á amanhã toda a fraqueza dessa política, como hoje se constata toda sua violência.

Se a sua situação for essa, comparada com aquela à qual os senhores foram chamados, por assim dizer, pela voz de Deus e do homem, não consigo sinceramente felicitá-los pela escolha que fizeram, nem pelo êxito que premiou os seus esforços. Tampouco posso recomendar a qualquer nação uma conduta baseada em tais princípios e produtora de tais efeitos. Devo deixar isso para os que forem capazes de enxergar os seus negócios com maior profundidade e, melhor do que eu, saibam até que ponto suas ações são favoráveis a seus desígnios. Os senhores da Sociedade da Revolução, tão pontuais em suas congratulações, parecem crer piamente que existe algum esquema político relativo a este país, para o qual seus procedimentos podem de alguma maneira ser úteis. Pois o seu Dr. Price, que parece não ter dispensado pouco fervor na especulação deste assunto, dirige-se à sua audiência nos seguintes termos verdadeiramente notáveis: "Não posso concluir sem chamar *particularmente* à sua lembrança uma consideração *a que aludi mais de uma vez*, e que provavelmente seus pensamentos *adivinharam o tempo todo*, consideração esta que *está gravada em minha mente com mais força do que posso expressar*. Refiro-me à consideração sobre *o quão favorável é o momento presente a todos os esforços pela causa da liberdade*".

É evidente que naquele momento a mente desse pregador *político* estava prenhe de algum desígnio extraordinário; e muito provavelmente os pensamentos de sua audiência, que o compreendia melhor do que eu, precederam-no o tempo todo em sua reflexão bem como em toda série de consequências a que conduzia.

Antes de ler esse sermão, acreditava realmente que vivia em um país livre; um erro que cultivei por me fazer gostar ainda mais do país em que vivia. Estava plenamente consciente de que uma vigilância zelosa e sempre desperta, para salvaguardar nossa liberdade não apenas contra a invasão, mas também contra o declínio e a corrupção, era nossa melhor sabedoria e nosso prioritário dever. Contudo, considerava esse tesouro mais como uma possessão a ser garantido do que um prêmio a ser disputado. Não discernia como o momento presente podia ser tão favorável a todos os *esforços* pela causa da liberdade. O momento atual difere de qualquer outro somente pela circunstância do que se está fazendo na França. Se o exemplo dessa nação deve ter alguma influência sobre a nossa, posso facilmente conceber por que alguns dos procedimentos ali empregados, que têm um aspecto desagradável e não de todo conciliáveis com a humanidade, a generosidade, a boa-fé e a justiça, são mitigados com tamanha complacência amável por seus atores e tolerados com tão heroica fortaleza por suas vítimas. Não é certamente prudente desacreditar a autoridade de um exemplo que temos a intenção de seguir. Mas admitido isso, somos naturalmente levados a outra questão: em que consiste essa causa da liberdade e os esforços em seu favor aos quais o exemplo francês é tão singularmente auspicioso? Deve-se aniquilar nossa monarquia com todas as leis, todos os tribunais e todas as antigas corporações do reino? Deve-se suprimir todos os marcos do país em favor de uma constituição geométrica e aritmética? A Câmara dos Lordes, por votação, ser declarada inútil? O episcopado, abolido? As terras da Igreja vendidas a judeus e especuladores, ou doadas como suborno para as repúblicas municipais recentemente inventadas participarem do sacrilégio? Deve-se estabelecer pelo voto que todos os impostos são gravosos e reduzir a arrecadação a uma contribuição ou liberalidade patriótica? Substituir os impostos territorial e do malte por fivelas prateadas de sapato para a manutenção do poderio naval deste reino? Confundir todas as ordens, posições e distinções para que, por meio da anarquia universal, unida à bancarrota nacional, 3 ou 4 mil democracias possam se converter em 83, e para que todas elas possam, mediante um poder de atração desconhecido, organizar-se em uma só? Para essa finalidade grandiosa, deve-se subtrair o exército de sua disciplina e fidelidade, primeiro pelo intermédio de todo tipo de libertinagem e, em seguida, pelo terrível precedente de um donativo sob a forma de aumento salarial? Deve-se subtrair os clérigos de sua obediência perante os bispos, seduzindo-os com a esperança ilusória de uma esmola dos despojos de sua própria ordem? Deve-se demover os cidadãos de Londres de sua lealdade, alimentando-os à custa de seus concidadãos? Substituir a moeda legal deste reino por um papel-moeda compulsório? Empregar o que resta dos recursos saqueados da renda pública no desvairado projeto de manter dois exércitos para que se vigiem e combatam mutuamente? – Se esses são os fins e os meios da Sociedade da Revolução, devo confessar que são bem variados, e que a França pode fornecer precedentes adequados a ambos.

Vejo que se exibe o exemplo dos senhores para nos envergonhar. Sei que nos tomam por uma raça estúpida e indolente, que se tornou passiva pelo fato de considerar nossa situação tolerável e, por uma mediocridade da liberdade, impedida de alcançar sua plena perfeição em algum dia. Seus líderes na França começaram afetando uma admiração, e quase uma adoração, pela Constituição Britânica; mas, conforme progrediam, passaram a nos encarar com soberano desprezo. Os amigos de sua Assembleia Nacional entre nós ostentam uma opinião não menos baixa do que se considerava antes como a glória do país deles. A Sociedade da Revolução descobriu que a sociedade inglesa não é livre. Está convencida de que a desigualdade de nossa representação é "um defeito em nossa Constituição *tão aberrante e palpável*, que a torna excelente principalmente na *forma* e na *teoria*".[54] De que a representação legislativa de um reino é a base não apenas de toda sua liberdade constitucional, mas também de "*todo governo legítimo;* de que sem ela um *governo* nada é senão uma *usurpação*"; de que, "quando a representação é *parcial*, o reino possui liberdade apenas *parcialmente;* e quando for não só extremamente parcial, mas corruptamente eleita, torna-se um *estorvo*". O Dr. Price considera essa inadequação da representação como nossa *principal mazela;* e embora acredite que a corrupção deste simulacro de representação não tenha alcançado a plenitude absoluta de sua depravação, teme que "nada se fará no sentido de obter para nós essa *dádiva essencial*, até que algum *grande abuso do poder* provoque novamente nosso ressentimento, ou alguma grande calamidade torne a despertar nossos temores, ou, talvez, até que a aquisição de uma *representação pura e igual por outros países* – enquanto, na *sombra*, somos objetos de escárnio –, excite a nossa vergonha". A isso ele acrescenta a seguinte nota: "Uma representação escolhida principalmente pelo Tesouro e por uns poucos milhares da *escória* do povo, que geralmente são remunerados por seus votos."

---

54. Richard Price, *Discurso sobre o Amor à nossa Pátria*, 3. ed., 1789. p. 39.

O senhor há de sorrir aqui da lógica desses democratas que, quando desprevenidos, tratam a parte mais humilde da comunidade com o maior desprezo ao mesmo tempo em que fingem torná-la a depositária de todo o poder. Seria preciso um longo discurso para apontar-lhe as inúmeras falácias que se encobrem na generalidade e na natureza equívoca dos termos "representação inadequada". Para fazer justiça àquela Constituição antiquada e sob a qual prosperamos por muito tempo, limito-me a dizer que nossa representação esteve sempre perfeitamente adequada a todos os propósitos para os quais a representação de um povo pode ser desejada ou imaginada. Desafio os inimigos de nossa Constituição a demonstrar o contrário. Para expor-lhe detalhadamente os motivos pelos quais ela resulta ser tão apropriada a promover seus fins, seria necessário um tratado sobre a praticidade da nossa Constituição. Exponho aqui a doutrina dos revolucionários apenas para que o senhor e os outros possam ver a opinião desses senhores sobre a Constituição de seu país, e porque eles parecem pensar que se algum grande abuso de poder, ou alguma grande calamidade, possibilitassem a dádiva de uma constituição de acordo com suas ideias, sentir-se-iam muito aliviados. E perceba agora o senhor por que eles demonstram tanta paixão por sua representação igual e justa, que, uma vez obtida, produzirá entre nós os mesmos efeitos que em vosso país. Veja que consideram a Câmara dos Comuns apenas como "um simulacro", "uma forma", "uma teoria", "uma sombra", "uma piada", talvez "um estorvo".

Esses cavalheiros vangloriam-se por serem sistemáticos, e não sem razão. Por isso mesmo, devem considerar esse clamoroso e palpável defeito de representação, esse mal fundamental (como gostam de dizer), não apenas como algo vicioso em si, mas também como algo que torna todo o nosso governo absolutamente *ilegítimo* e em nada superior a uma radical *usurpação*. Seria, pois, perfeitamente justificável, se não absolutamente necessária, uma outra revolução que nos libertasse desse governo ilegítimo e usurpador. Com efeito, o Senhor perceberá, se observar com alguma atenção, que esse princípio vai muito além de uma alteração no modo de eleição da Câmara dos Comuns; pois, se a representação popular ou eleição é necessária para a *legitimidade* de todo governo, a Câmara dos Lordes torna-se, de um só golpe, abastardada e corrompida em suas entranhas. Essa Câmara não é de todo representativa do povo, nem mesmo em "aparência ou forma". A situação da Coroa é igualmente ruim. Em vão procurará proteger-se contra esses cavalheiros com a autoridade que lhe foi concedida pela Revolução. Pois a Revolução a que se recorre em busca de um direito carece, segundo os princípios dos amigos do Dr. Price, ela própria de um direito. A teoria desses cavalheiros nega que a Revolução tenha sido construída sobre uma base mais sólida que a de nossas atuais formalidades, uma vez que foi feita pela Câmara dos Lordes, que não representava ninguém senão eles próprios, e por uma Câmara dos Comuns composta exatamente como a de hoje, ou seja, nas palavras deles, por uma mera "sombra e pantomima" de representação.

Precisam destruir algo, já que sua existência parece não ter outro propósito. Um grupo pretende destruir o poder civil por meio do eclesiástico; outro, demolir o eclesiástico pelo poder civil. Estão cientes de que a efetivação da ruína dupla da Igreja e do Estado pode acarretar as piores consequências para o público, mas estão tão exaltados por suas teorias que não oferecem mais do que indícios de que tal ruína, com todos os malefícios que a acompanham, e cuja ocorrência parece-lhes totalmente certa, não lhes seria inaceitável, ou muito distante de seus anseios.

Um homem de grande autoridade e, certamente, de numerosos talentos[55] dentre eles, ao falar de uma suposta aliança entre a Igreja e o Estado, disse: "Talvez *devamos esperar pela queda dos poderes civis*, antes que se rompa esta aliança antinatural. Não resta dúvida de que essa ocasião será calamitosa, mas qual convulsão do mundo político deveria ser objeto de lamentação, se acompanhada de um efeito tão desejável?". Observe, senhor, a serenidade com que esses cavalheiros se preparam para encarar as maiores calamidades que possam ocorrer em seu país!

Não causa surpresa, portanto, que considerando cada coisa da Constituição e do Governo de seu país, quer na Igreja quer no Estado, como ilegítimo e usurpado, ou, na melhor das hipóteses, como vão deboche, eles olhem para o exterior com um entusiasmo ardente e apaixonado. Enquanto estiverem possuídos por essas noções, será inútil falar-lhes sobre as práticas de seus ancestrais, das leis fundamentais de seu país, da forma fixa de uma Constituição, cujos méritos estão confirmados pela sólida prova da longa experiência, e pelos crescimentos da força popular e da prosperidade nacional. Desprezam a experiência como se a mesma fosse uma sabedoria de iletrados; e, quanto ao resto, armaram secretamente uma mina que mandará de uma só vez pelos ares todos os exemplos da antiguidade, todos os precedentes, todas as cláusulas e atos parlamentares. Eles têm "os Direitos do Homem". Contra tais direitos, não pode haver remédio; nenhum pacto obriga

---

55. Trata-se do teólogo dissidente e cientista Joseph Priestley (1733-1804) que, por recomendação do Dr. Richard Price, fora empregado como bibliotecário do eminente político *whig* e alvo das críticas de Burke, o Lorde Shelburne (1737-1804), um renomado protetor dos dissidentes religiosos e favorável à conciliação com a França revolucionária. A passagem citada por Burke foi extraída da conclusão da *History of the Corruption of Christianity* (1782), de Priestley. (N.T.)

as partes; não admitem moderação nem compromisso: qualquer coisa que se oponha às suas exigências plenas é pura trapaça e injustiça. Contra esses Direitos do Homem, governo algum pode buscar a segurança na duração de sua continuidade, ou na justiça e indulgência de sua administração. As objeções desses especuladores aos governos, cujas formas não se enquadram às suas teorias, valem tanto contra uma autoridade antiga e benevolente quanto contra a tirania mais violenta ou a usurpação mais recente. Estão sempre em oposição aos governos, não tanto em questões de abuso, mas em matéria de competência e título. Nada tenho a dizer sobre a canhestra sutileza de sua metafísica política. Que se divirtam em suas escolas. – *Illa se jactet in aula – Æolus, et* clauso *ventorum carcere regnet*.[56] – Mas que não irrompam de sua prisão para soprar como o vento do Levante, para varrer a terra com seu furacão e revoltar o oceano para nos inundar.

Tão longe estou de negar em teoria a existência dos *verdadeiros* Direitos do Homem, como de recusá-la na prática (se me fosse facultado o poder de distribuir ou recusar). Ao negar suas falsas reivindicações de direito, não tenciono prejudicar os que são reais, e que seriam completamente destruídos pelos pretensos direitos. Se a sociedade civil é feita para o benefício do homem, todas as vantagens para a qual ela é feita tornam-se seu direito. Trata-se de uma instituição beneficente; e a própria lei é apenas beneficência regulamentada. Os homens têm o direito à justiça de seus irmãos, quer se ocupem de funções públicas ou ordinárias. Têm o direito aos frutos de sua indústria e aos meios de torná-la frutífera. Têm o direito às aquisições de seus pais, à nutrição e ao progresso de sua prole, à instrução na vida e à consolação na morte. Qualquer coisa que um homem individualmente possa fazer, sem lesar os demais, tem o direito de fazê-lo para si mesmo, assim como tem direito a uma justa parcela de tudo que a sociedade, mediante a combinação de suas habilidade e força, possa fazer em seu favor.

Nessa parceria, todos os homens têm direitos iguais, mas não às mesmas coisas. Aquele que empenhou apenas 5 xelins em uma sociedade tem tanto direito à sua parcela quanto aquele que, empregando 500 libras, o tem à sua proporção maior. Todavia, ele não tem direito a um dividendo igual no produto do capital conjunto e, no que concerne à participação no poder, autoridade e comando que cada indivíduo deve ter nos assuntos do Estado, devo refutar que isso esteja entre os direitos originais diretos do homem na sociedade civil, pois tenho em consideração o homem social, e nenhum outro. É algo a ser estabelecido por convenção.

---

56. Virgílio, *Eneida*, Canto I, 140: "Orgulhe-se dos seus domínios, Éolo, e mande no cárcere em que vos sentis como servos". (N.T.)

Se a sociedade civil é filha da convenção, essa convenção deve ser sua lei; deve limitar e modificar todas as categorias de Constituição por ela formadas. Todo tipo de poder legislativo, judiciário e executivo são criaturas suas. Não podem existir em outro estado de coisas; e como pode algum homem reivindicar, sob as convenções da sociedade civil, direitos cuja existência questionável não a supõem? Direitos que são absolutamente repugnantes à sociedade civil? Uma das primeiras razões de ser da sociedade civil, e que se torna uma de suas regras fundamentais, é a de *que nenhum homem pode ser juiz de sua própria causa.* Por isso, cada pessoa renunciou de imediato ao primeiro direito fundamental do indivíduo isolado, a saber, o de julgar por si mesmo e o de defender a sua própria causa. Abdicou de todo direito a ser seu próprio governante. Abandonou, inclusive, em grande medida, o direito à legítima defesa, a primeira lei da natureza. O homem não pode desfrutar ao mesmo tempo dos direitos de uma sociedade civil e daqueles que teria caso vivesse isolado. Para obter justiça, renuncia ao seu direito de determinar os pontos da mesma que se lhe configuram os mais essenciais. A fim de assegurar alguma liberdade, entrega-a por inteiro em confiança à sociedade.

O Governo não se fez em virtude dos direitos naturais, que podem existir, e de fato existem, em total independência dele, e com bem mais clareza e muito maior grau de perfeição abstrata: perfeição esta que se converte em seu defeito prático. Tendo-se direito a tudo, quer-se tudo. O Governo é uma invenção da sabedoria humana para satisfazer às *necessidades* humanas. Os homens têm direito a que se procure satisfazer essas necessidades por essa sabedoria. Entre elas, deve-se contar a necessidade de que se exerça, na sociedade civil, um suficiente constrangimento às suas paixões. A sociedade requer não apenas que as paixões dos indivíduos sejam sujeitadas, mas também que, mesmo na massa e no corpo, bem como nos indivíduos, as inclinações humanas sejam frequentemente obstadas, suas vontades controladas e suas paixões dominadas. Esse resultado só pode ser obtido por *um poder exterior a nós mesmos,* e que não seja, no exercício de suas funções, sujeito àquelas vontades e àquelas paixões, as quais tem o dever de refrear e subjugar. Nesse sentido, tanto as restrições aos homens quanto as suas liberdades devem figurar entre os seus direitos. Porém, como as liberdades e as restrições variam conforme a época e as circunstâncias, e admitem infinitas modificações, elas não podem ser estabelecidas sobre nenhuma regra abstrata, de modo que nada é tão insensato quanto discuti-las com base nesse princípio.

A partir do momento em que se subtraia algo dos plenos Direitos do Homem de governar-se a si mesmo e se admite qualquer limitação positiva artificial sobre esses direitos, toda a organização governamental torna-se um problema de conveniência. É isso que torna a Constituição de um Estado e a devida distribuição de seus poderes uma tarefa da mais delicada e complicada habilidade. Requer um conhecimento profundo da natureza e das necessidades humanas, assim como das coisas que facilitam ou dificultam a obtenção dos variados fins que devem ser buscados pelo mecanismo das instituições civis.

O Estado deve ter reservas para conservar sua força e remédios para extirpar os seus males. De que adianta discutir o direito abstrato de um homem ao alimento ou aos remédios? A questão está em saber em como consegui-los e administrá-los. Nessa deliberação, sempre aconselharei que se solicite a ajuda do agricultor e do médico, e não a de um professor de metafísica.

A ciência de construir uma nação, ou de renová-la, ou de reformá-la, não pode, como qualquer outra ciência experimental, ser ensinada *a priori*. Nem tampouco uma breve experiência poderá instruir-nos nessa ciência prática; pois os efeitos reais das causas morais nem sempre são imediatos; mas aquilo que é prejudicial a princípio pode ser excelente no longo prazo; e sua excelência pode resultar inclusive dos maus efeitos produzidos no início. O contrário também ocorre, de modo que planos muito plausíveis, com inícios bastante satisfatórios, logram, o mais das vezes, resultados vergonhosos e lamentáveis. Há frequentemente nos Estados causas obscuras e quase latentes, coisas que, à primeira vista, parecem ser de pouca importância e das quais dependem, porém, uma grande parte de sua prosperidade ou adversidade. Sendo, portanto, a ciência do governo tão prática em si mesma e destinada a esses propósitos igualmente práticos; sendo uma matéria que requer uma experiência superior à que alguém consegue obter no transcurso de sua vida, por mais sagaz e observador que seja, é com infinita cautela, portanto, que se deve aventurar a derrubar um edifício que durante séculos vem respondendo razoavelmente bem aos propósitos comuns da sociedade, ou a edificá-lo novamente sem ter em vista modelos e plantas de utilidade comprovada.

No instante em que penetram a vida prática, esses direitos metafísicos são como raios de luz que, ao atravessarem um meio denso, sofrem, pelas leis da natureza, um desvio de sua linha reta. Com efeito, na imensa e complicada massa de paixões e preocupações humanas, os direitos primitivos dos homens sofrem uma tal variedade de refrações e reflexos, que se torna absurdo discuti-los como se continuassem na simplicidade de sua condição original. A natureza do homem é intricada; os objetivos da sociedade são da maior complexidade possível; e, consequentemente, nenhum arranjo ou direção simples de poder será adequado seja à natureza humana, seja à qualidade de seus negócios. Quando ouço falar da simplicidade do plano proposto e elogiado em quaisquer novas constituições políticas, não encontro dificuldades para concluir que seus artífices são rematados ignorantes de seu ofício, ou totalmente negligentes do seu dever. Os governos simples são fundamentalmente defeituosos, para não dizer algo pior. Se o senhor tivesse de contemplar a sociedade por um único ponto de vista, todas essas formas simples de constituição seriam infinitamente cativantes. De fato, cada uma delas responderia a seu fim específico com maior perfeição do que um sistema mais complicado seria capaz de alcançar todos os seus objetivos complexos. É preferível, no entanto, que haja uma certa anomalia e imperfeição no conjunto a regulamentar algumas partes com grande exatidão, enquanto outras são completamente negligenciadas ou prejudicadas materialmente pelo excessivo cuidado concedido a uma questão privilegiada.

Os direitos que esses teóricos pretendem obter são todos extremos, e moral e politicamente falsos na mesma proporção em que são metafisicamente verdadeiros. Os direitos dos homens estão em uma espécie de *meio-caminho*, impossível de serem definidos, mas que se pode, todavia, discernir. Os direitos dos homens nos governos são suas vantagens, as quais costumam estar em equilíbrio entre diferentes bens, algumas vezes em compromissos entre o bem e o mal, e, por vezes ainda, entre o mal e o mal. A razão política é um princípio calculador; soma, subtrai, multiplica e divide – moral e não metafísica ou matematicamente – quantidades morais verdadeiras.

Para esses teóricos, o direito do povo é quase sempre sofisticamente confundido com o seu poder. O corpo da comunidade, onde quer que possa atuar, não pode encontrar nenhuma resistência efetiva; mas, até que o poder e o direito se igualem, a massa do povo não tem direitos incompatíveis com a virtude, e com a primeira das virtudes, a prudência. Os homens não têm nenhum direito ao que não é razoável e ao que não é para o seu benefício; pois, embora um escritor jocoso tenha dito: *Liceat perire poetis*,[57] quando um deles, diz-se, lançou-se a sangue frio dentro das chamas de uma revolução vulcânica, *Ardentem frigidus Aetnam insiluit*,[58-59] considero tal

---

57. Horácio, *De Arte Poética*, p. 464-466. "Que pereçam os poetas". Referência ao filósofo e poeta Empédocles (490 a.C.-430 a.C.) que se suicidou lançando-se no vulcão Etna. Burke indicava que os filósofos e homens de letras franceses estavam prestes a fazer o mesmo. (N.T.)

58. Horácio, *De Arte Poética*, p. 465 e seguintes. (N.T.)

59. "A sangue-frio jogou-se no ardente Etna". (N.T.)

galhofa mais como uma injustificável licença poética do que uma das franquias do Parnaso, e fosse poeta, teólogo ou político quem decidisse exercer esse tipo de direito, creio que sentimentos mais sábios, porque mais caridosos, levar-me-iam antes a tentar salvá-lo do que a preservar suas brocadas sandálias como monumentos de sua loucura.

A menos que os homens se arrependam de sua conduta atual, a comemoração da Revolução de 1688 por meio de sermões a que me refiro longamente nessas reflexões trairá muitos de seus princípios, privando-os dos benefícios da Revolução que comemoram. Confesso-lhe, senhor, que jamais gostei dessa contínua fala sobre resistência e revolução, ou da prática de fazer do remédio extremo da Constituição o seu pão cotidiano. Isso torna o hábito da sociedade perigosamente enfermiço: é como tomar doses periódicas de cloreto de mercúrio, ou engolir doses contínuas de cantáridas, para estimular nosso amor à liberdade.

Uma vez habitual, o exagero do remédio relaxa e esgota, por um uso vulgar e prostituído, a fonte daquele espírito que deve ser exercido em grandes ocasiões. Foi durante o período de mais paciente servidão romana que os temas de tiranicídio se tornaram o exercício comum dos escolares – *cum perimit saevos classis numerosa tyrannos*.[60] No estado ordinário das coisas, isto produz os piores efeitos em um país como o nosso, mesmo para a causa daquela liberdade que é violada pela licenciosidade de uma especulação extravagante. Quase todos os republicanos intransigentes de minha época tornaram-se, após um breve período, os mais decididos e rematados cortesãos, deixando a oposição tediosa, moderada, porém prática, àqueles de nós que, no orgulho e na intoxicação de suas teorias, foram por eles desprezados como não muito melhores que os *tories*. A hipocrisia, naturalmente, deleita-se nas mais sublimes especulações: sem jamais pretender submetê-las à prova da experiência, não lhe custa torná-las magníficas. No entanto, mesmo nos casos em que se deveria suspeitar mais de leviandade do que de fraude nessas especulações grandiloquentes, o resultado seria praticamente o mesmo. Esses professores, deparando-se com a impossibilidade de aplicar seus princípios extremos a casos que exigem apenas uma resistência qualificada, ou, pode-se dizer, civil e legal, não empregam resistência alguma em tais casos. Para eles, não há meio-termo: se não for uma guerra ou uma revolução, não é nada. Ao encontrar seus esquemas políticos desajustados ao estado do mundo em que vivem, acabam, com frequência, por julgar levianamente todos os princípios públicos; e estão dispostos, por sua vez,

---

60. Juvenal, *Sátiras*, VII, p. 15-151: "Enquanto a turba destrói os cruéis tiranos". (N.T.)

a abandonar por um interesse deveras trivial o que consideram de pouca importância. Alguns, de fato, são de natureza mais firme e perseverante, mas estes são políticos ambiciosos que, de fora do Parlamento, estão pouco dispostos a abandonar seus projetos favoritos. Têm constantemente em vista alguma mudança na Igreja ou no Estado, ou em ambos. Quando for este o caso, são sempre maus cidadãos e péssimos aliados, em quem não se pode confiar em absoluto. Pois, considerando de valor infinito seus propósitos especulativos e completamente desprovida de valor a disposição real de um Estado, são, na melhor das hipóteses, indiferentes a esse respeito. Incapazes de ver mérito algum na boa condução dos assuntos públicos, ou falha na administração viciosa, regozijam-se antes com a última, por julgá-la mais propícia à revolução. Impossibilitados de perceber mérito ou demérito em qualquer homem, em qualquer ação, ou em qualquer princípio político, a não ser que favoreçam ou adiem seu propósito de mudança, assumem, em um dia, as prerrogativas mais violentas e abusivas e, no seguinte, as mais extremadas ideias democráticas de liberdade, passando de um extremo ao outro sem nenhum tipo de consideração a causas, pessoas ou partidos.

Na França, os senhores estão passando agora pela crise de uma revolução e pela mudança da forma de governo: não podem, portanto, ver o caráter desses homens exatamente da mesma forma que os observamos neste país. Entre nós, eles são militantes; entre os senhores, triunfantes; e os senhores bem sabem como eles podem agir quando seu poder corresponde a seus desejos. Não pensem que limito essas observações a um grupo de homens, nem que englobo todos os membros de um grupo qualquer. Não! Longe disso. Sou tão incapaz dessa injustiça quanto de tratar com aqueles que professam princípios extremistas; os quais, sob o pretexto da religião, nada ensinam além de uma política errática e perigosa. O pior desses políticos revolucionários é que eles endurecem e insensibilizam os corações, a fim de prepará-los aos golpes desesperados que se impõem às vezes nas ocasiões extremas. Mas como tais ocasiões correm o risco de nunca acontecer, os espíritos recebem uma mancha gratuita; e os sentimentos morais sofrem bastante quando nenhum propósito político é servido pela depravação. Esse tipo de gente está tão imbuída de suas teorias sobre os Direitos do Homem, que se esqueceu totalmente da sua natureza. Sem abrir um novo caminho ao entendimento, conseguiram bloquear os que levam ao coração. Perverteram em si mesmos, e naqueles que os acompanham, todos os bons sentimentos da alma humana.

Esse famoso sermão de *Old Jewry* não exala nada além desse espírito em toda a sua parte política. Para algumas pessoas, complôs, massacres e assassinatos parecem um preço módico a pagar para a consecução de uma revolução. Ao seu paladar, uma reforma barata e sem sangue, e uma liberdade sem culpa, parecem-lhe vãs e insípidas. Tornam-se necessários uma grande mudança de cenário, um esplêndido efeito cênico e um grandioso espetáculo para despertar a imaginação entorpecida pelo gozo preguiçoso de 60 anos de segurança e pelo repouso sonolento da prosperidade pública. O pregador encontrou-os todos na Revolução Francesa. Esta lhe inspira um calor juvenil que percorre seu corpo inteiro. Seu entusiasmo cresce pouco a pouco e estala quando inicia sua peroração. Então, ao contemplar do Monte Pisga[61] de seu púlpito o livre, moral, feliz, florescente e glorioso Estado francês, como uma paisagem da Terra Prometida vista de cima, ele prorrompe com o seguinte arrebatamento:

> Que período memorável é este! Sou *grato* por ter vivido para vê-lo; quase poderia dizer: *Senhor, deixai partir agora em paz esse vosso servo, pois meus olhos viram a vossa salvação!* – Vivi para ver como a *difusão* do conhecimento mina a superstição e o erro! Vivi para ver os *Direitos do Homem* melhor compreendidos do que nunca, e nações inteiras suspirar por uma liberdade da qual pareciam ter perdido até a ideia! – Vivi para ver *30 milhões de pessoas,* indignadas e resolutas, rejeitando a escravidão e exigindo a liberdade com uma voz irresistível. *Vi seu rei conduzido em triunfo, e um monarca arbitrário rendendo-se a seus súditos.*[62]

Antes de prosseguir, devo observar que o Dr. Price me parece sobrevalorizar as grandes aquisições de luz que tem obtido e difundido nessa época. O século passado pareceu-me ter sido tão iluminado quanto o atual. Apresentou, embora em lugar diferente, um triunfo tão memorável quanto esse do Dr. Price; e alguns dos maiores pregadores daquele período compartilharam-no tão ardorosamente quanto ele compartilha hoje o triunfo da França. No julgamento do Reverendo Hugh Peters por alta traição, um depoimento informa que, no momento em que o rei Carlos foi trazido a Londres para ser julgado, o Apóstolo da Liberdade então conduziu o *triunfo*: "Eu vi", disse a testemunha, "Sua Majestade em uma diligência de seis cavalos e Peters galopando à frente do rei, *triunfante.*" Quando o Dr. Price fala como se tivesse feito uma descoberta, está, na verdade, seguindo apenas um precedente; pois, logo no começo do julgamento real, seu precur-

---

61. No Pentateuco hebraico ou na Bíblia cristã, local em que o profeta Moisés avistou pela primeira vez a terra de Canaã ou a Terra Prometida (*Deuteronômio*, XXXIV). (N.T.)

62. Outro desses veneráveis senhores, testemunha de alguns dos espetáculos exibidos recentemente em Paris, expressou-se da seguinte forma: "*Um rei arrastado docilmente em triunfo por seus súditos conquistadores* é um daqueles espetáculos imponentes que raramente surgem no âmbito dos assuntos humanos, e do qual me lembrarei pelo resto de minha vida com pasmo e reconhecimento!". Esses cavalheiros concordam maravilhosamente em seus sentimentos.

sor, o mesmo Dr. Peters, disse ao concluir uma longa prece na capela real de Whitehall (lugar triunfalmente escolhido por ele): "Tenho pregado e rogado há 20 anos; e agora posso dizer como o velho Simeão: *Senhor, deixai partir em paz agora este vosso servo, pois meus olhos viram a vossa salvação*".[63] Peters não colheu os frutos de sua prece, pois não partiu tão cedo como queria, nem em paz. Tornou-se (e desejo de todo coração que isto não aconteça a nenhum de seus seguidores que podem ainda estar neste país) um sacrifício ao triunfo que liderou como Pontífice. Talvez a Restauração tenha lidado com excessiva dureza esse pobre bom-homem. Mas devemos à sua memória e a seus sofrimentos o reconhecimento de que tinha tanta iluminação e tanto zelo, e havia derrubado tão efetivamente toda *superstição e todo erro* capazes de perturbar os grandes assuntos em que se envolveu, quanto qualquer um que hoje, seguindo-o e repetindo-o, atribuísse para si um direito exclusivo ao conhecimento dos Direitos do Homem, e todas as consequências gloriosas desse saber.

Depois desta saída do orador de *Old Jewry*, que se diferencia apenas pelo tempo e pelo lugar, mas concorda plenamente com o espírito e a letra do arrebatamento de 1648, a Sociedade da Revolução, os fabricantes de governos, o heroico bando dos que *depõem monarcas*, os eleitores de soberanos e condutores dos reis em triunfo, repletos de orgulho proveniente da difusão do conhecimento, do qual cada membro obteve tão grande porção no donativo, apressaram-se em difundir generosamente a ciência que assim haviam gratuitamente recebido. Para realizar essa benevolente comunicação, eles se transferiram do templo de *Old Jewry* para a Taverna de Londres, onde o nosso Dr. Price, em quem a fumaça de seu trípode oracular não se havia evaporado totalmente, apresentou e fez votar a resolução ou mensagem de congratulação, transmitida por Lorde Stanhope à Assembleia Nacional da França.

Encontro um pregador do Evangelho profanando o belo e profético hino, comumente chamado *nunc dimittis*, feito durante a primeira apresentação de nosso Salvador no Templo, e aplicando-o, com um arrebatamento desumano e anormal, ao mais horrível, atroz e aflitivo espetáculo que possivelmente já foi apresentado à piedade e à indignação humanas. Essa *condução triunfante*, ignominiosa e ímpia na melhor das hipóteses, que cumula nosso pregador com tais transportes sacrílegos, deve chocar, creio, o gosto moral dos espíritos bem cultivados. Muitos ingleses foram espectadores estupe-

---

63. State Trials [Processos do Estado], v. II, p. 360-3.

fatos e indignados daquele triunfo. Foi (a menos que tenhamos sido estranhamente enganados) um espetáculo mais parecido com uma procissão de selvagens americanos adentrando em Onondaga[64] após alguns de seus assassinatos alcunhados de vitórias, e levando para dentro de suas cabanas ornamentadas de escalpos seus cativos, subjugados pelos escárnios e pauladas de mulheres tão ferozes quanto eles próprios, do que a pompa triunfal de uma nação marcial civilizada – se é que uma nação civilizada, ou qualquer homem dotado de algum senso de generosidade, seria capaz de triunfar sobre os derrotados e aflitos.

Esse, meu caro Senhor, não foi o triunfo da França. Preciso crer que, como nação, sentiram-se cobertos de vergonha e horror. Preciso acreditar que a Assembleia Nacional acha-se profundamente humilhada por não ser capaz de punir os autores deste triunfo, ou os que nele tomaram parte, e que ela se encontra em uma situação em que qualquer investigação que possa fazer sobre o assunto deve ser privada até da aparência de liberdade ou imparcialidade. A desculpa dessa Assembleia encontra-se nessa situação; todavia, quando aprovamos o que ela foi *obrigada* a suportar, acha-se em nós a escolha corrompida de um espírito viciado.

Com uma forçada aparência de deliberação, a Assembleia vota sob o domínio de uma austera necessidade. Reúne-se, por assim dizer, no centro de uma república estrangeira: reside em uma cidade cuja constituição não emanou de uma carta de seu rei, nem de seu poder legislativo. Cerca-se de um exército que não foi recrutado pela autoridade da Coroa, nem a comando dela própria; e que, tivesse ela ordenado que se dissolvesse, o mesmo dissolvê-la-ia instantaneamente. Senta-se ali, depois que um bando de assassinos arrebatou algumas centenas de seus membros, enquanto os que defendem os mesmos princípios moderados, com mais paciência e esperança, continuam diariamente expostos a insultos ultrajantes e ameaças assassinas. Reduzida ela própria à escravidão, força um rei cativo a promulgar, em terceira mão, os absurdos nauseabundos de seus mais licenciosos e frívolos cafés. É notório que todas as medidas estão decididas antes de serem debatidas. Não resta dúvida de que, sob o terror da baioneta, da lanterna e do incêndio de suas casas, seus membros estão obrigados a adotar todas as medidas açodadas e desesperadas sugeridas por clubes compostos de uma mescla monstruosa de todas as condições sociais, línguas e nações.

---

64. Povoado indígena situado no que hoje corresponde ao atual Estado de Nova York e que recebera uma missão jesuítica francesa, a qual Burke obteve importantes informações sobre os estabelecimentos europeus na América do Norte. (N.T.)

Neles encontram-se pessoas em comparação com as quais Catilina[65] seria considerado escrupuloso e Cétego,[66] um homem sóbrio e moderado. E não é apenas nesses clubes que se deformam as medidas públicas, convertendo-as em monstruosidades. Sofrem uma distorção prévia nas academias, designadas como seminários para esses clubes e que se encontram em todos os lugares públicos. Nessas reuniões de toda a espécie, consideram-se os conselhos como um signo de um gênio superior na medida em que são ousados, violentos e pérfidos. Humanidade e compaixão são ridicularizados como frutos da ignorância. A brandura para com os indivíduos é tida como traição ao povo. A liberdade deve ser sempre estimada como perfeita, conforme a propriedade se torna insegura. Enquanto meditam ou perpetram assassinatos, massacres e confiscos, traçam planos para a boa ordem da sociedade futura. Abraçando as carcaças dos criminosos mais vis e promovendo suas relações em proporção aos seus delitos, impelem centenas de pessoas virtuosas ao mesmo fim, obrigando-as a subsistir por meio da mendicância ou do crime.

Órgão desses clubes, a Assembleia representa diante deles a farsa da deliberação realizada com tão pouco decoro quanto liberdade. Seus membros representam como comediantes mambembes perante uma plateia amotinada; atuam em meio aos gritos turbulentos de uma multidão informe de homens ferozes e mulheres indecorosas que os dirigem, controlam, aplaudem e insultam de acordo com suas fantasias insolentes; e, às vezes, sentam-se e misturam-se com eles, dominando-os com uma estranha mistura de petulância servil e de autoridade orgulhosa e presunçosa. Como inverteram a ordem de todas as coisas, a galeria ocupa o lugar do plenário. Essa Assembleia, que derruba reis e reinos, não tem sequer a fisionomia e o aspecto de um grave corpo legislativo – *nec color imperii, nec frons erat ulla senatus*.[67] Como o princípio do mal, tem o poder de subverter e destruir, mas nenhum para construir, salvo máquinas que sirvam para maiores subversão e destruição.

Quem, admirando e amando as assembleias nacionais representativas, não se voltaria com horror e desgosto diante de tal profanação burlesca e abominável destruição dessa instituição sagrada? Os amantes da monarquia

---

65. Lucius Sergius Catilina (108 a.C.-62 a.C.), senador romano e cuja conspiração por ele liderada contra o poder do Senado, em 63 a.c., tornou-se célebre pelos discursos (conhecidos como *Catilinárias*) do cônsul romano Marcus Tulius Cicero (106 a.C.-43 a.C.). (N.T.)

66. Gaius Cornelius Cethegus foi um destacado membro da conspiração de Catilina, conhecido por possuir uma índole temerária. (N.T.)

67. Lucano, *Farsália*, IX, 207: "Não terá nem a forma exterior de governo, nem qualquer aparência de autoridade legislativa". (N.T.)

e da república devem igualmente aboミná-la. Os membros de sua Assembleia devem gemer sob a tirania da qual recebem toda a parcela de vergonha, nenhuma da direção e pouco do lucro. Estou certo de que muitos dos membros que compõem até mesmo a maioria daquele corpo devem se sentir como eu, apesar dos aplausos da Sociedade da Revolução. Desditoso rei! Desditosa Assembleia! Quão silenciosamente escandalizada deve ter ficado essa Assembleia com aqueles seus membros capazes de chamar um dia, que parecia apagar o sol dos céus, de *un bon jour!*.[68-69] Que íntima indignação deve ter sentido ao ouvir que outros achavam oportuno declarar-lhe, em meio à dura tormenta de traições e assassinatos que precederam o triunfo de nosso pregador, que "a nave do Estado avançaria em seu curso rumo à regeneração mais rapidamente do que nunca"![70] O que deve ter sentido quando, com quieta indignação e dissimulada paciência, ouviu, a respeito do massacre de cavalheiros inocentes em suas casas, que "o sangue derramado não era tão puro"?[71] Como não deve ter se sentido quando seus membros, acossados

---

68. 6 de outubro de 1789.

69. A expressão "um bom dia!" teria sido pronunciada pelo prefeito de Paris, Bailly, durante o retorno da família real a Paris na chuvosa manhã do dia 6 de outubro, daí o comentário de Burke sobre o encobrimento do sol. (N.T.)

70. Frase atribuída pelo marquês e político monarquiano e conservador Lally-Tollendal (1751-1830) – cujos escritos Burke lera e reproduzira, como se pode ver mais adiante – ao influente e popular conde de Mirabeau (1749-1791), diplomata, escritor, jornalista e político que desempenhou papel de destaque nos revolucionários acontecimentos de maio-julho de 1789 e se notabilizou pelas negociações secretas com a corte de Luís XVI, a quem (sem êxito) tentou aconselhar. Seu inesperado e súbito falecimento em abril de 1791, quando acabara de receber o mandato de presidente da Assembleia Nacional, reduziu significativamente as chances de terminar a Revolução pelo estabelecimento de uma monarquia constitucional. Sua popularidade foi drasticamente abalada com a descoberta, em novembro de 1792, do *armário de ferro*, um cofre encontrado no palácio das Tulherias durante a sua invasão na jornada revolucionária de 10 de agosto de 1792 (que marcou a abolição da monarquia e o início da primeira República francesa), que guardava inúmeras evidências de suas relações secretas com a família real. Acusado de traição, teve sua sepultura (a primeira a ser depositada no Panteão, em 1791) profanada e seus restos mortais vilipendiados em novembro de 1793. (N.T.)

71. Frase proferida pelo eminente ex-advogado do Parlamento de Grenoble, o protestante Antoine-Pierre-Joseph-Marie Barnave (1761-1793), em resposta à denúncia feita pelo deputado conservador Lally-Tollendal na tribuna da Assembleia contra os massacres de Foulon e de Bertier de Sauvigny pela multidão, em 22.7.1789. Eleito deputado pelo Terceiro Estado do Delfinado aos Estados Gerais, Barnave destacou-se desde então como membro ativo do partido patriótico e do Clube Bretão, tendo sido um dos principais idealizadores e fundadores do clube dos Jacobinos (também conhecido como "Sociedade dos Amigos da Constituição"), logo após as jornadas de outubro de 1789. Em julho de 1791, Barnave e os deputados Adrien Duport e Alexandre Lameth (conhecidos como os "triúnviros" dos Jacobinos), preocupados com a crescente radicalização dos jacobinos após a malograda tentativa de fuga da família

por queixas de desordens que sacudiram o país até as suas fundações, viram-se compelidos a dizer friamente aos queixosos que estes estavam sob a proteção da lei, e que deveriam se dirigir ao (cativo) rei para fazer vigorar as leis destinadas a protegê-los; quando os escravizados ministros desse rei cativo notificou-lhe formalmente que não haviam restado nem lei, nem autoridade, nem poder para a proteção de quem quer que fosse? O que não sentiram seus membros ao serem obrigados a solicitar a seu rei cativo, à guisa de felicitação pelo Ano Novo, que esquecesse o tempestuoso período do último ano, tendo em vista o benefício que *ele* provavelmente traria para o seu povo, e para cuja obtenção plena suspenderam as demonstrações práticas de sua lealdade, assegurando-o de sua obediência, quando o monarca não possuía mais nenhuma autoridade para comandar?

Esse discurso foi seguramente redigido com boa-fé e uma estima sincera. Mas, dentre as revoluções ocorridas na França, deve-se ressaltar a de uma considerável revolução em suas noções de polidez. Diz-se que na Inglaterra aprendemos boas maneiras em segunda-mão do outro lado do Canal, e que nos conduzimos conforme os padrões franceses. Se assim for, ainda seguimos a moda antiga e não conseguimos nos adaptar ao novo estilo da boa-educação parisiense, a ponto de considerar como do mais refinado estilo de cumprimento delicado, seja como pêsames, seja como congratulação, o dizer à criatura mais humilhada que se arrasta sobre a terra que grandes benefícios públicos advirão do massacre de seus servidores, das tentativas de assassinato dela própria e de sua esposa, bem como da mortificação, desgraça e degradação que ela pessoalmente sofreu. É um tipo de consolação que nosso carcereiro de *Newgate* repugnaria dispensar a um criminoso aos pés do patíbulo. Deveria ter adivinhado que o carrasco de Paris, reabilitado agora pelo voto da Assembleia Nacional e autorizado a ter seu título e brasão no colégio heráldico dos Direitos do Homem, seria por demais generoso,

---

real, fundaram o clube dos *Feuillants*, que se tornaria célebre pela defesa da monarquia constitucional e das cláusulas de exceção (voto censitário) para a participação política dos cidadãos. Após a jornada de 10 de agosto e a proclamação da República, foi acusado de traição e condenado pela Assembleia Legislativa (pesavam contra ele a defesa da monarquia constitucional e sua amizade, revelada por cartas encontradas no armário de ferro, com Maria Antonieta). Entretanto, antes de ser julgado pelo Tribunal Revolucionário e guilhotinado em 29.11.1793, Barnave redigiu na prisão uma obra de interpretação histórica sobre a Revolução Francesa que, como bem destacou o historiador e político socialista francês Jean Jaurès (1859-1914) – autor da *Histoire Socialiste de la Révolution Française* (*História Socialista da Revolução Francesa*, 1901-1903) –, foi uma das primeiras a explicar os fenômenos políticos e ideológicos a partir das transformações sociais e econômicas. Publicada em 1843 com o título de *Introduction à la Révolution française* (*Introdução à Revolução Francesa*), sabe-se hoje que o título mais provável para a obra seria o *De la Révolution et de la Constitution* (*Da Revolução e da Constituição*). (N.T.)

galante e plenamente consciente de sua nova dignidade para empregar essa consolação cortante a qualquer pessoa a quem o crime de *lèse-nation* pudesse colocar sob a administração de seus *poderes executivos*.

Com efeito, um homem está em decadência quando o adulam desse modo. A poção anódina do esquecimento, assim preparada, foi bem calculada para preservar uma vigília irritante e alimentar a úlcera pungente de uma memória corrosiva. Administrar-lhe, assim, o narcótico antídoto da anistia, polvilhado com todos os ingredientes do escárnio e do desdém, é como levar-lhe aos lábios, em vez do "bálsamo das mentes feridas", a taça da infelicidade humana cheia até a borda e obrigá-lo a beber até a última gota daquilo.

Cedendo a razões pelo menos tão forçosas quanto as que foram tão delicadamente expressas no cumprimento de Ano Novo, o rei da França tratará provavelmente de esquecer não apenas os eventos, mas também o cumprimento. Mas a História, que conserva um registro duradouro de todos os nossos atos e exerce sua terrível censura sobre os procedimentos de todos os tipos de soberanos, não esquecerá nem esses acontecimentos, nem a época desse refinamento liberal da humanidade. A história registrará que na manhã de 6 de outubro de 1789 o rei e a rainha da França, após um dia de desordens, alarmes, consternações e massacres, deitaram-se, sob a prometida segurança empenhada publicamente, para conceder à natureza poucas horas de trégua e um atribulado e melancólico repouso. A rainha foi subitamente despertada desse sono pela voz da sentinela à sua porta, que lhe gritou para que se salvasse fugindo – pois esta era a última prova de fidelidade que ele podia lhe dar –, já que estavam sobre si e a matariam. Foi instantaneamente abatida. Um bando de cruéis assassinos e rufiões, ainda exalando o seu sangue, precipitou-se no quarto da rainha e perfurou, com centenas de golpes de baioneta e punhal, o leito de onde essa mulher perseguida mal tivera tempo de fugir, seminua, e por corredores desconhecidos dos assassinos, para buscar refúgio aos pés de um rei e seu marido, cuja própria vida corria risco no momento.

Esse rei, para não falar mais nele, essa rainha e seus filhos ainda pequenos (que antes teriam sido o orgulho e a esperança de um povo grande e generoso) foram então forçados a abandonar o santuário do mais esplêndido palácio do mundo, que deixaram nadando em sangue poluído pelo massacre e recoberto de membros espalhados e cadáveres mutilados. Dali foram conduzidos para a capital de seu reino. Em meio à matança promíscua, deliberada e sem resistência que se fez dos cavalheiros de berço e distinção familiar que compunham a Guarda Real, dois foram escolhidos, os quais, com toda a pompa de uma execução judicial, foram cruel e publicamente arrastados ao cadafalso e decapitados no grande pátio do Palácio. Suas cabeças foram fincadas em lanças e levadas à frente da procissão, enquanto os cativos reais que as seguiam em comitiva eram lentamente conduzidos entre gritos horríveis, brados assustadores, danças frenéticas, insultos infames e todas as indizíveis abominações das fúrias do inferno sob a forma ultrajante da mais vil das mulheres. Depois que os fizeram provar, gota a gota, um licor mais amargo que a morte na lenta tortura de uma jornada de 12 milhas que se prolongou por seis horas, foram alojados, sob uma guarda composta pelos mesmos soldados que os conduziram ao longo deste famoso triunfo, em um dos antigos palácios de Paris, agora convertido em uma Bastilha para reis.

Esse é um triunfo a ser consagrado nos altares? A ser comemorado em ação de graças? A ser oferecido à divina humanidade com prece fervorosa e hino entusiástico? Asseguro-lhe, Senhor, que essas orgias tebanas e trácias encenadas na França e aplaudidas apenas em *Old Jewry* suscitam entusiasmo profético nos espíritos de pouquíssimas pessoas desse reino; muito embora um santo e apóstolo, que pode ter suas próprias revelações e que conseguiu vencer completamente todas as superstições mesquinhas do coração, possa inclinar-se a considerar pio e decoroso comparar isso com a vinda ao mundo do Príncipe da Paz, proclamada em um templo sagrado por um venerável sábio e anunciada, não muito antes e de modo não muito inferior, pela voz de anjos à pacífica inocência de pastores.

A princípio, fui incapaz de entender esse acesso de entusiasmo desenfreado. Sabia, sem dúvida, que os sofrimentos dos monarcas são um saboroso repasto para alguns tipos de paladar. Havia, porém, reflexões que poderiam servir para conservar esse apetite dentro de alguns limites de moderação. Todavia, quando submeti uma circunstância à minha consideração, fui obrigado a confessar que se deveria conceder um grande desconto à Sociedade da Revolução, uma vez que a tentação era muito forte para a discrição comum. Ou seja, a circunstância do *Io Paean*[72] do triunfo, o grito excitado que conclamava pelo envio de "*todos* os bispos às lanternas",[73] podia muito bem ter gerado um acesso de entusiasmo pelas consequências imprevistas desse dia feliz. Concedo a esse excessivo entusiasmo algum pequeno desvio da prudência. Admito que esse profeta irrompa em hinos de júbilo e ação de graças por um evento que parece o precursor do milênio, e da projetada quinta mo-

---

72. Antigo hino grego em louvor a Apolo. (N.T.)
73. *Tous les Êveques à la lanterne!* [Todos os bispos aos postes de luz!].

narquia, na destruição de todos os estabelecimentos da igreja. No entanto, em meio àquele júbilo, havia (como em todos os assuntos humanos), algo para exercitar a paciência desses dignos cavalheiros e para provar a resistência de sua fé. Para completar as outras auspiciosas circunstâncias desse *belo dia*, faltava o efetivo assassinato do rei, da rainha e de seus filhos. Apesar de solicitado por tantos hinos sagrados, faltava também o efetivo assassinato dos bispos. Com efeito, esboçou-se ousadamente uma série de regicídios e sacrílegos massacres, mas não passou de um esboço. Isto, infelizmente, ficou inacabado nesse grande painel histórico de massacre dos inocentes. Veremos, em seguida, qual lápis arrojado de um grande mestre da escola dos Direitos do Homem irá rematá-lo. Nossa época ainda não dispõe do completo benefício daquela difusão de conhecimento que derrubou a superstição e o erro; e o rei da França necessita de mais um ou dois objetos para consignar ao esquecimento, em consideração a todo o bem que surgirá de seus próprios sofrimentos e dos crimes patrióticos de uma época esclarecida.[74-75]

---

74. Convém referir aqui a uma carta escrita sobre esse assunto por uma testemunha ocular, que era um dos mais honestos, inteligentes e eloquentes membros da Assembleia Nacional, um dos mais ativos e zelosos reformadores do Estado. Foi obrigado a separar-se da Assembleia e tornou-se, a partir de então, um exilado voluntário, por conta dos horrores desse pio triunfo e das disposições dos homens que, lucrando com esses crimes, quando não os causavam, assumiram a direção dos assuntos públicos.

    Trecho da *Segunda Carta de M. Lally-Tolendal a um amigo:*

    "Em relação à posição que tomei, ela está bem justificada em minha consciência. Nem esta cidade culpada, nem esta assembleia ainda mais culpada merecem que eu me justifique, mas tenho a preocupação de que você e as pessoas que pensam como você não devam me condenar. A minha saúde, eu juro, fez com que meus deveres se tornassem impossíveis, mas mesmo os deixando de lado, estava além das minhas forças suportar por mais tempo o horror causado em mim por esse sangue – essas cabeças – essa rainha quase degolada, esse rei – trazido como escravo – entrando em Paris no meio de seus assassinos e precedido pelas cabeças desses guardas infelizes – esses Janissaries [Guardas do Palácio] traidores, esses assassinos, essas mulheres canibais, o grito que diz TODOS OS BISPOS AO POSTES DE LUZ [para serem enforcado] no exato momento em que o rei entra em sua capital com dois bispos de seu conselho em um carro – um tiro de fuzil, que eu vi ser dado em uma das carruagens da rainha. O Sr. Bailley dizendo que aquele era um belo dia. O assembleia tendo declarado friamente naquela manhã, que era incompatível com a dignidade reunir-se em torno do rei. O Sr. Mirabeau dizendo impunimente nesta assembleia, que o navio do Estado, longe de estar fora de seu curso, estava navegando mais rapidamente do que antes em direção a sua regeneração. O Sr. Barnave rindo com ele, enquanto rios de sangue fluíam em nosso entorno. O virtuoso Mounier,* escapando por milagre de vinte assassinos que queriam fazer de sua cabeça mais um troféu. Foi Isso tudo que me fez jurar nunca mais pôr os pés nesta caverna de canibais [assembleia], onde eu já não tinha força para levantar a minha voz, onde por seis semanas eu a havia levantado em vão. Eu, Mounier, e todos os homens honestos concluímos que o último esforço a fazer para o bem era sair dali. Nenhuma ideia de medo se aproximou de mim. Eu ficaria envergonhado se tivesse que me defender disso. No caminho, eu já tinha recebido de pessoas menos culpadas do que aquelas que estavam intoxicadas com a raiva, aclamações e aplausos, com as quais os outros teriam se sentido lisonjeados e que a mim, fazia-me estremecer. Eu cedi pela indignação, pelo horror e pelas convulsões físicas que somente a visão do sangue fazem surgir em mim. Quem desafia a morte uma vez, passa a desafiá-la várias vezes, sempre que ela for útil. Mas nenhum poder celeste, nenhuma opinião – pública ou privada – tem o direito de me condenar a sofrer inutilmente mil torturas por minuto, e morrer de desespero e de raiva em meio aos triunfos de cri-

Ainda que essa obra de nossa nova luz e conhecimento não tenha atingido a amplitude a que, com toda a probabilidade, estava destinada a percorrer, prefiro crer, porém, que tal tratamento dispensado a uma criatura humana deva estarrecer qualquer um, exceto aqueles que foram talhados para realizar Revoluções. Mas não posso me deter aqui. Influenciado pelos sentimentos inatos de minha natureza e não sendo iluminado por um único raio dessa luz moderna recém-criada, confesso-lhe, Senhor, que a alta condição das vítimas, e particularmente o sexo, a beleza e as amáveis qualidades dos descendentes de tantos reis e imperadores, juntamente com a tenra idade dos infantes reais, insensíveis unicamente pela infância e inocência aos ultrajes cruéis a que seus pais eram expostos, em vez de ser motivo de exultação, acresce não pouco daquela mais melancólica ocasião à minha sensibilidade.

Soube que a augusta personagem, principal objeto do triunfo do nosso pregador, apesar de ter se contido, sofreu muito naquela vergonhosa ocasião. Como homem, coube-lhe sofrer por sua esposa, seus filhos e pelos fiéis guardas de sua pessoa, que foram massacrados a sangue frio em sua frente. Como príncipe, coube-lhe sofrer pela estranha e assustadora transformação de seus civilizados súditos, e sentir-se mais lastimoso por eles do que por si próprio. Se seus sentimentos derrogam um pouco de sua coragem, acrescentam infinitamente à honra de sua humanidade. Lamento muito dizê-lo, muito mesmo, que esses personagens encontram-se em uma situação em que não é impróprio de nossa parte louvar as virtudes dos grandes.

---

mes que eu fui incapaz de interromper. Eles vão me expulsar, eles vão confiscar meus bens. Vou trabalhar a terra, e nunca mais os verei. Essa é a minha justificação. Você poderá lê-la, exibi-la, permitir que ela seja copiada; tanto pior para aqueles que não a compreenderem, não serei mais eu quem estará cometendo um erro depois de entregar a eles."

Esse militar não tinha os nervos de nosso pacífico cavalheiro de *Old Jewry* – Veja a narrativa do Senhor Mounier desses eventos; também ele um homem honrado, virtuoso e talentoso e, portanto, um fugitivo.

(*) À época, o Senhor Mounier era o porta-voz da Assembleia Nacional. Desde então, foi obrigado a viver no exílio, em que pese ter sido um dos mais firmes defensores da liberdade.

75. Jean-Joseph Mounier (1758-1806), constitucionalista de Grenoble eleito representante do Terceiro Estado do Delfinado nos Estados Gerais, destacou-se como um dos membros mais ativos da Revolução no interior do campo patriótico, participando ativamente na constituição da Assembleia Nacional Constituinte e na proposição, discussão e redação da *Declaração dos Direitos do Homem e do Cidadão* de 26.8.1789. As derrotas políticas na Assembleia Nacional – Mounier e seus colegas *monarquianos* eram favoráveis a uma monarquia com direito de veto absoluto e a um sistema representativo bicameral, com uma Câmara dos Comuns e um Senado –, somadas às jornadas de outubro que culminaram na transferência da família real e da Assembleia a Paris, levaram-no a abrir mão de seu mandato (15.11.1789) e, posteriormente, a emigrar, no início de 1790. (N.T.)

Soube, e fiquei feliz por saber, que a grande dama, o outro objeto do triunfo, suportou aquele dia (interessa-nos saber que os seres destinados ao sofrimento são capazes de suportá-lo dignamente) e, nos dias subsequentes, a detenção de seu marido, seu próprio cativeiro, o exílio de seus amigos, a insultante adulação dos discursos e todo o peso de seus erros acumulados, com uma serena paciência, de uma maneira adequada à sua classe e condição, condizente com a filha de uma soberana que se distinguia por sua coragem e piedade; e que, como sua mãe, tem sentimentos elevados; que sente as coisas com a dignidade de uma matrona romana; que, em último extremo, salvar-se-á da última ignomínia e que, se tiver de cair, não cairá sob uma mão ignóbil.

Faz agora 16 ou 17 anos que vi a rainha da França, então delfina, em Versalhes; e certamente jamais fulgurou sob esta orbe, que ela mal parecia tocar, visão mais encantadora. Eu a vi logo acima do horizonte, decorando e alegrando a elevada esfera na qual mal começava a se mover – reluzente como a estrela da manhã, cheia de vida, esplendor e alegria. Oh! Que Revolução! E que coração hei de ter para contemplar sem comoção aquela elevação e aquela queda! Como poderia imaginar que, enquanto acrescentava títulos de veneração aos do amor entusiástico, distante e respeitoso, algum dia ela seria obrigada a esconder em seu peito o pungente antídoto contra a desonra! Quando poderia imaginar que viveria para ver tais desgraças desabarem sobre ela em uma nação de homens galantes, em uma nação de homens honrados e cavalheiros! Pensava que 10 mil espadas saltariam de suas bainhas para vingar até mesmo um olhar que a ameaçasse com um insulto. Mas a idade da cavalaria já passou. Foi sucedida pela dos sofistas, economistas e calculadores; e a glória da Europa está extinta para sempre. Nunca mais contemplaremos aquela generosa lealdade à posição e ao sexo, aquela orgulhosa submissão, aquela obediência digna, aquela subordinação do coração, que, mesmo na própria servidão, mantinham vivo o espírito de uma exaltada liberdade. Foram-se a graça inata da vida, a defesa gratuita das nações, o berço dos sentimentos viris e de empreendimentos heroicos! Foram-se a delicadeza dos princípios e a castidade da honra, que sentiam a mácula como uma ferida, que inspiravam coragem enquanto mitigavam a ferocidade, que enobreciam tudo o que tocavam, e sob as quais o próprio vício, destituindo-se de toda a vulgaridade, perdia metade de sua malignidade.

Esse sistema misto de opinião e sentimento teve sua origem na antiga cavalaria; e o princípio, embora diversificado em sua aparência pelo variável estado dos assuntos humanos, subsistiu e influenciou uma longa sucessão de gerações até a nossa era, inclusive. Se algum dia ele se extinguir, receio que a perda será demasiado grande. Foi ele que conferiu à Europa moderna o seu caráter. Foi ele que a distinguiu sob todas as suas formas de governo, e a distinguiu, com vantagem, dos estados da Ásia e, possivelmente, dos Estados que floresceram nos períodos mais brilhantes do mundo antigo. Foi ele que, sem confundir as ordens, produziu uma nobre igualdade e a distribuiu por todas as gradações da vida social; e que, moderando os reis, estabeleceu entre eles e seus vassalos uma relação de camaradagem. Sem recorrer à força e sem encontrar oposição, domou a ferocidade do orgulho e do poder; obrigou os soberanos a submeterem-se ao jugo suave da estima social; compeliu a autoridade severa a sujeitar-se à elegância e permitiu que a prepotência, destruidora das leis, fosse subjugada pelas maneiras.

Todavia, tudo irá mudar agora. Todas as agradáveis ilusões, que tornavam o poder suave e a obediência liberal, que harmonizavam os diferentes tons da vida e que, mediante uma branda assimilação, incorporavam à política os sentimentos que embelezam e suavizam a sociedade privada, serão dissolvidas por este novo e conquistador império da luz e da razão. Toda a vestimenta decente da vida deverá ser rudemente rasgada. Todas as ideias sobrepostas guarnecidas pelo guarda-roupa de uma imaginação moral, ideias próprias ao coração e que a inteligência ratifica como necessárias para encobrir os defeitos de nossa natureza nua e trêmula, e para elevá-la à dignidade de nossa estima, deverão ser abandonadas como ridículas, absurdas e antiquadas.

Nessa nova ordem de coisas, um rei é apenas um homem; uma rainha, apenas uma mulher; uma mulher, apenas um animal, e não o de uma ordem muito elevada. Toda homenagem prestada ao gênero feminino sem distinção, como tal e sem outros desígnios, deve ser encarado como romance e loucura. Regicídio, parricídio e sacrilégio são apenas ficções da superstição, corrompendo a jurisprudência ao destruir sua simplicidade. O assassinato de um rei, de uma rainha, de um bispo ou de um pai são apenas homicídios comuns; e, se porventura o povo obtiver proveito com eles, tornam-se uma espécie de homicídio extremamente perdoável, o qual não deveríamos submeter a um escrutínio demasiado severo.

De acordo com o sistema dessa filosofia bárbara, tão oca de uma sólida sabedoria quanto destituída de todo gosto, elegância e fruto de corações frios e inteligências enlameadas, as leis devem ser mantidas apenas por seus próprios terrores, e pela importância que as suas próprias especulações ou os seus interesses privados possam permitir a cada cidadão atribuir-lhes. Nos bosques de *sua* academia e em tudo o que a vista pode alcançar, não se vê nada além de cadafalsos. Nada restou do que possa atrair a afeição da nação. Segundo os princípios dessa filosofia mecânica, nossas instituições nunca podem ser encarnadas, se me for lícito usar a expressão, em pessoas, de modo a suscitar em nós os sentimentos de amor, veneração, admiração ou apego. Mas essa espécie de razão que bane as afeições é incapaz de substituí-las. Essas afeições públicas, combinadas com as boas maneiras, às vezes são exigidas como suplementares, em outras, como corretivos, mas sempre como auxiliares da lei. O preceito dado por um homem sábio e grande crítico para a construção de poemas é igualmente válido em relação aos Estados: *Non satis est pulchra esse poemata, dulcia sunto.*[76] Deve haver um sistema de costumes em toda nação com que toda mente bem formada estivesse disposta a apreciar. Para que amemos nosso país, o mesmo deve ser digno de nosso amor.

O poder, contudo, de um tipo ou de outro, sobreviverá ao choque no qual os costumes e opiniões perecem, e encontrará outros e piores meios para o seu sustento. A usurpação, que destruiu antigos princípios a fim de subverter antigas instituições, conservará o poder por meios semelhantes àqueles pelos quais o adquiriu. Quando estiver extinto o velho espírito feudal da cavalaria, da *lealdade,* que, ao libertar os reis do medo, liberou tanto os reis quanto os súditos das precauções da tirania, as conspirações e os assassinatos serão antecedidos por assassínio e confisco preventivos, e por aquele longo rol de máximas lúgubres e sangrentas que formam o código político de todo o poder que não repousa em sua própria honra, nem na honra daqueles que lhe devem obediência. Os reis serão tiranos pela política quando os súditos forem rebeldes por princípio.

É impossível estimar a perda resultante da supressão das antigas opiniões e regras da vida. A partir desse momento, não há bússola que nos guie, nem podemos saber claramente a que porto rumar. Tomada em seu conjunto, a Europa indubitavelmente estava em uma condição florescente quando a Revolução Francesa se completou. Não é fácil dizer o quanto esse estado de prosperidade se devia ao espírito de nossos velhos costumes e opiniões; mas, como tais causas não podem ser indiferentes em sua operação, devemos presumir que, no todo, sua ação foi benéfica.

Estamos demasiado inclinados a considerar as coisas no estado em que as encontramos, sem ponderar suficientemente sobre as causas pelas quais foram produzidas e que devem possivelmente preservá-las. Nesse nosso mundo europeu, nada é mais certo de que nossa civilização, nossos costu-

---

76. Horácio, *Arte Poética*, p. 99: "Não basta que um poema seja belo; /É preciso que seja suave". (N.T.)

mes, e todas as boas coisas que dele decorrem, dependeram durante séculos de dois princípios; e resultaram, sem dúvida, da combinação de ambos: aludo ao espírito do cavalheirismo e ao espírito da religião. A nobreza e o clero, um por profissão, o outro por patronato, mantiveram vivo o conhecimento, mesmo em meio às armas e confusões, quando ainda não se haviam formado os governos. A ciência devolveu à nobreza e ao clero o que havia recebido deles, e pagou-o com juros, ampliando suas ideias e enriquecendo suas mentes. Quão afortunados seriam se todos tivessem continuado a conhecer sua união indissolúvel e seus respectivos lugares! Quão afortunados seriam se a ciência, ainda não corrompida pela ambição, tivesse ficado satisfeita em continuar como instrutora e não aspirasse a ser a senhora! Pois agora, juntamente com os seus protetores e guardiões, a ciência será atirada ao lodo e pisoteada pelos cascos de uma suína multidão.[77-78]

Se, como suspeito, as letras modernas devem mais do que estão dispostas a reconhecer aos antigos costumes, assim também lhe devem os outros interesses que não deixamos de avaliar por seu justo valor. Mesmo o comércio, a manufatura e a indústria, os deuses de nossos políticos econômicos, talvez sejam apenas suas criaturas, apenas os efeitos que escolhemos venerar como causas primeiras. Eles certamente cresceram sob a mesma sombra na qual a ciência floresceu. E podem, portanto, decair juntamente com os princípios que são seus protetores naturais. Entre vós, pelo menos no presente momento, todos eles arriscam desaparecer simultaneamente. Quando a um dado povo faltam o comércio e a indústria, mas restam-lhe o espírito de nobreza e de religião, o sentimento preenche, e nem sempre com insuficiência, o lugar deles; mas, se o comércio e as artes se perdem em

---

77. Veja o destino de Bailly e de Condorcet, aos quais se supõe que se esteja aludindo aqui. Compare as circunstâncias do julgamento e da execução do primeiro com este vaticínio.

78. Jean-Sylvain Bailly (1736-1793), matemático, astrônomo, prefeito de Paris durante a primeira fase da Revolução e presidente da Constituinte, preso e condenado à morte pelo Tribunal Revolucionário em novembro de 1793, pela acusação de ter ordenado o fuzilamento dos manifestantes pró-republicanos pela guarda nacional no Campo de Marte, em 17 de julho de 1791. / Jean Antoine-Nicolas de Caritat, o marquês de Condorcet (1743-1794), filósofo, matemático, e membro da Academia de Ciências, foi deputado tanto da Assembleia Legislativa – onde se distinguiu pela defesa precoce do republicanismo, dos direitos políticos das mulheres e da abolição da escravidão negra –, como da Convenção Nacional. Após tecer duras críticas à Constituição "Montanhesa" de 1793 (a qual jamais seria adotada), Condorcet, que já se opusera à execução do rei durante o julgamento deste último, e tinha seu nome associado aos Girondinos (proscritos nas jornadas revolucionárias de 31 de maio – 2 de junho de 1793), foi julgado e condenado como traidor por iniciativa dos líderes Montanheses, em outubro de 1793. Todavia, antes de ser capturado e de cometer suicídio por envenenamento em sua cela (em 28 de março de 1794), o filósofo teve tempo para redigir seu *Esboço de um quadro histórico dos progressos do espírito humano* (1794). (N.T.)

uma experiência cuja finalidade consiste em descobrir o quanto um Estado pode manter-se bem sem esses velhos princípios fundamentais, o que há de ser de uma nação de bárbaros grosseiros, estúpidos, ferozes e, ao mesmo tempo, pobres e sórdidos, desprovidos de religião, honra ou hombridade, nada possuindo no presente e a nada aspirando do porvir?

Gostaria que os senhores não estivessem se precipitando, e pelo atalho mais curto, em direção a essa situação horrível e repulsiva. Em todos os atos da Assembleia, e de todos os homens que a inspiram, já é possível divisar uma pobreza de concepção, uma grosseria e uma vulgaridade. Sua liberdade não é liberal. Sua ciência é ignorância presunçosa. Sua humanidade é selvagem e brutal.

Não está claro se na Inglaterra aprendemos com vocês esses nobres e decorosos princípios, essas maneiras das quais ainda restam consideráveis vestígios, ou se os senhores os tomaram de nós. Mas creio que os rastreamos melhor nos senhores. Os senhores me parecem ser *gentis incunabula nostrae*.[79] A França sempre influenciou, ora mais, ora menos, os costumes na Inglaterra; e, quando sua fonte é obliterada ou poluída, sua corrente não circulará por muito tempo, ou circulará poluída entre nós e, talvez, entre as demais nações. É isso o que, em minha opinião, faz com que a Europa se interesse de um modo tão próximo e intenso pelos últimos acontecimentos na França. Perdoe-me, portanto, se me alonguei em excesso no espetáculo atroz de 6 de outubro de 1789, ou se dei demasiada extensão às reflexões que me vieram à mente por ocasião da mais importante de todas as revoluções que puderam ser datadas daquele dia, isto é, uma revolução dos sentimentos, dos costumes e das opiniões morais. No estado atual das coisas, em que tudo o que é respeitável está destruído ao nosso redor, e, dentro de nós, ameaça-se com destruição todos princípios de respeito, é-se quase forçado a pedir desculpas por abrigar os sentimentos comuns dos homens.

Por que me sinto tão diferente do Reverendíssimo Doutor Price, e daqueles de seu rebanho leigo, que decidirão adotar os sentimentos de seu discurso? Pela simples razão de que é *natural* que eu me sinta assim; porque somos feitos de forma a ter, diante de tais espetáculos, sentimentos melancólicos sobre a instável condição da propriedade e sobre a imensa incerteza da grandeza humana; porque tiramos grandes lições destes sentimentos naturais; porque em acontecimentos como estes nossas paixões instruem nossa razão; porque quando reis são arremessados de seus tronos pelo Supremo Diretor desse grande drama, tornando-se objetos de insulto para

---

79. Virgílio, *Eneida*, III, p. 105: "O berço de nosso povo". (N.T.)

os vis e de piedade para os bons, contemplamos esses desastres na ordem moral das coisas como contemplaríamos um milagre na ordem natural. Nossos alarmes nos levam a refletir; nossas mentes (como há muito já foi observado) purificam-se pelo terror e pela piedade; nosso orgulho frágil e irrefletido humilha-se sob os golpes de uma sabedoria misteriosa. Poder-se-iam extrair algumas lágrimas de mim se tal espetáculo fosse exibido em algum palco. Sentir-me-ia verdadeiramente envergonhado por descobrir em mim mesmo aquele senso superficial e teatral de aflição maquiada, ao passo que poderia exultar com ela na vida real. Com uma mente tão pervertida, jamais aventurar-me-ia a expor minha face em uma tragédia. Julgariam que as lágrimas que me foram arrancadas anteriormente por Garrick, ou, não faz muito tempo, por Siddons,[80] eram as lágrimas de hipocrisia; quanto a mim, saberia que teriam sido lágrimas de um louco.

Com efeito, o teatro é uma melhor escola de sentimentos morais do que as igrejas, onde os sentimentos de humanidade são assim ultrajados. Os poetas, que têm de lidar com um público ainda não graduado na escola dos Direitos do Homem, e devem se dedicar à constituição moral do coração, não ousariam produzir semelhante triunfo como uma matéria de exultação. Nesses recintos, onde os homens seguem seus impulsos naturais, eles não tolerariam as máximas odiosas de uma política maquiavélica, quer se apliquem à obtenção de uma tirania monárquica ou democrática. Seus espectadores rejeitá-las-iam no palco moderno, como um dia o fizeram no antigo, onde não se suportava nem mesmo a proposição hipotética de semelhante perversidade na boca de um tirano, embora fosse adequada ao personagem representado. Os atenienses jamais suportariam em seus palcos a tragédia real daquele dia triunfal: um ator principal pesando, como se fossem balanças suspensas em uma loja de horrores – tanto de crime efetivo contra tanto de vantagens contingentes –, e declarando, depois de tirar e colocar os pesos, que a balança pendera para o lado das vantagens. Não suportariam ver listados, como em um livro de registros, os crimes da nova democracia contra os crimes do velho despotismo, e os guarda-livros da política considerando a democracia ainda em débito, mas em nenhuma hipótese incapaz de pagar o saldo, ou recalcitrante a fazê-lo. No teatro a intuição mostraria, dispensando qualquer processo de raciocínio elaborado, que esse método de cálculo político justificaria todos os crimes, não importando sua extensão. Com base nesses princípios, viram que mesmo

---

80. David Garrick (1717-1779), ator, produtor e diretor teatral inglês; e Sarah Siddons (1755-1831), a maior atriz dramática dos palcos ingleses na época de Burke. (N.T.)

onde os piores atentados ainda não haviam sido perpetrados, isso se devia mais à fortuna dos conspiradores do que à sua parcimônia no dispêndio do sangue e da traição. Logo veriam que os meios criminosos, uma vez tolerados, tornam-se rapidamente preferidos, pois apresentam um caminho mais curto para o objetivo do que a estrada das virtudes morais. Ao justificar a perfídia e o assassinato em nome do benefício público, este último tornar-se-ia logo o pretexto, e a perfídia e o homicídio, o fim; até que a voracidade, a malícia, a vingança e o medo mais terrível que a vingança pudessem apaziguar seus apetites insaciáveis. Essas devem ser as consequências da perda, no esplendoroso triunfo dos Direitos do Homem, de todo o senso natural do certo ou errado.

Todavia, o Reverendíssimo pastor exaltou-se nessa "condução em triunfo" porque Luís XVI foi verdadeiramente um "monarca arbitrário"; isto é, em outras palavras, nem mais nem menos porque ele era Luís XVI e teve a desventura de nascer rei da França, com as prerrogativas que recebeu, sem nada haver feito para tal, de uma grande linhagem de ancestrais e de uma longa aquiescência do povo. Tornou-se-lhe, de fato, um infortúnio ter nascido rei da França. Mas infortúnio não é crime, assim como a imprudência não é a maior das culpas. Nunca acreditarei que um príncipe, cujos atos de um reinado inteiro foram uma série de concessões a seus súditos, e que se dispunha a relaxar a sua autoridade, a reduzir suas prerrogativas e a conclamar seu povo a uma parte da liberdade ignorada, talvez nem sequer desejada por seus ancestrais; que tal príncipe, embora sujeito às fraquezas comuns aos homens e aos príncipes, embora tivesse uma vez considerado necessário fazer uso da força contra os desígnios desesperados manifestamente tramados contra a sua pessoa e o que lhe restava de autoridade; ainda que tudo isso fosse levado em consideração, teria muita dificuldade em admitir que ele merece o cruel e insultante triunfo de Paris, e do Doutor Price. Temo pela causa da liberdade ao ver semelhante exemplo dado aos reis. Tremo pela causa da humanidade ante as atrocidades impunes dos tipos mais cruéis da espécie humana. Há, contudo, algumas pessoas – daquele tipo de mente baixa e degenerada – que erguem os olhos com uma espécie de terror e admiração complacente para reis que sabem se manter firmes em seus tronos, governar os súditos com uma mão rígida, afirmar suas prerrogativas e proteger-se, pela desperta vigilância de um despotismo severo, das primeiras aproximações da liberdade. Contra monarcas desse tipo, tais pessoas nunca erguem a voz. Desertores dos princípios, mercenários da fortuna, nunca veem algum bem na virtude sofredora, nem crime algum na próspera usurpação.

Se pudesse ter ficado claro para mim que o rei e a rainha da França (isto é, os que como tal se apresentavam, antes do triunfo) eram tiranos inexoráveis e cruéis, ou que haviam planejado deliberadamente um esquema para massacrar a Assembleia Nacional (creio ter visto insinuações deste tipo em certas publicações), julgaria seu cativeiro justo. Se isso fosse verdade, muito mais deveria ter sido feito, mas feito, a meu ver, de uma outra maneira. A punição dos verdadeiros tiranos é um ato de justiça nobre e terrível, do qual já se disse, com razão, ser ele consolador para a mente humana. Mas, se tivesse de punir um rei perverso, levaria em consideração a dignidade do castigo a ser dado a um crime. A justiça é grave e decorosa e, em suas punições, parece submeter-se antes à necessidade do que a uma escolha. Tivessem sido Nero, Agripina, Luís XI ou Carlos IX[81] o objeto do julgamento; se Carlos XII da Suécia, após o assassinato de Patkul, ou sua predecessora Cristina, após o assassinato de Monaldeschi, tivessem caído nas mãos do Senhor, ou nas minhas, tenho certeza de que nossa conduta teria sido bem diferente.[82]

Se o rei francês, ou o rei dos franceses (ou como quer que o chamem pelo novo vocabulário de sua Constituição), realmente mereceu em sua própria pessoa, e na de sua rainha, essas tentativas de assassinato inconfessas e impunes, ou aquelas subsequentes indignidades mais cruéis que o assassinato, essa pessoa não seria merecedora sequer daquele mandato executivo subordinado que, entendo, deverá ser-lhe atribuído; nem seria digno de ser chamado de chefe de uma nação que ultrajou e oprimiu. Em uma nova república, não se poderia fazer pior escolha que a de um tirano deposto para o exercício desse cargo. Mas vilipendiar e insultar um homem como o pior dos criminosos, e em seguida, confiar-lhe o cuidado de seus negócios mais elevados como um servidor fiel, honesto e zeloso, não é lógico como raciocínio, prudente como política ou seguro como prática. Tal indicação seria, da parte dos que a fizeram, a traição de confiança mais flagrante já cometida contra um povo. Como esse é o único crime em que

---

81. Breve catálogo burkeano de soberanos ambiciosos e inescrupulosos: Agripina, nobre romana, acusada de envenenar seu marido, o imperador Claudio (entre 41-54), descrita pelos relatos antigos e modernos como ambiciosa, implacável e dominadora; Nero, imperador romano entre 54-68, célebre pelas perseguições aos cristãos e pelo suposto matricídio de Agripina, sua mãe; Luís XI (1423-1483), rei francês, conspirou (sem sucesso) contra seu pai, o rei Carlos VII, e atacou o poder dos grandes vassalos do reino, como o de seu tio, René d'Anjou; Carlos IX (1550-1574), penúltimo rei da dinastia Valois, responsável pela morte dos protestantes no massacre de São Bartolomeu (24.8.1572). (N.T.)

82. Johan Reinhold Patkul (1660-1707), agitador livoniano de origem nobre, acusado de traição e executado a mando de Carlos XII da Suécia; e Gian Renaldo Monaldeschi, nobre italiano, grande escudeiro e confidente da rainha Cristina da Suécia, que ordenou seu assassinato no castelo de Fontainebleau, em 1657, durante sua segunda visita à França. (N.T.)

seus líderes políticos poderiam ter agido inconsequentemente, concluo que não há base para essas horrendas insinuações contra o rei. Nada penso de melhor de todas as outras difamações.

Na Inglaterra, não lhes damos crédito algum. Somos inimigos generosos e aliados fiéis. Rechaçamos, com repulsa e indignação, as calúnias dos que nos trazem suas anedotas com o atestado da flor-de-lis no ombro. Temos Lorde George Gordon[83] encarcerado em Newgate;[84] e nem o fato de ele fazer um proselitismo público do judaísmo, nem o de ter incitado, em seu zelo contra os padres católicos e todo tipo de eclesiásticos, uma malta (perdoe-me o termo, mas ainda está em uso por aqui) que demoliu nossas prisões, preservaram-lhe uma liberdade da qual não se mostrou digno por não tê-la usado virtuosamente. Reconstruímos Newgate e instalamos seus inquilinos. Temos prisões quase tão fortes quanto a Bastilha para os que ousam difamar as rainhas da França. Que esse nobre difamador permaneça em retiros espirituais deste tipo! Deixem-no lá meditando sobre o seu Talmude, até que aprenda a ter uma conduta mais adequada a seu berço e dotes, e não tão vergonhosa para a antiga religião da qual ele se tornou um prosélito; ou até que algumas pessoas do seu lado do Canal, para agradar a seus novos irmãos hebreus, paguem por seu resgate. Poderá então adquirir, com os velhos tesouros da sinagoga, e com uma mísera comissão sobre longos juros acumulados das 30 moedas de prata (e o Doutor Price já nos mostrou quantos milagres os juros acumulados realizarão na década de 1790), as terras que, segundo descobertas recentes, foram usurpadas pela Igreja Galicana. Enviem-nos seu Arcebispo papista de Paris que nós lhes mandaremos nosso Rabino protestante. Trataremos a pessoa que os senhores nos enviaram em troca como um cavalheiro e um homem honesto, o que ele de fato é; mas, por favor, deixem-no trazer consigo o capital de sua hospitalidade, liberalidade e caridade; e estejam certos de que nunca confiscaremos

---

83. George Gordon (1750-1793), membro da Câmara dos Comuns que ficou marcado por sua independência e tom grosseiro em relação aos seus colegas *whigs* e *tories* do Parlamento, bem como pela liderança na maior revolta popular londrina do século XVIII (durante a qual a residência de Burke correu sério perigo), razão pela qual teve seu nome vinculado ao fenômeno conhecido como *Gordon riots* (uma reação violenta das associações protestantes em 1780 contra o *Catholic Rerlief Act*, votada em 1778). Absolvido da acusação de alta traição, Gordon foi excomungado pelo arcebispo de Canterbury e condenado à prisão, em 1788, por haver escrito um libelo injurioso contra a rainha francesa Maria Antonieta e o embaixador francês em Londres. Escapou à prisão e tentou refugiar-se na Holanda – onde se converteu ao judaísmo –, mas foi extraditado e encerrado novamente em Newgate, onde foi executado em novembro de 1793. Consta que antes da execução teria entoado o cântico símbolo da Revolução Francesa, o *Ça Ira!* (N.T.)

84. Antiga prisão de Londres construída no século XII e demolida em 1904. (N.T.)

um xelim daquele fundo honrado e pio, nem pensaremos em enriquecer o tesouro com os despojos das caixas de esmolas de suas igrejas.

Para dizer-lhe a verdade, meu caro Senhor, penso que a honra de meu país está um tanto envolvida no repúdio aos procedimentos dessa sociedade de *Old Jewry* e da Taverna de Londres. Não tenho procuração de ninguém; falo só por mim mesmo quando repudio, e com a maior sinceridade possível, toda comunhão espiritual com os autores daquele triunfo ou com seus admiradores. Quando lhe assevero algo a mais a respeito do povo da Inglaterra, baseio-me na observação, não na autoridade; mas falo em nome daquela experiência que adquiri da comunicação extensa e variada com os habitantes de todas as categorias e de todos os níveis deste reino, e após o decurso de uma atenta observação, iniciada desde muito cedo e continuada ao longo de quase 40 anos. Considerando que estamos separados apenas por um estreito canal de cerca de 24 milhas, e que o mútuo intercâmbio entre os dois países tem sido muito grande ultimamente, surpreendi-me amiúde ao constatar quão pouco vocês parecem conhecer-nos. Suspeito que isso se deva a terem formado um julgamento sobre esta nação a partir de certas publicações que representam – se é que representam algo – muito equivocadamente as opiniões e disposições geralmente predominantes na Inglaterra. A vaidade, a agitação, a petulância e o espírito de intriga de várias cabalas insignificantes, que buscam esconder sua total inconsequência com ruído, alvoroço, jactância e citação mútua, fazem-nos crer que nossa negligência desdenhosa por suas habilidades representa uma marca de aquiescência geral com suas opiniões. Asseguro-lhe de que isso não existe. Porque meia dúzia de gafanhotos sob uma samambaia faz o campo vibrar com seu inoportuno zumbido, enquanto milhares de cabeças de gado, repousando sob a sombra do carvalho inglês, ruminam em silêncio, por favor não imagine que os que fazem barulho são os únicos habitantes do campo; ou que, logicamente, estejam em grande número; ou ainda, que sejam outra coisa além de minúsculos, esquálidos, saltitantes – embora ruidosos e problemáticos – insetos efêmeros.

Quase atrevo-me a afirmar que, entre nós, não há um só homem em cada cem que participe do "triunfo" da Sociedade da Revolução. Se, em caso de guerra, na mais acerba de todas hostilidades, o rei e a rainha da França, e seus filhos, viessem a cair em nossas mãos, os mesmos seriam tratados com outra espécie de entrada triunfal em Londres. Já tivemos um rei da França nessa situação; o senhor leu como ele foi tratado pelo vencedor no campo de batalha e de que maneira foi recebido posteriormente na Inglaterra. Embora tenham se passado 400 anos, não creio que tenhamos mudado substancialmente desde então. Graças à nossa tenaz resistência à inovação, à fria indolência de nosso caráter nacional, ainda carregamos a estampa de nossos antepassados. Creio não termos perdido a generosidade e dignidade de pensamento do século XIV, e, até o presente, não nos transformamos, por força de sutilezas, em selvagens. Não somos os convertidos de Rousseau ou os discípulos de Voltaire; Helvétius[85] não teve sucesso entre nós. Nossos pregadores não são ateus, assim como nossos legisladores não são loucos. Sabemos que *nós* não fizemos descoberta alguma, e julgamos que não há descobertas a serem feitas na esfera da moral, nem tampouco no campo dos grandes princípios do governo e das ideias de liberdade, que foram compreendidos bem antes de nascermos e que continuarão a sê-lo bem após que a terra de nossas sepulturas se eleve sobre nossa presunção e o silêncio do sepulcro tiver imposto sua lei à nossa petulante loquacidade. Na Inglaterra, ainda não fomos completamente esvaziados de nossas entranhas naturais; sentimos ainda dentro de nós, nutrimos e cultivamos, aqueles sentimentos inatos que são os guardiães fiéis e os supervisores ativos de nosso dever, bem como os verdadeiros esteios de toda moral liberal e viril. Não fomos abertos e costurados, a fim de podermos ser recheados, como pássaros embalsamados de museus, com palhas, trapos e irrisórias tiras de papel borradas com os Direitos do Homem. Preservamos o conjunto de nossos sentimentos ainda nativos e inteiros, incólumes à sofisticação do pedantismo e da infidelidade. Verdadeiros corações de carne e sangue batem em nossos peitos. Temermos a Deus; olhamos com admiração ao reis, com afeição aos parlamentos, com submissão aos magistrados, com reverência aos sa-

---

85. Jean-Jacques Rousseau (1712-1778), autor do *Discurso sobre as origens e os fundamentos da desigualdade entre os homens* (1755), *Do Contrato Social, Emílio* (ambos publicados em 1762), entre outros, caracterizado por Burke em sua *Letter to a member of the National Assembly* como o principal mestre ou "professor" dos revolucionários franceses – sobretudo por meio de sua obra *Júlia ou Nova Heloísa* (1761) –, o filósofo responsável por subverter os sentimentos, os gostos e a moral dos franceses (especialmente entre os jovens e as mulheres) por intermédio de um sistema filosófico que, desprovido de qualquer traço da elegância e do galanteio cavalheiresco, caracterizava-se pela defesa do nivelamento social e pelo elogio sentimental da vaidade. A atitude hostil de Burke *vis-à-vis* Rousseau poderia ser resumida pela seguinte frase que remete à entrega, pelo "cidadão de Genebra", de seus filhos ao orfanato: "Amigo do gênero humano, inimigo de seus próprios filhos" (*Letter to a member of the National Assembly*, op. cit., p. 272). Já Voltaire (1694-1778), cuja defesa da tolerância religiosa foi acompanhada pelo ataque sistemático e veemente ao cristianismo (e ao judaísmo), e Claude-Adrien Helvétius (1715-1771), cuja obra *De l'esprit* (1758) radicalizou os pressupostos sensualistas e materialistas da teoria do conhecimento lockeano e foi condenada pelo papa Clemente XIII, serão descritos na mesma *Letter to a member of the National Assembly* como os auxiliares dos déspotas franceses, os quais, para governar tranquilos e sem o expediente do terror, pretendiam extirpar a religião dos corações dos homens – pois a religião, segundo Burke, era a fonte de toda a coragem, inclusive a cívica (*Letter to a member of the National Assembly*, op. cit., p. 276). (N.T.)

cerdotes e com respeito à nobreza.[86] Por quê? Porque quando essas ideias aparecem diante de nós, é *natural* experimentarmos esses sentimentos; pois todos os demais sentimentos são falsos e espúrios, e tendem a corromper nossas mentes, a viciar os fundamentos de nossa moral, a nos incapacitar para a liberdade racional e a nos ensinar uma insolência servil, licenciosa e desleixada que nos sirva de diversão vulgar durante alguns dias de folga, tornando-nos perfeitamente aptos à escravidão que, com justiça e para o resto de nossas vidas, merecemos.

Observe, Senhor, como sou suficientemente audaz para confessar nesta época ilustrada que somos geralmente homens de sentimentos naturais; que, em vez de prescindir de nossos velhos preconceitos, nós os cultivamos em um grau muito considerável e, para nossa maior vergonha, nós os cultivamos porque são preconceitos, de modo que quanto mais tenham durado e mais tenham prevalecido, tanto mais os cultivamos. Tememos colocar os homens para viver e negociar cada qual com o seu estoque particular de razão, pois suspeitamos que o fundo de cada homem é pequeno, e que os indivíduos fariam melhor aproveitando-se do capital do banco geral das nações e dos séculos. Muitos de nossos filósofos, em vez de desacreditarem os preconceitos gerais, empregam sua sagacidade em descobrir a sabedoria latente que eles encerram. Se encontram o que buscam (e raramente falham), consideram mais sensato continuar com o preconceito, juntamente com a razão que o envolve, do que, prescindindo desta capa, deixar a razão nua; porque o preconceito torna a razão ativa e, pela afeição que lhe inspira, confere-lhe permanência. O preconceito é de aplicação imediata em casos de emergência; dispõe previamente a mente a um curso constante de sabedoria e de virtude, não permitindo que o homem, no momento da decisão, fique hesitante, cético, confuso e indeciso. O preconceito converte virtude de um homem no seu hábito, e não em uma série de atos isolados entre si. Graças a um preconceito justo, seu dever torna-se parte de sua natureza.

Seus homens de letras e políticos, assim como todo o clã dos iluminados e esclarecidos entre nós, diferem essencialmente nesses pontos. Não têm respeito algum pela sabedoria alheia, mas têm, em contrapartida, uma excessiva confiança em sua sabedoria própria. Para eles, o fato de que uma ordem

---

86. Os ingleses são, em minha opinião, distorcidos em uma carta publicada por um cavalheiro que se considera um ministro dissidente. Escrevendo ao Dr. Price sobre o espírito predominante em Paris, diz: "O espírito do povo desse lugar aboliu todas as orgulhosas *distinções* que o *rei* e os *nobres* haviam usurpado; quer eles falem do *rei*, do *nobre* ou do *sacerdote*, toda a sua linguagem é a dos mais *esclarecidos* e *liberais entre os ingleses*". Se a intenção deste cavalheiro for a de limitar os termos *esclarecidos* e *liberais* a um grupo de homens na Inglaterra, isso pode ser verdade. Mas, de um modo geral, não o é.

de coisas seja velha é motivo suficiente para destruí-la. Quanto ao novo, não sentem nenhum tipo de preocupação em relação à duração de um edifício erguido às pressas, pois a duração não é objeto de preocupação para quem pensa que pouco ou nada foi feito antes de seu tempo e deposita todas as suas esperanças em descobertas. Concebem, sistematicamente, que todas as coisas que proporcionam perpetuidade são nocivas e, portanto, encontram-se em guerra irremissível contra todos os sistemas estabelecidos. Creem que o governo deveria mudar como a moda, e tão impunemente quanto ela; que nenhuma Constituição do Estado necessita de um princípio de solidariedade, além de um sistema de conveniência atual. Falam sempre como se fossem da opinião de que existe uma espécie singular de união entre eles e seus magistrados, que, obrigando o magistrado, nada tem de recíproco, a não ser um direito que a majestade do povo tem de dissolver o contrato em razão unicamente de sua vontade. Dedicam-se a seu país na medida em que isto for compatível com os seus projetos efêmeros; o amor à sua pátria começa e termina com aquele sistema político que se adapta à sua opinião momentânea.

Essas doutrinas, ou melhor, sentimentos, parecem prevalecer entre os novos homens públicos de seu país. São, todavia, completamente distintos daqueles que sempre seguimos na Inglaterra.

Ouço dizer que na França se afirma, vez por outra, que o que se faz entre os senhores se inspira no exemplo da Inglaterra. Peço permissão para afirmar que raramente algo feito entre os senhores originou-se da prática ou das opiniões prevalecentes deste povo, quer no ato quer no espírito dos procedimentos. Permita-me acrescentar que estamos tão pouco dispostos a receber essas lições da França quanto certos de que nunca as ensinamos àquela nação. Os conspiradores ingleses que de algum modo se envolvem em seus assuntos não passam, até o momento, de um punhado de pessoas. Se, infelizmente, por suas intrigas, seus sermões, suas publicações, e por uma confiança baseada em uma esperada união com os conselhos e as forças da nação francesa, eles conseguirem atrair à sua facção um grande número de pessoas e, consequentemente, tentarem seriamente imitar aqui o que se fez entre os senhores, o resultado será, aventuro-me a predizer-lhe, a obtenção de sua própria perdição tão logo tenham perturbado o seu país. O povo inglês recusou-se a alterar sua lei em épocas remotas por respeito à infalibilidade dos papas, e não a alterará hoje em respeito a uma fé implícita e cega no dogmatismo dos filósofos, por mais que os primeiros estivessem armados do anátema e da cruzada, e os últimos pudessem agir munidos da difamação e dos postes de iluminação.

Anteriormente, os assuntos dos senhores concerniam apenas aos senhores. Interessávamos por eles como homens, mas permanecíamos à distância pelo fato de não sermos cidadãos franceses. Mas, quando vemos o modelo que se nos apresenta como exemplo, devemos sentir como ingleses e, portanto, agir como ingleses. Seus assuntos, mesmo contra nossa vontade, tornaram-se parte de nossos interesses, nem que seja para ficarmos à distância de sua panaceia ou de sua praga. Se for uma panaceia, não a queremos; conhecemos as consequências dos medicamentos supérfluos. Se for uma peste, é de tal natureza que exige a mais severa quarentena a ser estabelecida contra ela.

Ouço dizer por toda a parte que um grupo de conspiradores, que se autodenominam filósofos, recebe a glória de muitos dos recentes acontecimentos; e que suas opiniões e sistemas são o verdadeiro espírito responsável por essas realizações. Nunca soube de nenhum partido inglês, literário ou político, em qualquer época, conhecido por semelhante descrição. Entre os senhores, esse partido não se compõe daqueles homens a quem o vulgo, em seu estilo rude e simplório, chama de ateus e infiéis, confere? Se for este o caso, admito que também tivemos escritores desse tipo: produziram algum barulho em seu tempo, mas repousam em duradouro esquecimento no momento. Quem, nascido nos últimos 40 anos, leu uma palavra de Collins, Toland, Tindal, Chubb, Morgan, e toda aquela raça que se intitulava livres-pensadores?[87] Quem, em nossos dias, lê Bolingbroke?[88] Quem, alguma vez, leu sua obra inteira? Perguntem aos livreiros de Londres o que se fez de todas essas luzes do mundo. Dentro de poucos anos, seus escassos sucessores irão para a cripta familiar de "todos os Capuletos".[89] Mas independente do que tenham sido ou são, entre nós, eles foram e são indivíduos completa-

---

87. Anthony Collins (1676-1729), autor do *Discourse of Freethinking* (*Discurso do Livre-Pensamento*, 1713); John Toland (1670-1722), autor do *Christianity Not Mysterious* (*Cristianismo Não Misterioso*, 1696); Matthew Tindal (1657-1733), cujo *The Rights of the Christian Church Asserted* (*Os Direitos Afirmados da Igreja Cristã*, 1706) foi queimado sob ordem da Câmara dos Comuns; Thomas Chubb (1679-1757), autor do *Discourse concerning Reason* (*Discurso sobre a Razão*, 1731); Thomas Morgan (1706-1743), autor de *The Moral Philosopher* (*O Filósofo Moral*, publicado anonimamente em 1737); todos conhecidos filósofos deístas ingleses, marcados pela defesa de uma abordagem racionalista da religião e do republicanismo como forma de governo. Para maiores informações, leia-se a magistral obra de Franco Venturi, *Utopia e Reforma no Iluminismo* (Bauru/SP: Edusc, 2003); em especial o cap. 2. (N.T.)

88. Henry Saint John, visconde de Bolingbroke (1678-1751), líder político *tory*, envolveu-se na rebelião Jacobita (1715) que tentou destronar o novo rei Jorge I e reinstalar a dinastia Stuart ao trono. Apesar do conteúdo irreligioso de seu pensamento, apoiava a Igreja Anglicana por razões políticas e práticas. Condenado por traição e ateísmo, emigra para a França, onde exerceu grande influência entre os homens de letras devido à sua amizade com Voltaire.

89. William Shakespeare, *Romeu e Julieta*, IV, i, p. 111-2. (N.T.)

mente isolados: conservaram a natureza comum de sua espécie, a de não serem gregários. Nunca agiram em corpo, nem ficaram conhecidos como um partido no Estado, nem presumiu-se que influenciassem, com esse nome ou qualidade, ou para os propósitos de uma tal facção, algum de nossos interesses públicos. Se deveriam existir de tal maneira, e assim terem a permissão para agir, trata-se de uma outra questão. Assim como essas cabalas não existiram na Inglaterra, tampouco seu espírito teve alguma influência na formação de nossa Constituição, ou em alguma das diversas emendas e melhorias que ela recebeu. Tudo isso se fez sob os auspícios e foi confirmado pelas sanções da religião e da piedade. O todo emanou da simplicidade de nosso caráter nacional e de uma espécie de clareza e retidão naturais do entendimento, que, por um longo período, caracterizaram os homens que sucessivamente obtiveram a autoridade entre nós. Esta disposição ainda perdura, pelo menos entre a grande massa do povo.

Sabemos e, o que é mais importante, sentimos intimamente que a religião é a base da sociedade e a fonte de todo bem e de todo consolo.[90-91] Na Inglaterra essa convicção chegou a tal ponto, que não há ferrugem de superstição com a qual o absurdo acumulado da mente humana poderia ter corroído a religião no curso dos séculos, que 99 entre 100 ingleses não a prefeririam à impiedade. Nunca seremos tolos o bastante a ponto de convocar um inimigo para penetrar o âmago de qualquer sistema para remover suas corrupções, suprir seus defeitos ou aperfeiçoar sua construção. Se nossos dogmas religiosos tivessem necessidade de ser melhor elucidados, não recorreríamos ao ateísmo para explicá-los. Não iluminaremos nosso templo com esse fogo ímpio, mas com outras luzes. Ele será perfumado com um incenso distinto daquele material infecto importado pelos contrabandistas de uma metafísica falsificada. Se nosso estabelecimento eclesiástico necessitasse ser revisto, não procederíamos pela ganância ou pela avareza, pública ou privada, para fazer o balanço, o recebimento ou a aplicação de

---

90. *Sit igitur hoc ab initio persuasum civibus, dominos esse omnium rerum ac moderatores, deos; eaque, quæ gerantur, eorum geri vi, ditione, ac numine; eosdemque optime de genere hominum mereri; et qualis quisque sit, quid agat, quid in se admittat, qua mente qua pietate colat religiones intueri; piorum et impiorum habere rationem. His enim rebus imbutæ mentes haud fane abhorrebunt ab utili et a vera sentencia.* Cic. *De Legibus* I. 2.

91. "Logo desde o princípio devemos incutir nos cidadãos que os deuses são os senhores e os governadores do universo, que nada se faz sem a ajuda de seu julgamento e de sua virtude divina, que são grandes benfeitores da Humanidade, que observam o caráter, as ações e a responsabilidade de cada um, assim como seus propósitos e sua piedade no cumprimento dos deveres religiosos, e que levam em conta os piedosos e os hereges. Mentes imbuídas destes princípios, pois, não terão por que recusar o que é verdadeiro e útil". (N.T.)

seus rendimentos consagrados. Sem condenar violentamente seja a crença grega, seja a armênia, seja ainda, uma vez que as chamas já amainaram, a crença romana, preferimos a crença protestante, não por pensarmos que ela contenha menos da religião cristã, mas porque, a nosso juízo, possui mais. Somos protestantes não por indiferença, mas por zelo.

Sabemos, para nosso orgulho, que o homem, por sua constituição, é um animal religioso; que o ateísmo é contrário não apenas à nossa razão, mas também aos nossos instintos, não podendo prevalecer por muito tempo. Todavia, se em um momento de tumulto e no delírio ébrio produzido pelo espírito ardente destilado no alambique infernal que ferve hoje furiosamente na França, devêssemos descobrir nossa nudez, rejeitando aquela religião cristã que, até agora, tem sido nosso motivo de orgulho e nosso consolo, assim como uma grande fonte de civilização entre nós e muitas outras nações, ficaríamos apreensivos (sabedores de que a mente não suportará o vazio) de que alguma superstição grosseira, perniciosa e degradante devesse tomar seu lugar.

Por esse motivo, antes de privar nosso estabelecimento religioso dos meios humanos naturais de estima e de entregá-lo ao desprezo, como os franceses o fizeram – incorrendo, assim, em castigos bem merecidos –, desejamos que algum outro nos seja mostrado em seu lugar. Só então formularemos nosso julgamento.

Com base nessas ideias, em vez de altercar com os cultos estabelecidos, como fazem alguns que elaboraram uma filosofia e uma religião da hostilidade *vis-à-vis* essas instituições, permanecemos estreitamente fiéis aos mesmos. Estamos decididos a manter uma Igreja estabelecida, uma aristocracia estabelecida, e uma democracia estabelecida, cada qual no grau em que existe e não em um grau maior. Mostrar-lhe-ei agora o que possuímos de cada uma delas.

É uma infelicidade para essa época – e não uma glória, como pensam os senhores – o fato de que tudo tenha de ser discutido, como se a Constituição de nosso país devesse sempre ser mais objeto de disputa que de alegria. Por esse motivo, e para a satisfação daqueles entre os senhores (se é que há entre vocês tais homens) que possam desejar tirar proveito dos exemplos, arrisco-me a perturbá-los com alguns breves pensamentos sobre cada um desses estabelecimentos. Não creio que fossem insensatos os antigos romanos quando, desejando refazer suas leis sobre novos modelos, enviavam comissários para examinar as repúblicas mais bem constituídas dentro de seu alcance.

Permita-me falar-lhe inicialmente sobre o estabelecimento de nossa Igreja, que constitui o primeiro de nossos preconceitos, e não um preconceito desprovido de razão, posto que envolve uma profunda e extensa sabedoria. Falarei, pois, desse preconceito em primeiro lugar. Trata-se da primeira, da última e da mais constante de nossas preocupações. Pois, assentados nesse sistema religioso que possuímos agora, continuamos a agir de acordo com o sentimento primitivo e uniformemente reiterado pela humanidade. Esse sentimento, como um sábio arquiteto, não só construiu a augusta estrutura dos Estados, mas também, como um proprietário previdente, preservou a estrutura da profanação e da ruína: como um templo sagrado, expurgado de todas as impurezas da fraude, da violência, da injustiça e da tirania, consagrou solene e eternamente a república e todos os que nela ocupam um cargo. Essa consagração foi feita para que todos os que administram no governo dos homens, representando a pessoa do próprio Deus, tenham noções dignas e elevadas de sua função e destino; para que sua esperança esteja repleta de imortalidade; para que não tenham em vista o proveito mesquinho do momento, nem o efêmero e transitório louvor do vulgo, mas uma existência sólida e permanente da parte perene de sua natureza, assim como a fama e a glória eternas, no exemplo que eles deixarão como um rico legado ao mundo.

Esses princípios sublimes deveriam ser incutidos nas pessoas que se encontram em condições elevadas, e os estabelecimentos religiosos deveriam ser providos para que pudessem continuamente alimentá-los e reforçá-los. Todo tipo de instituição moral, civil e política, auxiliando os laços racionais e naturais que conectam o entendimento e as afeições humanas ao divino, não é mais do que necessário à construção daquela maravilhosa estrutura que é o Homem, cuja prerrogativa é a de ser, em alto grau, uma criatura de sua própria obra;[92] e que, quando feito como se deve, destina-se a ocupar um lugar nada trivial na criação. Contudo, sempre que um homem se eleva acima dos demais, como a melhor natureza deve sempre presidir, neste caso mais especificamente ele deveria se aproximar o máximo possível de sua perfeição.

A consagração do Estado por uma religião estatal é necessária também para produzir um saudável terror sobre os cidadãos livres; pois eles, a fim de garantir sua liberdade, devem gozar de uma determinada porção do poder. Conclui-se, pois, que uma religião ligada ao Estado e ao seu dever faz-se ainda mais necessária para eles do que para essas sociedades em que o povo, pelos termos de sua sujeição, está restrito a seus sentimentos particulares e à administração de seus assuntos familiares. Todas as pessoas que

---

92. Como escreveria mais tarde o próprio Burke no *Appeal from the New to the Old Whigs* (1791): "A Arte é a natureza do homem". (N.T.)

detêm uma porção qualquer do poder deveriam estar forte e profundamente imbuídas da ideia de que agem como mandatárias, devendo, portanto, prestar contas de sua conduta nesse encargo ao único grande mestre, autor e fundador da sociedade.

Esse princípio deveria ser inculcado com mais força nas mentes daqueles que compõem a soberania coletiva do que nos espíritos de príncipes isolados. Sem instrumentos, esses príncipes nada podem fazer. Quem quer que use os instrumentos, ao encontrar ajuda, encontrará também obstáculos. Logo, em caso de abuso extremo, seu poder não é, em absoluto, completo, nem tampouco seguro. Esses príncipes, por mais elevados que sejam pela lisonja, arrogância e vaidade, devem estar cônscios de que, acobertados ou não por um direito positivo, eles são, de um modo ou de outro, responsáveis, mesmo aqui, pelo possível abuso da confiança neles depositada. Se não forem depostos por uma rebelião de seu povo, podem ser estrangulados pelos próprios janízaros[93] em quem se apoiaram para fazer frente a qualquer rebelião. Foi assim que vimos o rei da França vendido por seus soldados em troca de um aumento no soldo. Porém, onde a autoridade popular é absoluta e irrestrita, o povo tem uma confiança infinitamente maior em seu próprio poder, posto que muito mais bem fundamentado. Neste caso, os cidadãos são, em grande medida, seus próprios instrumentos e estão mais próximos de seus objetivos. Ademais, encontram-se sob uma responsabilidade menor perante um dos poderes mais controladores da terra, o senso da fama e a estima. A parcela de infâmia com probabilidade de recair sobre cada indivíduo nos atos públicos é verdadeiramente pequena, já que a eficácia da opinião está na razão inversa do número dos que abusam do poder. A aprovação de seus próprios atos tem para eles a aparência de um julgamento público favorável. Uma perfeita democracia é, portanto, a coisa mais vergonhosa do mundo. Sendo a mais vergonhosa, é também a mais temível. Nenhum homem teme vir a ser, em sua pessoa, objeto de um castigo. É bem verdade que a massa do povo está imune a esse temor, uma vez que todos os castigos servem de exemplo para a conservação do coletivo, e este jamais pode se tornar objeto de castigo por alguma mão humana.[94-95] Razão pela qual é de suma importância não permitir que o povo imagine ser a sua vontade, mais do que a dos reis, o padrão para o certo e o errado. Dever-se-ia persuadi-lo, para sua própria segurança, de que ele não tem absolutamente

---

93. Referência aos soldados turcos da guarda do Sultão. (N.T.)
94. *Quicquid multis peccatur inultum.*
95. "Tudo o que é secreto prejudica a maioria". Frase de autoria desconhecida. (N.T.)

nenhuma habilitação e muito menos qualificação para dispor de qualquer poder arbitrário que seja; e que, portanto, não deve, sob uma falsa aparência de liberdade que, no fundo, não passa de um exercício de dominação invertida e antinatural, exigir tiranicamente daqueles que exercem os cargos estatais não uma inteira devoção a seu interesse – o que é do seu direito –, mas uma abjeta submissão à sua vontade ocasional; extinguindo, assim, em todos aqueles que servem ao povo, todo princípio moral, todo senso de dignidade, todo uso do julgamento e toda consistência de caráter enquanto, pelo mesmo processo, entrega-se como uma presa fácil e desprezível à ambição servil de sicofantas populares ou cortesãos bajuladores.

Quando o povo se vir livre de toda ambição da vontade egoísta, o que é absolutamente impossível de se obter sem a religião; quando tiver consciência de que exerce – e talvez em um grau mais elevado na ordem da delegação – um poder que, para ser legítimo, deve estar de acordo com aquela lei eterna imutável, na qual a vontade se confunde com a razão, terá mais cuidado em não colocar esse poder em mãos vis e incapazes. Quando nomear aos cargos públicos, não confundirá o exercício da autoridade com tarefas deploráveis, mas como funções sagradas. Não se inclinará às sugestões de um sórdido egoísmo, ao capricho cego ou a uma vontade arbitrária, mas conferirá esse poder (ante o qual treme em dar ou receber) somente àqueles em quem possa discernir essa proporção predominante de sabedoria e virtude ativas combinadas e adequadas ao cargo, tal como pode ser encontrada na grande e inevitavelmente variada massa de imperfeições e enfermidades humanas.

Quando o povo estiver habitualmente convencido de que nenhum mal, seja em intenção, seja em ato, pode ser aceitável Àquele cuja essência é boa, será mais capaz de extirpar da mente de todos os magistrados, civis, eclesiásticos ou militares, qualquer coisa que possa ter a menor semelhança com uma dominação orgulhosa e arbitrária.

Mas um dos primeiros e mais importantes princípios sob o qual a nação e as leis são consagradas consiste na precaução que se deve ter para que aqueles que têm o usufruto temporário e são inquilinos vitalícios, indiferentes com o que tenham recebido de seus ancestrais ou com o que se deve transmitir à posteridade, não ajam como se fossem os mestres absolutos; não pensem que entre os seus direitos estejam o de interromper ou dilapidar a herança, destruindo, a seu bel-prazer, todo o edifício original de sua sociedade, arriscando deixar para os que vierem depois deles nada além de ruínas no lugar de uma habitação – e ensinando esses sucessores a ter por suas obras um respeito tão grande quanto o que eles tiveram em relação às instituições de seus antepassados. Com essa facilidade desordenada de mudar o Estado tão frequentemente e de tantas maneiras quanto os caprichos ou os modismos passam, toda a corrente e a continuidade da nação se romperiam. Nenhuma geração poderia ligar-se à outra e os homens valeriam pouco mais do que moscas de verão. E a primeira de todas as ciências, a ciência da jurisprudência, orgulho do intelecto humano que, com todos os seus defeitos, redundâncias e erros, é a razão acumulada dos séculos, combinando os princípios da justiça original com a infinita variedade das preocupações humanas, seria abandonada como uma pilha de erros descartados. A autossuficiência pessoal e a arrogância (companheiras certas de todos os que jamais conheceram uma sabedoria superior à sua) usurpariam os tribunais. Naturalmente, não haveria mais leis seguras que estabelecessem fundamentos invariáveis de esperança e temor, seja para conservar as ações humanas em uma direção segura, seja para conduzi-las a um certo fim. Nada de estável nos modos de possuir a propriedade ou de exercer uma função poderia formar uma base sólida a partir da qual os pais pudessem especular sobre a educação de seus filhos ou sobre o futuro estabelecimento deles no mundo. Não seria mais possível transformar desde cedo os princípios em hábitos. Assim que o preceptor mais capaz tivesse completado seu laborioso curso de instrução, em vez de colocar no mundo seu pupilo – imbuído de uma disciplina virtuosa e ajustada para obter-lhe atenção e respeito no seu lugar na sociedade –, ele encontraria tudo alterado, de modo que o seu aluno, para o desprezo e o escárnio do mundo, acabaria por ser uma pobre criatura ignorante dos verdadeiros fundamentos da estima pública. Quem poderia assegurar que um terno e delicado senso de honra pulsasse quase com os primeiros batimentos cardíacos, quando ninguém sabe qual é a regra da honra em uma nação que varia constantemente o padrão de sua moeda? Nenhuma idade da vida conservaria suas aquisições. A barbárie na ciência e na literatura, a inabilidade nas artes e manufaturas, sucederiam inevitavelmente a falta de uma educação sólida e de princípios estabelecidos; e, assim, a própria nação, no espaço de poucas gerações, desmanchar-se-ia, fracionando-se na impalpável poeira da individualidade, e dispersar-se-ia gradualmente em todos os ventos dos céus.

Para evitar, portanto, os males da inconstância e da versatilidade, mil vezes piores que os da obstinação e do mais cego preconceito, os ingleses consagraram o Estado para que ninguém se aproximasse a fim de examinar-lhe os defeitos e as corrupções sem a circunspeção necessária; para que jamais se imaginasse começar sua reforma por sua subversão; para que se aproxime das falhas do Estado como quem se aproxima das feridas de um pai, com pia reverência e trêmula solicitude. Esse sábio preconceito nos ensina a olhar com horror aqueles filhos de seu país que estão prontos a precipitadamente destroçar seu velho pai e pô-lo no caldeirão dos magos, na esperança de que eles, por meio de suas ervas venenosas e loucos encantamentos, possam regenerar a constituição paterna e renovar-lhe a vida.

A sociedade é, certamente, um contrato. Contratos de natureza inferior que recaem sobre objetos de mero interesse ocasional podem ser desfeitos à vontade; mas o Estado não deveria ser considerado em pé de igualdade com um acordo de parceria em um comércio da pimenta, do café, do algodão, do tabaco ou em qualquer outro negócio inferior dessa espécie, uma sociedade instituída para a satisfação de um interesse temporário e dissolvida de acordo com o desejo das partes? Certamente que não. Deve ser encarado com outra reverência, porque não se trata de uma parceria em coisas inferiores apenas para satisfação da grosseira existência animal de uma natureza efêmera e perecível. O Estado é uma associação que participa de todas as ciências, todas as artes, todas as virtudes e todas as perfeições. Como os fins dessa associação não podem ser obtidos em muitas gerações, torna-se uma parceria não só entre os vivos, mas também entre os mortos e os que hão de nascer. Cada contrato de cada Estado particular é apenas uma cláusula no grande contrato primitivo da sociedade eterna, que liga as naturezas inferiores às superiores, conectando o mundo visível ao invisível, de acordo com um pacto fixo sancionado pelo inviolável juramento que mantém todas as naturezas morais e físicas em seus respectivos lugares. Essa lei não está sujeita à vontade dos que, por uma obrigação que os ultrapassa e que lhes é infinitamente superior, são obrigados a submeter-lhe sua vontade. As corporações municipais desse reino não são moralmente livres para, conforme sua vontade e sobre suas especulações de uma melhora contingente, desmembrar por completo e rasgar em pedaços os liames de sua comunidade subordinada e dissolvê-la em um caos antissocial e incivil de princípios elementares desconexos. Somente uma necessidade primária e suprema, que não se escolhe mas que se impõe, que é imprescindível à deliberação, acima de discussão e que não exige provas, pode justificar um recurso à anarquia. Essa necessidade não é exceção à regra, já que ela própria também faz parte daquela disposição moral e física das coisas à qual o homem deve ser obediente, por bem ou por mal. Contudo, se aquilo que é apenas submissão à necessidade se converte em objeto de escolha, a lei é violada, a natureza desobedecida e os rebeldes são proscritos, expulsos e exilados deste mundo de razão, ordem, paz, virtude, e expiação frutífera, para um mundo antagônico de demência, discórdia, vício, confusão e sofrimento inócuo.

Esses, prezado Senhor, foram e, creio, por longo tempo serão os sentimentos da parte mais instruída e ponderada deste reino. Os que se incluem nesse grupo formam suas opiniões sobre as mesmas bases que serviram para formar suas pessoas. Os menos curiosos recebem-nas de uma autoridade que não deve envergonhar aqueles que a Providência destina a viver da esperança. Essas duas espécies de homens caminham na mesma direção, apesar de se dirigirem a destinos diferentes. Ambas seguem a ordem do universo. Todas conhecem ou sentem esta grande verdade do mundo antigo: *Quod illi principi et præpotenti Deo qui omnem hunc mundum regit, nihil eorum quæ quidem fiant in terris acceptius quam concilia et coetus hominum jure sociati quæ civitates appellantur*.[96] Ambas aderem de corpo e alma a esse dogma, não tanto em decorrência do grande nome que ele imediatamente evoca ou da grandeza ainda maior da qual ele é derivado, mas em razão daquilo que, por si só, pode dar verdadeiro peso e sanção a qualquer opinião instruída: a natureza e as relações comuns entre os homens. Convictos de que todas as coisas devem estar referidas à Divindade, sentem-se obrigados, não apenas como indivíduos no santuário do coração, ou como membros congregados dessa condição pessoal, a renovar a memória de sua elevada casta e origem; mas também, como membros de um corpo político, a prestar sua homenagem nacional ao instituidor, autor e protetor da sociedade civil, sem o qual o homem não teria nenhuma possibilidade de atingir a perfeição de que sua natureza é capaz, nem mesmo de se aproximar dela remota e vagamente. Concebem que Aquele que moldou nossa natureza perfectível devido à nossa virtude quis também os meios necessários para sua perfeição – e, por essa razão, ele quis o Estado e que esse estivesse ligado à fonte e ao arquétipo original de toda perfeição. Os que estão convencidos dessa vontade Daquele que é a Lei das leis e o Soberano dos soberanos, não podem considerar repreensível que essa nossa fé e a homenagem que lhe prestamos em vida, que esse reconhecimento que fazemos de sua senhoria suprema, eu quase diria que essa oblação do próprio Estado como uma digna oferenda no altar-mor da veneração universal, procedessem à maneira de todos os atos públicos solenes, ou seja, nas construções, na música, nos ornamentos, nos discursos, na dignidade das pessoas, conforme os

---

96. Trata-se da seguinte passagem de *Da República* (51 a.C.), de Cícero: "De fato, não há nada mais satisfatório que aconteça na Terra àquele supremo Deus que rege todo o universo, que os concílios e as associações humanas que se constituem em virtude de um acordo legal, e que são chamadas de cidades". (N.T.)

costumes da humanidade, ensinados por sua natureza; isto é, com modesto esplendor, solenidade despretensiosa, branda majestade e sóbria pompa. Os ingleses creem que uma parte da riqueza nacional é mais utilmente empregada para esses propósitos quanto pode ser para fomentar o luxo de indivíduos. Este cerimonial é o ornamento público, a consolação pública, a fonte da esperança pública. O miserável encontra nele sua própria importância e dignidade, ao passo que a riqueza e o orgulho dos particulares tornam o homem de pouca condição e fortuna consciente a todo momento de sua inferioridade, degradando e envilecendo sua condição. Esta porção da riqueza nacional é empregada e santificada em benefício do homem de condição humilde, para elevar sua natureza e conscientizá-lo a respeito de um estado no qual os privilégios da opulência cessarão, quando ele será igual a todos pela natureza, e talvez até superior pela virtude.

Asseguro-lhe que não viso à singularidade. Expresso-lhe opiniões que, dos períodos remotos até os nossos dias, têm sido aceitas entre nós com uma aprovação geral e contínua; e que, na verdade, encontram-se tão incorporadas à minha personalidade que sou incapaz de distinguir o que aprendi de outros daquilo que é o resultado de minha própria meditação.

É com base em alguns desses princípios que a maioria dos ingleses, longe de considerar ilegítima uma instituição religiosa nacional, dificilmente encara como legítima a ausência de uma. Os franceses equivocam-se redondamente se não acreditam que estamos unidos a essa instituição acima de todas as outras coisas e além de todas as outras nações; e se o povo inglês agiu insensata e injustificadamente em seu favor (como certamente o fez em algumas ocasiões), em nossos próprios erros os senhores descobrirão ao menos o zelo de nosso povo.

Esse princípio circula por todo nosso sistema constitucional. Os ingleses não consideram a sua instituição religiosa como algo conveniente, mas sim como algo essencial a seu Estado; não como algo heterogêneo e separável, que foi agregado ao Estado por mera comodidade e que se possa conservar ou eliminar de acordo com suas ideias temporárias de conveniência, mas como o fundamento da Constituição do país, com a qual e com cada parte da qual eles mantêm uma indissolúvel união. Igreja e Estado são ideias tão inseparáveis em suas mentes, que é difícil mencionar uma sem aludir à outra.

Nossa educação é feita de modo a confirmar e fixar essa impressão, já que ela, em todas as etapas, se encontra de certa maneira inteiramente sob o controle dos eclesiásticos, da infância à vida adulta. Mesmo quando nossa juventude, ao deixar as escolas e universidades, entra nesse período mais importante da vida, que começa a ligar a experiência ao estudo – e quando, com essa visão, ela visita outros países –, ao invés de ser acompanhada por velhos empregados domésticos que vimos como governantes dos principais indivíduos estrangeiros, três quartos dos que vão para o exterior com nossos jovens nobres e cavalheiros são eclesiásticos. Esses não os acompanham como mestres austeros ou simples seguidores, mas como amigos e companheiros de um caráter mais grave e, não raro, pessoas tão bem-nascidas quanto eles próprios. Assim, estabelece-se entre eles um relacionamento familiar que muitos mantêm ao longo de toda a vida. Por essa ligação, concebemos que vinculamos nossa nobreza à Igreja e liberalizamos a Igreja por meio de um relacionamento com as principais personalidades do país.

Somos tão tenazes quanto aos antigos métodos e modos da instituição eclesiástica, que poucas mudanças foram feitas desde os séculos XIV ou XV, fiéis que somos, nesse particular como em todos os demais, à nossa velha máxima de nunca desviarmos inteira ou repentinamente daquilo que é antigo. Julgamos que essas antigas instituições eram, em seu conjunto, favoráveis à moralidade e à disciplina e achávamos que era possível corrigi-las sem destruí-las. Acreditamos que os métodos tradicionais eram capazes de receber e melhorar e, acima de tudo, preservar as aquisições da ciência e da literatura, conforme fossem sucessivamente produzidas pelos ditames da Providência. E, afinal de contas, graças a essa educação gótica e monástica (pois tal é o seu fundamento) podemos reivindicar nossos direitos, tanto quanto qualquer outra nação europeia, a uma parte considerável e antecipada em todos os avanços da ciência, das artes e da literatura que iluminaram e ornamentaram o mundo moderno; acreditamos que uma das causas principais desse progresso tenha sido o fato de nunca termos desprezado o patrimônio de conhecimento que nos foi legado por nossos antepassados.

É em decorrência de nossa ligação a um estabelecimento religioso que a nação inglesa não considerou prudente confiar esse grande interesse fundamental do Estado a quem ela não confia qualquer parte de seus serviços públicos, civis ou militares, isto é, à irregular e precária contribuição de indivíduos. E vai além. Ela certamente nunca tolerou e nunca tolerará que a propriedade da Igreja seja convertida em uma pensão que dependa do tesouro, e que seja atrasada, retida ou talvez extinta por dificuldades fiscais; dificuldades que podem às vezes passar por propósitos políticos, e que são, na verdade, frequentemente decorrentes da extravagância, da negligência e da voracidade dos homens públicos. O povo inglês acredita ter razões não só constitucionais como religiosas para se opor a qualquer projeto de transformar seu clero independente em eclesiásticos pensionistas do Estado. Esse povo treme por sua liberdade ante a influência de um clero dependente da Coroa; treme pela tranquilidade pública, frente às possíveis desordens de um clero faccioso que dependesse tão somente da Coroa. E, portanto, esse povo quis que sua Igreja, assim como o seu rei e a sua nobreza, fossem independentes.

Essas considerações que integram a religião e a política constitucional, o dever socialmente reconhecido de consolar e prover os oprimidos, e de instruir os ignorantes, fizeram com que os bens da Igreja fossem incorporados e identificados como *propriedade privada*, sobre a qual o Estado não possui nem o direito de uso nem o domínio, cabendo-lhe tão somente a custódia e a regulação. Adotaram-se medidas para que os bens dessa instituição fossem tão estáveis quanto o solo sobre o qual ela descansa, sem sofrer com as flutuações do Euripos[97] dos fundos públicos e das ações.

Os ingleses, ou melhor, os homens esclarecidos e importantes da Inglaterra, cuja sabedoria (se tiverem alguma) é aberta e reta, sentiriam vergonha, como se tivessem empregado uma fraude grosseira, em professar nominalmente uma religião que, pelos seus atos, parecessem menosprezar. Não lhes escapou que se dessem a entender por sua conduta (a única mensagem que raramente dá falso testemunho) que encaravam o grande princípio diretor dos mundos moral e natural como mera invenção para manter o vulgo em obediência, semelhante conduta poderia destruir o propósito político por eles almejado. Pensam que seria muito difícil convencer os outros a acreditar em um sistema ao qual eles próprios manifestamente não davam nenhum crédito. Os homens de Estado cristãos desta terra pretendem certamente satisfazer em primeiro lugar as necessidades da *multidão* porque é a *multidão*; e, como tal, a prioridade da instituição eclesiástica e de todas as instituições. Foi-lhes ensinado que a circunstância de o Evangelho ter sido pregado aos pobres constituía um dos grandes testes de sua verdadeira missão. Pensam, portanto, que não acreditam nele os que não se importam com sua pregação junto aos pobres. Porém, como sabem que a caridade não se restringe a alguma categoria, senão que deve ser aplicada a todos os necessitados, não são privados de uma devida e ansiosa compaixão pelas aflições dos grandes infelizes. O fedor de sua arrogância e presunção não os impede, por uma exagerada delicadeza, de dedicar uma atenção medicinal às suas pústulas mentais e feridas abertas. Sabem que a instrução religiosa é mais importante para eles que aos demais, em razão da magnitude da tentação a que estão expostos, das importantes consequências de suas faltas, do contágio de seus maus exemplos, da necessidade de prostrar o pescoço teimoso de seu orgulho e ambição sob o jugo da moderação e da virtude,

---

97. É um estreito que separa a ilha grega de Eubeia, no mar Egeu, da Beócia na península grega; célebre pela força e variações de direção de sua correnteza. (N.T.)

da enorme estupidez e crassa ignorância que reinam, acerca do que mais importa ao homem conhecer, nas cortes, no comando dos exércitos, nos senados, assim como nos teares e nos campos. O povo inglês está convencido de que os consolos da religião são tão necessários aos grandes quanto suas instruções. Também eles perfilam entre os desditosos, já que conhecem a dor pessoal e a lamentação nacional. Nisso não possuem nenhum privilégio e estão sujeitos a pagar sua plena cota pelas contribuições impostas à mortalidade. Necessitam desse bálsamo soberano da religião para seus cuidados e inquietações corrosivas que, guardando poucas relações com as limitadas necessidades da vida animal, grassam sem limite e diversificam-se em infinitas combinações nas regiões selvagens e ilimitadas da imaginação. Falta-lhes, a esses grandes irmãos frequentemente infelizes, alguma esmola caridosa para preencher o lúgubre vazio que reina nos espíritos que não têm nada a esperar ou temer na terra, algo que alivie o langor mortal e a lassidão estafante dos que nada têm a fazer, algo para excitar um apetite pela vida na enfastiada saciedade que acompanha todos os prazeres que se podem comprar, onde a natureza é impedida de seguir seu próprio curso, onde até o desejo é antecipado e, portanto, a fruição destruída por esquemas meditados e estratagemas do prazer e, finalmente, quando não há mais, entre a vontade e a realização, nenhum intervalo e nenhum obstáculo.

    O povo inglês sabe da pouca influência que os professores de religião podem ter sobre os que são ricos e poderosos de velha cepa e da influência ainda menor sobre os novos-ricos, caso não se apresentem de forma adequada àqueles com os quais devem se associar, e sobre os quais devem exercer, em alguns casos, algo parecido com uma autoridade. O que hão de pensar esses ricos daquele corpo de professores, se nele não enxergassem nada que fosse superior à situação de seus empregados domésticos? Se a pobreza fosse voluntária, poderia fazer alguma diferença. Casos de abnegação extrema exercem um influxo poderoso em nossos espíritos, e um homem que não sente necessidades adquire, por isso, grande liberdade, firmeza e até dignidade. Mas como a massa de qualquer grupo de homens é sempre constituída de pessoas simples cuja pobreza não é voluntária, o desrespeito que acompanha toda pobreza laica não deixará de se manifestar sobre a eclesiástica. Nossa previdente Constituição teve, portanto, cuidado para que aqueles que devem instruir a ignorância presunçosa e censurar o vício insolente não ficassem expostos ao desprezo ou vivessem de suas esmolas, de forma que os ricos não se sentirão tentados a desprezar a verdadeira medicina de seus espíritos. Por essas razões, enquanto atendemos, com solicitude paternal, primeiro às necessidades dos pobres, não relegamos a religião (como algo que nos envergonhássemos em mostrar) às municipalidades obscuras ou aldeias rústicas. Em hipótese alguma! Pretendemos que a mesma erga sua fronte mitrada nas Cortes e nos Parlamentos. Queremos envolvê-la com a nação inteira e misturá-la com todas as classes da sociedade. O povo inglês mostrará aos arrogantes potentados do mundo e a seus sofistas tagarelas que uma nação livre, generosa e instruída honra os altos magistrados de sua Igreja; não tolerará que a insolência da riqueza e dos títulos, ou qualquer outra espécie de pretensão orgulhosa, olhe com desprezo o que ela admira com reverência, nem pisoteie essa nobreza pessoal adquirida que ele sempre quis que fosse, e frequentemente o é, o fruto, e não a recompensa (pois, qual poderia ser a recompensa?), do saber, da piedade e da virtude. Esse povo pode ver, sem lamentação ou resmungos, um arcebispo preceder um duque. Não encontra nada de estranho no fato do bispo de Durham ou do bispo de Winchester receberem 10 mil libras esterlinas de renda anual, e não compreende por que esse valor estaria pior nas mãos desses prelados do que propriedades de valor semelhante nas mãos deste conde ou daquele fidalgo; embora talvez seja verdade que os primeiros não mantenham um grande número de cavalos e cães com os alimentos que deveriam servir de nutrição aos filhos do povo. É verdade que a renda total da Igreja nem sempre é empregada, até o último xelim, em obras de caridade, e talvez nem devesse sê-lo; mas alguma parte recebe geralmente esse destino. É preferível cultivar a virtude e a humanidade, deixando muito ao livre-arbítrio, mesmo com alguma perda para o objeto, do que tentar reduzir os homens a meras máquinas e instrumentos de uma benevolência política. Todo mundo ganhará com uma liberdade sem a qual a virtude não poderia existir.

Uma vez que o Estado estabeleceu as terras da Igreja como propriedade, não tem, logicamente, que se ocupar de sua maior ou menor extensão. As noções de muito ou de pouco são incompatíveis com o conceito de propriedade. Que mal pode nascer de seu acúmulo em algumas mãos, na medida em que a autoridade suprema tem sobre ela, como sobre toda propriedade, poderes plenos para impedir toda espécie de abuso e para dar-lhe, sempre que sofra um desvio digno de nota, uma direção conveniente aos propósitos de seu estabelecimento?

A grande maioria do povo inglês acredita que é por inveja e maldade com aqueles que são frequentemente os iniciadores de sua própria fortuna, e não por um amor à renúncia e mortificação da Igreja antiga, que alguns veem com maus olhos as distinções, as honrarias e as rendas que, tiradas de ninguém, são reservadas à virtude. Os ouvidos dos ingleses são criteriosos, de modo que as palavras proferidas abertamente por esses invejosos os traem. Esses últimos falam o dialeto da fraude, no jargão e na gíria da hipocrisia. O povo inglês não poderia julgar de outra maneira quando ouve esses charlatães fingirem querer restituir o clero àquela primitiva pobreza evangélica que ele sempre deveria manter em seu espírito (e nós também, não importa o quanto isto nos agrade), mas que, na prática, deve ser variado, quando a relação desse corpo com o Estado é alterada; quando as maneiras, os modos de vida, em uma palavra, a ordem global dos assuntos humanos, sofreram uma revolução total. Quando virmos esses reformadores atirar seus próprios bens ao fundo público e submeter suas próprias pessoas à disciplina austera da Igreja primitiva, acreditaremos que são entusiastas honestos, e não – como agora os consideramos – gatunos e trapaceiros.

Com essas ideias arraigadas em suas mentes, os Comuns da Grã-Bretanha nunca recorrerão ao confisco dos bens da Igreja e dos pobres nas emergências nacionais. O sacrilégio e a proscrição não integram os meios de nosso Comitê de Subsistência. Os judeus da Change-Alley não ousaram ainda aludir à possibilidade de uma hipoteca sobre as rendas pertencentes à Sé de Canterbury. Não temo ser desmentido quando lhe garanto que não há *um só* homem público em qualquer partido ou grupo nesse reino, que o senhor gostaria de citar em seu apoio, que não condene o confisco desonesto, pérfido e cruel que a Assembleia Nacional foi forçada a fazer daquelas propriedades cujo primeiro dever dos senhores era o de protegê-las.

É com a exultação de um pouco de orgulho nacional que lhe informo que aqueles que, entre nós, quiseram brindar às sociedades de Paris com a taça de suas abominações, caíram em desgraça. O roubo de sua Igreja revelou-se uma garantia para as propriedades da nossa. Levantou o povo, que vê com horror e alarme esse enorme e indecente ato de proscrição. Seus olhos se abriram, e abrir-se-ão cada vez mais, diante dessa amplitude mental egoísta e da estreita liberalidade de sentimentos de homens insidiosos que, tendo começado suas ações pela hipocrisia e pela trapaça veladas, terminaram pela violência e pela rapina francas. Vemos, entre nós, começos semelhantes; estamos em guarda contra finais parecidos.

Espero que nunca percamos completamente todo o sentimento dos deveres que nos são impostos pela lei da união social a ponto de confiscar, sob qualquer pretexto de serviço público, os bens de um único cidadão inofensivo. Quem, a não ser um tirano (um nome expressivo de tudo o que pode corromper e degradar a natureza humana), poderia pensar em tomar as propriedades de homens que não foram acusados, nem ouvidos, nem julgados, em categorias inteiras, e às centenas de milhares juntos? Quem quer que não tenha perdido todo o vestígio de humanidade poderia pensar em rebaixar pessoas de tão alto nível e função sagrada, algumas delas de uma idade que inspira de imediato a reverência e a compaixão; em precipitá-las da posição mais alta da nação, na qual se mantinham por suas propriedades fundiárias, a um estado de indigência, baixeza e desprezo?

Os confiscadores, é certo, fizeram algumas concessões às suas vítimas a partir das migalhas e fragmentos de suas próprias mesas, das quais foram tão rudemente expulsas e sobre as quais foi servido, com muita liberalidade, um banquete para as harpias da usura. Mas arrancar os homens de sua independência para que vivam de caridade é em si mesmo uma grande crueldade. O que poderia ser uma situação tolerável para homens de uma determinada condição e que não estão habituados a outras coisas, pode, quando não se dê nenhuma dessas circunstâncias, ser uma terrível revolução, e à qual uma alma virtuosa teria dificuldade em imputar qualquer culpa, salvo aquela que exigisse a vida do criminoso. Para muitos, entretanto, esse castigo de *degradação* e *infâmia* é pior do que a morte. Trata-se, sem dúvida, de um agravamento infinito desse sofrimento cruel para pessoas, que têm a favor da religião a dupla predisposição de sua educação e lugar que ocupam na administração de suas funções, receber os restos de suas propriedades como esmolas das mãos ímpias e profanas que as pilharam de todo o resto e obter (se é que vão receber algo) os meios de subsistência da religião – medidos pelo padrão do desprezo em que ela é mantida –, não das contribuições caridosas dos fiéis, mas da ternura insolente de ateus renomados e confessos, e com o propósito de aviltar e desonrar os que recebem esse estipêndio aos olhos da humanidade.

Parece, todavia, que esse ato de expropriação resultou de um ato judicial e não de um confisco. Nas academias do *Palais Royal*[98] e dos *Jacobinos*,[99]

---

98. Residência parisiense do duque d'Orléans, e onde ocorriam as reuniões do *Círculo Social*. Uma mistura de clube político revolucionário, salão literário e Loja Maçônica, também conhecido como "Confederação dos Amigos da Verdade", o *Cercle Social* foi uma organização revolucionária que existiu de 1790 ao Ano VIII (1800), se bem que de modo fragmentário e residual após a queda dos Girondinos e a execução do abade Claude Fauchet, respectivamente em junho e outubro de 1793. [...] Fundado em 1790 por Nicolas de Bonneville e Claude Fauchet, o propósito original do *Círculo* era o de se tornar um centro de correspondência e propaganda que reunisse os letrados de toda a Europa, os quais, por sua vez, assumiriam o papel de "censura pública", de um quarto poder do Estado, tendo por função vigiar, em nome das massas, as ações da Assembleia Nacional e de outras facções revolucionárias. Como o povo – segundo seus fundadores –, sempre atribulado em busca da satisfação de suas necessidades diárias, seria incapaz de ultrapassar a barreira do presente para se expressar politicamente e exercer sua soberania, os membros do *Círculo* pretendiam não apenas emprestar-lhe a voz, como, acima

parece terem descoberto que certos homens não tinham nenhum direito às posses que eles detinham sob a garantia das leis, dos costumes, das decisões judiciais e da prescrição acumulada de mil anos. Diz-se, nessas academias, que os eclesiásticos são pessoas fictícias, criaturas do Estado que podem ser suprimidas à vontade e, naturalmente, limitadas e modificadas em todos os seus aspectos; que os bens que possuem não são propriamente seus, mas pertencem ao Estado que criou a ficção e, portanto, não devemos nos preocupar com o que possam sofrer fisicamente ou em seus espíritos por conta do que se fizer com eles nesse seu caráter fictício. Mas que importância têm as designações sob as quais os homens são prejudicados e privados dos justos emolumentos de uma profissão na qual não apenas foram permitidos, mas também encorajados a nela entrar pelo Estado, e sob a suposta certeza dos quais puderam supor um ritmo de vida, contrair dívidas e dar sustento a uma multidão de pessoas?

> de tudo, educá-lo para o exercício responsável da soberania. Para lograr este objetivo, o *Círculo* lança, em outubro de 1790, um periódico intitulado *La Bouche de Fer* (*A Boca de Ferro*) com três tiragens semanais, o qual estava investido da missão de receber e publicar as queixas e sugestões do público (as quais podiam ser anônimas) julgadas pertinentes aos interesses não só da França, mas da humanidade. Pouco depois, sempre na perspectiva de intensificar esse projeto pedagógico junto à opinião pública, o *Círculo* inaugura (outubro de 1790) seus ciclos de palestras e conferências no circo do Palais Royal, para audiências que podiam variar de 5 mil a 8 mil pessoas por semana, como as de Claude Fauchet sobre o *Contrato Social* de Rousseau. As reuniões eram públicas, porque a associação pretendia atingir um público mais amplo possível, não se restringindo a um salão literário típico do fim do antigo regime. Nelas, os espectadores assistiam à palestra/conferência de um convidado, sendo autorizados, ao final, a fazer perguntas e a votar uma resolução (para ser publicada na *Bouche de Fer* ou encaminhada aos representantes da Assembleia). Entre outros aspectos, ganharam destaque pela defesa precoce do republicanismo (logo após o episódio da fuga real em Varennes, de 21 junho de 1791), e da lei agrária (sobretudo por meio de Fauchet e Rutledge), entre o fim de 1790 e início de 1791, para a consternação dos jacobinos, que viam nesta iniciativa uma ameaça à consolidação do Estado às vésperas da aprovação de sua "nova" (ou primeira) Constituição. Data deste período e das proposições agrárias de cunho redistributivo dos membros do *Círculo* a cunhagem do termo "socialismo", o qual servia para designar as ideias dos "Amigos da Verdade". (N.T.)

99. Referência ao *Clube dos Jacobinos*, o mais importante entre os clubes revolucionários franceses, fundado em outubro de 1789 após a transferência da família real e da Assembleia Constituinte a Paris, e cujos membros receberam a depreciativa alcunha de "jacobinos" pelo fato de se reunirem no antigo convento dos Dominicanos (referidos à época popularmente como "Jacobinos") situado à Rua Saint-Honoré. Batizado como *Société des amis de la Constitution séants aux Jacobins à Paris* (Sociedade dos amigos da Constituição reunidos nos Jacobinos em Paris), o clube teve seu nome alterado em 21/09/1792 (após a jornada revolucionária de 10 de agosto que aboliu a Monarquia e estabeleceu a República) para *Société des Jacobins, amis de la liberté et de l'égalité* (Sociedade dos Jacobinos, amigos da liberdade e da igualdade). Fundamental desde os primórdios da Revolução Francesa, sua atividade foi tão crucial durante o período de 1792-1794, que o adjetivo "Jacobino" foi estendido já naquele tempo para os apoiadores da ditadura do Comitê de Salvação Pública. Para mais detalhes sobre este clube, cuja história não

Não imagine, Senhor, que honrarei essa classe distinta de miseráveis com mais uma longa discussão. Os argumentos da tirania são tão desprezíveis quanto sua força é terrível. Se os confiscadores franceses, graças a seus primeiros crimes, não houvessem obtido um poder que garantisse a impunidade de todos os crimes passados e futuros, não seria o silogismo do lógico, mas o látego do carrasco, que teria refutado os sofismas por meio dos quais eles tentam justificar seus roubos e assassinatos. Os tiranos sofistas de Paris acusam em voz alta a antiga tirania dos reis que, em épocas pregressas, atormentaram o mundo. Eles são assim audaciosos porque estão a salvo das masmorras e celas de seus antigos senhores. Devemos ser mais indulgentes com os tiranos de nossa época quando os vemos efetuar, diante de nossos olhos, as mais terríveis tragédias? Não usaríamos da mesma liberdade que eles quando pudéssemos desfrutá-la com a mesma segurança, quando dizer a verdade honesta exige apenas um desprezo pelas opiniões daqueles cujos atos abominamos?

A princípio, e tomando por base o modo de sua conduta, esse ultraje a todos os direitos à propriedade revestiu-se do mais espantoso de todos os pretextos: a consideração pela fé nacional. Os inimigos da propriedade inicialmente simularam uma ansiedade extremamente tênue, delicada e escrupulosa para manter os compromissos do rei com os credores públicos. Os professores dos Direitos do Homem ocupam-se tanto em ensinar os outros, que não encontram tempo para aprender alguma coisa; do contrário saberiam que a propriedade dos cidadãos, e não as exigências do credor do Estado, é a primeira e original devoção da sociedade civil. A reivindicação do cidadão é anterior no tempo, suprema no direito e superior em equidade. As fortunas dos indivíduos, possuídas por aquisição, herança ou participação nos bens de alguma comunidade, não fazem parte da garantia que implícita ou explicitamente foi dada ao credor: nem sequer veiculou-se essa hipótese durante a assinatura do contrato. O credor estava muito ciente de que o público, quer representado por um monarca, quer por um senado, só pode empenhar a receita pública, e que esta só pode existir quando proveniente de uma imposição justa e proporcional feita aos cidadãos de modo geral. Isso é o que foi pactuado, e nada mais poderia sê-lo, aos credores públicos. Ninguém pode hipotecar sua injustiça como um penhor de sua infidelidade.

---

só se confunde com a própria Revolução como, de certo modo, a ultrapassa – na medida em que, como bem destacou o historiador François Furet, passou a designar um conceito político e um estado de espírito –, consultem-se respectivamente: F. Furet, "Jacobinismo". In: F. Furet e Mona Ozouf, *Dicionário Crítico da Revolução Francesa* (Rio de Janeiro: Paz e Terra, 1989) e Michel Vovelle, *Jacobinos e Jacobinismo* (Bauru-SP: Edusc, 2000). (N.T.)

É impossível evitar algumas observações sobre as contradições advindas do rigor e do relaxamento extremos da nova fé pública que tiveram influência nessa transação, e que a influenciaram não de acordo com a natureza de sua obrigação, mas segundo o caráter das pessoas a quem ela foi comprometida. Nenhum outro ato do antigo governo de reis da França é encarado como válido pela Assembleia Nacional, exceto seus compromissos pecuniários; ato esse que, entre todos os demais, é o de legalidade mais ambígua. Os atos restantes do governo régio são considerados sob uma luz tão odiosa que ter um direito sob sua autoridade é visto como uma espécie de crime. Uma pensão outorgada como uma recompensa por serviços prestados ao Estado é, certamente, um título de propriedade tão bom quanto qualquer garantia em dinheiro adiantada ao Estado. Na verdade, é até melhor, pois o dinheiro é pago, e muito bem pago, para a obtenção desse serviço. Todavia, vimos na França uma multidão de pessoas sob essa categoria ser roubada impiedosamente por essa Assembleia dos Direitos do Homem; pessoas que jamais foram privadas de seus salários pelos ministros mais arbitrários nas épocas mais arbitrárias. Em resposta à sua reivindicação do pão que ganharam com o seu sangue, disseram-lhes que seus serviços não foram prestados ao país que agora existe.

Esse relaxamento da fé pública não se limitou a esses infelizes. A Assembleia – com perfeita congruência, reconheça-se – iniciou uma respeitável deliberação sobre até que ponto ela estaria obrigada pelos tratados firmados com outras nações sob o governo anterior, e seu Comitê deve informar quais tratados devem ser ratificados, ou não. Dessa maneira, seus representantes harmonizaram a fidelidade externa desse Estado virgem com sua fidelidade interna.

Não é fácil compreender a razão pela qual o governo monárquico – em virtude de sua prerrogativa – não deveria, entre duas faculdades, ter preferivelmente possuído o poder de remunerar os serviços e o de celebrar tratados, em vez de comprometer aos credores a renda do Estado, tanto a real quanto a virtual. De todas as esferas do Estado, o tesouro público foi o que menos se abriu à prerrogativa do rei da França ou à de qualquer monarca europeu. Nada demonstra de modo mais patente o domínio soberano do que a capacidade de exercer sobre o tesouro nacional o direito de hipotecar a renda pública. Isto vai muito além da faculdade de cobrar impostos temporários e ocasionais. No entanto, os atos desse poder perigoso (a marca distintiva de um despotismo ilimitado) foram os únicos a serem considerados como sagrados. De onde surgiu essa preferência dada por uma assembleia democrática a um conjunto de propriedades cujo título proveio do mais crítico e odioso de todos os exercícios da autoridade monárquica? A razão não pode suprir a falta de lógica, assim como o favorecimento e a parcialidade não podem ser tomados como princípios equitativos. Mas a contradição e a parcialidade que não admitem justificativa têm, não obstante, uma causa que as explica, e a qual não acho ser de difícil descoberta.

A enorme dívida francesa favoreceu a ascensão discreta de um grande interesse monetário[100] e, com ele, de um grande poder. Segundo os antigos usos que prevaleciam naquele reino, a circulação das propriedades e, particularmente, a mútua conversibilidade da terra em capitais e dos capitais em propriedade, sempre fora uma questão difícil. As propriedades familiares francesas, mais difundidas e estritas do que as inglesas; o *jus retractus*;[101] a grande quantidade de propriedades fundiárias em poder da Coroa e, por um princípio da lei francesa, possuída inalienavelmente; as vastas proprie-

---

100. Conforme observou o historiador John G. A. Pocock num brilhante ensaio, foi a usurpação das propriedades da Igreja em benefício do *monied interest*, e não o assalto aos aposentos privados de Maria Antonieta, que constituiu o pecado capital da Revolução de 1789 aos olhos do autor das *Reflexões*. Isto porque, como bom defensor da ordem aristocrática *Whig* resultante da Revolução Gloriosa, Burke estava ciente de que a prosperidade comercial inglesa dependia da identidade de interesses entre uma aristocracia de proprietários de terras e um sistema de crédito público, no qual o investimento do capital rentista em títulos do governo estimulava a prosperidade comercial e política da dinastia hanoveriana. Mas, à diferença do que postulavam seus amigos e mestres da escola filosófica e econômica escocesa (dentre os quais Adam Smith), para quem as maneiras e o gosto se desenvolviam na esteira do comércio, Burke vinculava a expansão comercial às maneiras, e não o contrário, ou seja, insistia em que o comércio podia florescer somente sob a proteção das maneiras, e que as maneiras, por sua vez, requeriam a preeminência da religião e da nobreza. Não obstante as rígidas barreiras políticas entre as classes, a grande fluidez do capital (financeiro, rentista, manufatureiro, tudo isso englobando o termo *monied interest*) tornava o edifício político das maneiras inglesas mais harmonioso e seguro, uma vez que não impermeabilizava totalmente o acesso da burguesia à política aristocrática e, sobretudo, situava o "interesse monetário" entre uma classe de proprietários de terra, por um lado, e um governo produtor de dívidas e gerador de créditos, por outro. Enquanto isso, do outro lado da Mancha, Burke lamentava que o confisco das propriedades da Igreja (e, posteriormente, da aristocracia emigrada) fosse feito sob o argumento de uma garantia para a criação de um empréstimo nacional (dando origem aos *assignats*, que deveriam ser considerados como o papel-moeda legal da França revolucionária), e levado a cabo por um novo e grande "interesse monetário", composto por homens mais preocupados em enriquecer por meio da especulação financeira da dívida pública, do que por meio de um capital investido no comércio e na manufatura. Assim procedendo, o *monied interest* francês, com o seu "despotismo do papel-moeda", destruía a propriedade, o comércio e a manufatura ao invés de promovê-los, tornando-se um monstro cada vez mais ávido de bens (na França e alhures, por meio das iminentes guerras sob o pretexto de causas filosófico-humanitárias) a serem sacrificados no altar do crédito nacional e da dívida pública. Vide: POCOCK, J. G. A. "A Economia Política na Análise de Burke da Revolução Francesa". In: *Linguagens do Ideário Político* (São Paulo: Edusp, 2003), em especial p. 245-58. (N.T.)

101. Mecanismo do *Direito Romano* pelo qual se podia recuperar uma herança alienada. (N.T.)

dades das corporações eclesiásticas; tudo isso mantivera mais separados e menos miscíveis os interesses da propriedade da terra e os interesses monetários na França, e os detentores desses dois tipos de propriedade pouco dispostos a se unir, contrariamente ao que se dá neste país.

Há muito tempo que o capital monetário era encarado com desconfiança pelo povo, que o identificava às suas misérias e aos seus agravantes. Ele também era não menos odiado pelos representantes dos antigos interesses fundiários, em parte pelos mesmos motivos do povo, mas sobretudo porque eclipsava, pelo esplendor de um luxo pomposo, as linhagens sem dotes e os títulos vazios de inúmeros membros da nobreza. Mesmo quando a nobreza, com seu interesse mais permanente pela terra, unia-se por casamento (como às vezes ocorreu) à outra categoria, a riqueza que salvava a família da ruína era imputada como uma mancha e uma degradação. Assim, as inimizades e os rancores dessas duas partes aumentavam até mesmo pelos meios com os quais usualmente se dissolviam as discórdias e as contendas transformavam-se em amizades. Nesse meio tempo, o orgulho dos plebeus ricos ou recém-nobilitados crescera com a causa que o ensejava. Sentiam com ressentimento uma inferioridade cujos fundamentos não reconheciam. Não havia nada mais que não estivessem dispostos a fazer para vingar-se dos ultrajes sofridos e elevar sua riqueza ao que eles consideravam ser seu natural *status* e justo valor. Buscaram atingir a nobreza por meio da Coroa e da Igreja. Eles a atacaram especialmente pelo lado que julgaram o mais vulnerável, isto é, os bens da Igreja que, por intermédio da patronagem da Coroa, geralmente eram transferidos à nobreza. Os episcopados e as grandes abadias comendatórias eram possuídos nessa ordem, salvo raras exceções.

Nesse estado de guerra real, embora nem sempre percebido, entre o interesse da antiga nobreza fundiária e o novo interesse monetário, os últimos dispunham da maior força, já que era mais facilmente aplicável. O capital, por sua própria natureza, é mais disposto a qualquer aventura e aqueles que o possuem estão mais inclinados às novas aventuras de qualquer tipo. Sendo de uma aquisição recente, combina-se mais naturalmente com quaisquer novidades. É, portanto, o tipo de riqueza ao qual recorrem todos os que desejam mudanças.

Junto ao interesse monetário, desenvolveu-se uma nova categoria de homens, com a qual esse interesse logo formou uma estreita e clara aliança. Refiro-me aos Homens de Letras políticos. Os homens de letras, ansiosos por se distinguir, raramente são avessos à inovação. Desde o declínio da vida e da grandeza de Luís XIV, não foram muito solicitados por ele, nem pelo Regente, nem por seus sucessores à Coroa. Tampouco eram tão sistematicamente agregados à Corte, por meio de favores e emolumentos, como durante o esplêndido período daquele reino faustoso e hábil. O que perderam da antiga proteção da Corte, eles procuraram compensar unindo-se em uma espécie de corporação própria, com a qual contribuíram consideravelmente as duas Academias da França e, posteriormente, a vasta empresa da *Enciclopédia*, conduzida por uma sociedade desses senhores.[102]

A cabala literária elaborou, alguns anos antes, algo como um plano regular para a destruição da religião cristã. Perseguiram esse objetivo com um grau de zelo que, até hoje, só se descobriu entre os apóstolos de algum sistema religioso. Estavam possuídos por um espírito do mais fanático proselitismo de onde surgiu, por uma evolução natural, um espírito de persecução acorde com os seus meios.[103] Aquilo que não podiam lograr de uma maneira direta ou imediata podia ser conseguido em virtude de um processo mais longo por meio da opinião. O primeiro passo para comandar essa opinião consiste em estabelecer um domínio sobre os que a dirigem. Com grande método e perseverança, estabeleceram planos para se apoderar de todas as alamedas da fama literária. Muitos deles, aliás, ocupavam as primeiras posições da literatura e da ciência. O mundo fizera-lhes justiça e, em favor de seus grandes talentos, perdoou as tendências nocivas de seus princípios peculiares. A esta autêntica liberalidade, eles responderam esforçando-se por limitar a reputação de bom senso, saber e gosto a si mesmos ou a seus seguidores. Atrevo-me a dizer que esse espírito estreito e excludente não tem sido menos prejudicial à literatura, ao gosto, à moral e à autêntica filosofia. Esses pais do ateísmo têm o seu fanatismo próprio: aprenderam a falar contra os monges com o espírito de um monge. Mas, em certos aspectos, são bem mundanos e recorrem aos expedientes da intriga para suprir os defeitos de argumentação e de espírito. A esse sistema de monopólio literário agregou-se uma infatigável indústria para caluniar e difamar, por todas as vias e meios possíveis, todos aqueles que não pertenciam à sua facção. Para aqueles que observaram o espírito de sua conduta, há muito ficara claro que só o poder lhes faltava para levar a intolerância de sua língua e de sua pena a uma perseguição que atingiria a propriedade, a liberdade e a vida.

As medidas aleatórias e débeis movidas contra eles, muito mais por formalismo e conveniência do que por um ressentimento sério, não enfraque-

---

102. Para Burke, os *philosophes* constituíam um interesse distinto do monetário, mas intrinsecamente aliado ao mesmo. Dispostos e organizados para a destruição da religião cristã, forneciam uma justificativa ideológica para os confiscos das propriedades eclesiásticas, promovidos pelos especuladores do crédito público. (N.T.)

103. Esse trecho (até o final da primeira sentença do próximo parágrafo) e algumas outras partes aqui e ali foram introduzidas por meu falecido filho durante sua leitura do manuscrito.

ceram sua força, nem relaxaram seus esforços. O resultado de tudo isso foi que, em parte com a oposição, em parte com o êxito, um zelo violento e maligno, de um tipo até então desconhecido no mundo, apossou-se completamente de seus espíritos, tornando toda a sua conversação, que de outro modo teria sido agradável e instrutiva, perfeitamente repulsiva. Um espírito de facção, de intriga e de proselitismo permeava todos os seus pensamentos, palavras e ações. E como o zelo da controvérsia orienta seus pensamentos para a ação, eles logo começaram a se insinuar a príncipes estrangeiros por meio de correspondências, na esperança de que, por meio de sua autoridade – que desde o início adularam –, conseguissem trazer as mudanças que tinham em vista. Era-lhes indiferente que essas mudanças fossem efetuadas pelo relâmpagos do despotismo ou pelo terremoto da comoção popular. A correspondência entre essa cabala e o falecido rei da Prússia[104] bem esclarece o espírito de toda sua maneira de proceder.[105] O mesmo propósito que os levou a se aproximar de príncipes, levou-os igualmente a cultivar, de maneira destacada, o interesse monetário francês. E graças, em parte, às facilidades concedidas por aqueles cujos ofícios peculiares davam-lhes os mais amplos e seguros meios de publicidade, ocuparam cuidadosamente todas as avenidas da opinião.

Os escritores, especialmente quando atuam em conjunto e na mesma direção, exercem uma grande influência sobre o espírito público, e isto explica como a aliança entre eles e o interesse monetário[106-107] contribuiu substancialmente para remover o ódio e a inveja que o povo dispensava a esse tipo de riqueza. Esses escritores, como os apóstolos de todas as novidades, aparenta-

---

104. Alusão a Frederico II (1712-1786), rei da Prússia, e à longa correspondência que ele manteve com Voltaire. (N.T.)

105. Prefiro não chocar o sentimento moral do leitor com alguma citação de sua linguagem vulgar, baixa e profana.

106. Suas conexões com Turgot e com quase todos os homens de finança.

107. Anne-Robert-Jacques Turgot (1727-1781), associado aos filósofos da *Encyclopédie*, para a qual contribuiu, amigo de Condorcet e bastante estimado por Voltaire, escreveu *Lettres sur la tolérance civile* (*Cartas sobre a Tolerância Civil*, 1754), *Réflexions sur la formation et la distribution des richesses* (*Reflexões sobre a formação e a distribuição das riquezas*, 1766) e, a mais importante, *Lettres sur la liberté de commerce des grains* (*Cartas sobre a liberdade do comércio dos grãos*, 1770). Inspetor Geral das Finanças entre 1774-1776, viu suas propostas de reforma fiscal – sobretudo a cobrança de um imposto territorial per capita sobre todos os proprietários indistintamente – esbarrarem na oposição do clero e da nobreza, a qual marcaria a política francesa nos últimos decênios do Antigo Regime. Também se opôs ao envolvimento da França na Guerra de Independência das Treze Colônias norte-americanas, ciente das consequências econômicas e sociais daquela mobilização. (N.T.)

vam ter um grande zelo pelos pobres e pelas ordens inferiores, enquanto em suas sátiras tornavam odiosos, por meio de toda sorte de exagero, os erros dos tribunais, da nobreza e do clero. Eles se transformaram em uma espécie de demagogos e serviram como um elo para unir, em nome de um objetivo, uma riqueza detestável a uma miséria inquieta e desesperada.

Como esses dois tipos de homens parecem ter liderado os últimos acontecimentos, sua união e sua política servirão para explicar, não segundo quaisquer princípios legais ou políticos, mas como *causa,* a fúria generalizada pela qual as propriedades das corporações eclesiásticas foram atacadas, bem como o grande cuidado com que, na contramão de seus pretensos princípios, protegeram o interesse monetário proveniente da autoridade da Coroa. Todo o ódio que a riqueza e o poder excitavam foi artificialmente dirigido contra as outras categorias de riqueza. Que outra explicação, além daquela que já dei, poder-se-ia oferecer para explicar um fenômeno tão extraordinário e antinatural quanto o das propriedades eclesiásticas, sobreviventes a inúmeras sucessões de épocas e choques de violência civis, e custodiadas simultaneamente pela justiça e pelo preconceito, sendo aplicadas para o pagamento de dívidas odiosas, comparativamente recentes e contraídas por um governo desacreditado e subvertido?

A receita pública era uma garantia suficiente para a dívida pública? Admitamos que não, e que alguém *tivesse* de perder algo. Quando a única propriedade legitimamente possuída que as partes contratantes tinham em mente na época da transação deixa de existir, quem, segundo os princípios da equidade natural e legal, deveria arcar com o prejuízo? Certamente deve ser ou a parte que confiou, ou a parte que recebeu a quantia, ou ainda ambos, mas não terceiros que não participaram da transação. Os efeitos de um quadro insolvente devem recair sobre os que foram suficientemente inocentes para emprestar mediante uma má garantia ou sobre os que fraudulentamente ofereceram uma garantia inválida. As leis ignoram outra regra de decisão. Mas, segundo o novo estatuto dos Direitos do Homem, as únicas pessoas que, por justiça, deveriam arcar com o prejuízo eram as únicas que nada tinham a desembolsar, que responderam pela dívida sem terem sido emprestadoras ou credoras, fiadoras ou hipotecárias.

Que vínculo possuía o clero com essas transações? O que tinham eles a ver com qualquer compromisso público para além dos que eles próprios contraíram? A essas dívidas, sem dúvida, seu patrimônio deveria responder até o último acre. Nada melhor para expor o verdadeiro espírito de uma Assembleia afeita ao confisco por sua nova moral e padrão de equidade, do que um estudo sobre as suas ações com relação a essa dívida do clero.

O corpo de confiscadores, fiel àquele interesse monetário pelo bem do qual todos os demais interesses foram traídos, declarou o clero competente para contrair uma dívida legal. É claro que o declarou proprietário legal, autorizando-o a contrair dívidas e hipotecas e reconhecendo os direitos desses cidadãos perseguidos pelo mesmo ato em que eram crassamente violados.

Se, como afirmei, alguém deve afiançar as perdas do credor público, devem ser aqueles que conduziram o acordo. Por que, então, não se confiscam as propriedades de todos os controladores gerais?[108] Por que não os bens daquela longa sucessão de ministros, financistas e banqueiros que se enriqueceram enquanto a nação empobrecia em razão de seus negócios e conselhos? Por que não os bens do Sr. Laborde,[109] ao invés dos do Arcebispo de Paris,[110] que não tivera nenhum envolvimento com a criação ou a especulação dos fundos públicos? Ou, se é para confiscar propriedades rurais antigas em benefício de especuladores financeiros, por que restringir a penalidade a uma categoria? Não sei se os gastos do Duque de Choiseul[111] deixaram algo das infinitas somas obtidas da generosidade de seu amo, durante as transações de um reinado que contribui largamente, por toda espécie de prodigalidade, na guerra e na paz, para a dívida atual da França. Se restou alguma soma daquilo, por que não confiscá-la? Lembro-me de ter estado em Paris na época do antigo governo. Estive lá logo depois de o duque d'Aiguillon[112] ter sido

---

108. Todas foram confiscadas a seu tempo.

109. Burke poderia estar se referindo seja ao banqueiro Jean-Joseph Dart (1792-1794), feito marquês por Luís XV, seja ao financista e político François-Louis-Joseph Laborde de Méreville (1761-1801), membro ativo da Assembleia Nacional Constituinte e um dos comissionados para o recebimento das doações patrióticas da prata da Igreja. (N.T.)

110. Antoine-Élénor-Léon Leclerc de Juigné (1728-1811), arcebispo de Paris, conhecido pelo uso caridoso que fazia dos ganhos de seu ofício. Os bens confiscados pela Assembleia em novembro de 1789 não foram os seus, mas os da Igreja. (N.T.)

111. Étienne-François, duque de Choiseul (1719-1785), favorito e ministro dos Assuntos Estrangeiros de Luís XV entre 1758-1770, além de Ministro da Guerra e da Marinha, foi o principal responsável por envolver a França na Guerra dos Sete Anos (1756-1763), de consequências desastrosas para a França (perda de parte do Canadá e da Índia francesa). Grande senhor, conhecido pelo estilo de vida faustoso, faleceu coberto de dívidas. Para todos os efeitos, Burke não o via com bons olhos, seja por seu envolvimento na expulsão dos jesuítas da França em 1763, seja por sua confessa simpatia pelos enciclopedistas. (N.T.)

112. Emmanuel-Armant de Vignerot du Plessis-Richelieu, duque d'Aiguillon (1720-1788), protegido de Mme du Barry (célebre amante de Luís XV) e sucessor de Choiseul no ministério dos Assuntos Estrangeiros, onde teve desempenho medíocre, expresso na sua incapacidade de evitar a partilha da Polônia. Antes, tivera seu mandato como governador da Bretanha – cargo que exerceu por 15 anos (1753-1768) – cassado por decisão judicial do Parlamento de Paris, sob a acusação de abuso de poder. O rei teve de intervir para suspender as punições e anular o decreto. Com efeito, a acusação de Burke foi dirigida a seu filho, Armand-Désiré (1761-1800),

tirado (como geralmente se admitia) das mãos do carrasco pelas mãos de um despotismo protetor. Ele era um ministro e esteve envolvido nos negócios daquele período pródigo. Por que não vejo seus bens entregues às municipalidades em que se situam? A nobre família de Noailles[113] serviu por muito tempo (servidores meritórios, admito) à Coroa da França e recebeu, naturalmente, alguma parte de seus favores. Por que não ouço falar nada a respeito da utilização de seus bens ao pagamento da dívida pública? Por que os bens do duque de la Rouchefoucauld são mais sagrados que os do cardeal de la Rouchefoucauld?[114] O primeiro, sem dúvida, é uma pessoa digna e, se não fosse uma espécie de profanação falar do uso como algo que afeta o direito à propriedade, faz bom uso de suas rendas; mas não lhe falto com o respeito ao dizer, autorizado por uma informação autêntica, que o uso feito de uma propriedade igualmente válida por seu irmão,[115] o cardeal-arcebispo de Rouen, foi muito mais louvável e decoroso com o espírito público. Pode-se ouvir falar da proscrição dessas pessoas e do confisco de seus bens sem sentir indignação e horror? Quem conseguir ficar indiferente diante desses fatos não é humano, assim como não merece a qualificação de homem livre aquele que não experimenta tais sentimentos.

Poucos conquistadores bárbaros lograram alguma vez executar uma revolução tão terrível na propriedade. Nenhum líder das facções romanas, quando estabeleceu o *crudelem illam hastam*[116] em todos os seus leilões de

---

       dono da maior fortuna do reino e o qual, apesar de sua condição aristocrática – fora eleito deputado pela nobreza de Agen aos Estados Gerais –, engajou-se (assim como o seu amigo, o duque d'Orléans) com fervor nas atividades revolucionárias, a ponto de integrar o Clube Bretão e participar da jornada de 5 de outubro de 1789. (N.T.)

113. Louis-Marie d'Ayen, visconde de Noailles (1756-1804), combateu na Guerra de Independência dos Estados Unidos ao lado de seu cunhado, o marquês de La Fayette. Deputado da nobreza de Nemours aos Estados Gerais, abandonou sua ordem para aderir à causa patriótica do Terceiro Estado e tornou-se membro do Clube Bretão. Na célebre noite de 4 de agosto de 1789, coube a ele a iniciativa de propor a abolição (mediante pagamento de indenizações pelo Estado) dos direitos feudais, tendo contribuído para a definitiva supressão dos títulos e privilégios nobiliárquicos em 29 de junho de 1790. Nomeado marechal de campo do Exército do Norte em 1791, desertou em maio de 1792, emigrando primeiro para a Inglaterra e depois para os Estados Unidos. (N.T.)

114. Sobre o duque de la Rouchefoucauld d'Enville, vide nota 3 desta edição. Como é possível notar, Burke não perdoa aos nobres que cooperaram com a Revolução Francesa. Totalmente distinto era o caso do arcebispo de Rouan, Dominique de la Rouchefoucauld (1712-1800), o qual, além de ter sido egresso de uma família pobre, mantivera-se firme na defesa dos privilégios de sua ordem quando presidiu a Assembleia do Clero nos Estados Gerais. Emigrou para a Alemanha após a queda da monarquia, em 10 de agosto de 1792. (N.T.)

115. Não era seu irmão, nem parente próximo, mas esse equívoco não afeta o argumento.

116. Cícero, *De Officiis*, II, viii, p. 29: "Aquela lança cruel". (N.T.)

rapina, chegou a colocar à venda os bens dos cidadãos conquistados em uma escala tão vultosa. Na defesa desses tiranos da antiguidade, deve-se admitir, contudo, que o que foi feito por eles dificilmente pode ser considerado como tendo sido perpetrado a sangue frio. Suas paixões eram inflamadas, seus temperamentos excitados e seus entendimentos confundidos pelo espírito de vingança, pelos inúmeros e recíprocos danos e represálias de sangue e rapina recentemente infligidos. A apreensão de ver o poder retornar, com a propriedade, às famílias dos que eles ofenderam para além de toda possibilidade de perdão, arrancou-os de todos os limites da moderação.

Esses confiscadores romanos, que só conheciam a tirania e não foram educados nos Direitos do Homem a exercer toda sorte de crueldades gratuitas uns sobre os outros, acharam necessário espalhar um pouco de colorido sobre sua injustiça. Consideravam o partido vencido como composto de traidores que haviam brandido armas ou, pelo menos, agido com hostilidade para com a República. Encaravam-nos como pessoas que haviam renunciado às suas propriedades pelos seus crimes. Entre os senhores, no seu avançado estágio do espírito humano, tal formalidade não se fez necessária. Vocês tomaram 5 milhões de libras esterlinas de renda anual e expulsaram 40 ou 50 mil criaturas humanas de suas casas, porque "essa foi a sua vontade". O tirano Henrique VIII da Inglaterra, não sendo tão esclarecido quanto os romanos Mário e Sila[117] e não tendo estudado em suas novas escolas, não conhecia o eficaz instrumento que o despotismo poderia obter deste imenso arsenal de armas ofensivas, os Direitos do Homem. Quando resolveu roubar as abadias, como o clube dos Jacobinos roubou todos os eclesiásticos franceses, começou estabelecendo uma comissão para examinar os crimes e os abusos cometidos por aquelas comunidades. De modo previsível, sua comissão relatou verdades, exageros e falsidades. Mas, verdadeira ou falsamente, ela relatou abusos e transgressões. No entanto, como os abusos podiam ser corrigidos, como todos os crimes dos particulares não implicavam um confisco com respeito à comunidade e como não se havia descoberto, naquela época sombria, que a propriedade era uma criatura do preconceito, todos esses abusos (e não eram poucos) não foram considerados motivo suficiente para um confisco tal como o pretendido pelo monarca. Ele tratou, então, de conseguir a rendição formal daquelas propriedades. Todas essas manobras laboriosas foram adotadas por um dos mais decididos ti-

---

117. Gaius Marius (157 a.C.-86 a.C.) e Lucius Cornelius Sulla Felix (138 a.C.-78 a.C.), generais e cônsules romanos envolvidos em campos opostos na Guerra Social (91 a.C.-86 a.C.), a qual terminou com a ditadura e as reformas de Sila e inúmeras proscrições e confiscos de nobres e cidadãos romanos. (N.T.)

ranos já registrados pelos anais da História, e como prelúdios necessários antes de atrever-se, mediante o suborno dos membros servis das duas câmaras (seja concedendo-lhes uma parte do espólio, seja prometendo-lhes uma eterna isenção de impostos), a pedir uma confirmação de seus atos iníquos por meio de um decreto Parlamentar. Se o destino o tivesse reservado para nossa época, quatro termos técnicos ter-lhe-iam feito todo o trabalho, poupando-lhe de todos esses inconvenientes; precisaria apenas de um pequeno mantra – *Filosofia, Luz, Liberalidade, os Direitos do Homem*.

Nada posso dizer em louvor desses atos de tirania que, apesar de suas falsas cores, não foram até o presente elogiados por ninguém; entretanto, nessas falsas cores o despotismo prestava uma homenagem à justiça. O poder que estava acima de todo medo e de todo remorso não era imune à vergonha. Enquanto a vergonha mantiver sua vigilância, a virtude e a moderação não estarão completamente desterradas do coração e do espírito dos tiranos.

Estou persuadido de que todo homem honesto se solidariza em suas reflexões com nosso poeta político nessa ocasião, e rogará ao céu para que se afaste esse cálice amargo sempre que esses atos de despotismo voraz se apresentarem à sua vista ou imaginação:

— *Possa essa tempestade*
Não cair sobre nossa época, em que a ruína serve de reforma.
Diz-me (minha Musa) que monstruosa, inaudita ofensa,
Que crimes algum rei cristão podia incensar a tamanha vingança?
Foi a luxúria ou a cobiça?
Acaso era ele tão moderado, tão casto, tão justo?
Tais foram seus crimes?
Tais o foram e muito além,
Mas a riqueza é crime suficiente para os que nada têm.[118]

---

118. O restante da passagem é o que segue: / "Quem, tendo os tesouros da Coroa desperdiçado, / Condena-se pela luxúria a ser ele próprio alimentado. / E no entanto esse ato, para envernizar a contrição / Do sacrilégio, deve ostentar o nome de devoção. / Nenhum crime tão imprudente, / Poderia ser visto como um bem real, ou ao menos aparente, / Ele que não teme o mal praticar, senão o nome, / E, livre de consciência, é um escravo do renome. / Então a Igreja por ele protegida e saqueada / Embora os príncipes, mais que os estilos, tenham as espadas afiadas. / E assim às eras passadas ele faz reparação, / Destrói-lhes a caridade e defende-lhes a devoção. / Então a religião em uma ociosa cela vivia, / Em contemplação aérea e vazia / E, como o cepo do carrasco, imóvel jazia; mas a nossa, agora / Sendo demasiado ativa, como a cegonha devora. / Não se pode descobrir nenhuma zona temperada, / Entre a nossa tórrida e a deles, gelada? / Não podemos despertar deste sono penoso, / Senão para incorrer em um extremo mais rigoroso? / E para aquela letargia não havia outra emenda, / Que não passasse por uma febre tremenda? / Pode o conhecimento não ter limites, mas avançar a tal distância / Que nos faça desejar a ignorância? / E para encontrar nosso caminho preferir a obscuridade tatear, / Do que, em pleno dia, em um falso guia confiar? / Quem não perguntaria, diante dessa

Essa mesma riqueza, sempre vista como uma traição e um crime de lesa-nação pelo despotismo indigente e voraz, sob qualquer regime político, foi o que levou os franceses a tentar violar a propriedade, o direito e a religião, reunidos em um único objeto. Mas era assim tão ruinosa e miserável a situação do Estado francês que para preservar sua existência não lhe restava outro recurso senão a rapina? Gostaria de receber mais informações a esse respeito. Quando os Estados Gerais se reuniram, estariam as finanças francesas em tal situação que não se poderia realizar um saneamento justo e caritativo em todos os departamentos, possibilitando, assim, que uma distribuição equitativa dos encargos entre todas as ordens pudesse restaurá-las? Se essa imposição equitativa tivesse sido suficiente, o Senhor bem sabe que se poderia fazê-la sem problemas. O Sr. Necker,[119] no orçamento que apresentou às três Ordens reunidas em Versalhes, expôs a situação financeira da França nos seus pormenores.[120]

Se lhe dermos crédito, não era necessário recorrer a nenhum imposto novo para colocar as despesas da França em equilíbrio com suas receitas. Ele declarou que os encargos permanentes de toda natureza, compreendidos os juros de um novo empréstimo de 400 milhões, perfaziam a soma de 531,444 milhões de libras, e que a renda fixa era de 475,294 milhões de li-

---

devastação, / Que bárbaro invasor saqueou a região? / Mas ao sabermos que o responsável por tal desolação, / Não foi um Godo, nem um Turco, mas um rei Cristão; / Quando nada, a não ser o nome do zelo, / Aparece entre nossas melhores ações e as piores deles, / O que a seu ver nosso sacrilégio pouparia, / Quando nossa devoção tais efeitos produziria?" (*Cooper's Hill*, de Sir John Denham [Membro da nobreza, John Denham (1615-1669) era amigo de Carlos I. (N.T.)].)

119. Jacques Necker (1732-1804), banqueiro genebrino e pai da Mme. de Stäel, exerceu dois mandatos como diretor geral das Finanças da França, sendo a primeira entre 1777 e 1781; e a segunda, de 1788 a 1790. Diante das crescentes despesas relativas ao envolvimento da França na Guerra de Independência dos Estados Unidos (a partir de 1778), Necker optou pela tomada de empréstimos pelo Estado ao invés do lançamento ou aumento dos impostos, medidas que o tornaram extremamente popular junto à opinião pública. Popularidade que veio a crescer com a publicação de sua inédita prestação de contas ao rei (na verdade, uma prestação pública à nação), o *Compte rendu au roi*, de 5 de maio de 1781, cujos números o ministro Calonne posteriormente demonstrou serem falsos (Necker teria superestimado as receitas em relação às despesas em mais de 10 milhões de libras). Forçado a se demitir em maio de 1781, em virtude da oposição do Parlamento de Paris – o mais importante dos 13 Parlamentos franceses do Antigo Regime, órgãos judiciais com funções administrativas e reguladoras abolidos pela Revolução em 7 de setembro de 1790 –, Necker foi novamente investido do cargo de diretor geral das finanças do reino por Luís XVI (em 1788, após intensa campanha pública e *lobby* por seu nome), exigindo deste último a convocação dos Estados Gerais a fim de aprovar novas receitas fiscais em face da grande crise fiscal da monarquia francesa. (N.T.)

120. Relatório do Senhor Diretor-Geral das Finanças, feito por ordem do rei, em Versalhes, em 5 de maio de 1789.

bras, o que resultava em um déficit de 56,15 milhões de libras, ou seja, quase 2,2 milhões de libras esterlinas. Para equilibrar esse déficit, propôs economias e o aumento de receitas (considerados como inteiramente certos) para um valor bem superior ao total da dívida, concluindo sua apresentação com essas palavras enfáticas: "*Quel pays, Messieurs, que celui, où, sans impôts et avec de simples objets* innaperçus, *on peut faire disparoître un deficit qui a fait tant de bruit en Europe?*".[121] Com respeito ao reembolso, à amortização da dívida e outras grandes questões relativas ao crédito público e aos arranjos políticos indicados no discurso do Sr. Necker, não se podia duvidar que uma taxação modesta, cobrada proporcionalmente entre todos os cidadãos indistintamente, teria provido plenamente todas as exigências.

Se essa análise do Sr. Necker era falsa, então a Assembleia é culpada no mais alto grau por haver forçado o rei a aceitá-lo como seu ministro e, após a deposição do rei, por tê-lo empregado como *seu* ministro, um homem que foi capaz de abusar tão notoriamente da confiança de seu senhor e dela própria, em uma questão da mais alta importância e pertinente à sua alçada. Mas se a análise era exata (algo que não duvido, tendo em vista o elevado respeito que eu, a exemplo do Senhor, sempre professei pelo Sr. Necker), o que se pode dizer então a favor daqueles que, ao invés de uma contribuição moderada, razoável e universal, com o maior sangue-frio e desnecessariamente lançaram mão de um confisco parcial e cruel?

Teriam o clero e a nobreza apelado a seus privilégios para se eximirem de tal contribuição? Certamente que não. No que tange ao clero, o mesmo se antecipou aos desejos do Terceiro Estado. As instruções para todos os seus membros antes da reunião dos Estados indicavam expressamente que seus deputados deviam renunciar a toda imunidade que os pusesse em uma condição privilegiada. Nessa renúncia, o clero foi ainda mais explícito que a nobreza.

Imaginemos, porém, que o déficit estivesse na casa dos 56 milhões (ou 2,2 milhões de libras esterlinas), como estimava o Sr. Necker. Suponhamos também que todos os recursos por ele opostos a esse déficit fossem ficções impudentes e infundadas e que a Assembleia (ou seus "lords of articles"[122] dos Jacobinos), a partir disso, estivesse autorizada a impor todo o ônus do déficit sobre o clero. Ora, mesmo admitindo-se tudo isso, um déficit de

---

121. "Que país, Senhores, que, *sem impostos* e com simples recursos *imaginários*, pode fazer desaparecer um déficit que produziu tanto alarme na Europa?". (N.T.)

122. Na Constituição da Escócia, durante o reinado dos Stuart, reunia-se um comitê para o preparo das leis, de modo que nenhuma lei poderia passar sem a aprovação prévia dessa comissão, chamada de "os senhores dos artigos".

2,2 milhões de libras não justifica um confisco de 5 milhões. A imposição de 2,2 milhões de libras sobre o clero, posto que parcial, teria sido opressiva e injusta, mas não de todo deletéria aos que teriam de pagá-la, razão pela qual não teria atendido ao verdadeiro desígnio dos que a levaram a cabo.

As pessoas que não estão familiarizadas com a situação da França talvez possam ser levadas a imaginar, ao ouvirem dizer que o clero e a nobreza eram privilegiados em matéria de taxação, que antes da Revolução essas ordens em nada contribuíram para o Estado, o que é um grande equívoco. É certo que não contribuíram em pé de igualdade entre si, nem em relação ao Terceiro Estado. Isto posto, ambos contribuíram amplamente. Nem a nobreza nem o clero estavam isentos da tributação sobre o consumo, das imposições alfandegárias ou de quaisquer outros impostos *indiretos* que na França, como na Inglaterra, constituíam a maior parte da receita pública. Além do imposto por cabeça (capitação), a nobreza pagava um imposto territorial, o vigésimo, que chegava a 3 ou 4 xelins por libra, ou seja, dois impostos *diretos* de natureza nada leve e de um produto nada trivial. O clero das províncias anexadas por conquista à França (que apesar de constituírem cerca da oitava parte de toda a extensão territorial, contribuíam muito mais em relação à receita) pagava, como a nobreza, a capitação e o vigésimo. Nas antigas províncias, o clero não pagava a capitação que já tinha resgatado ao custo de cerca de 24 milhões, ou pouco mais de 1 milhão de libras esterlinas. Estava isento dos vigésimos, mas fazia donativos voluntários, contraía dívidas pelo Estado e estava submetido a outros encargos, cuja totalidade, em um cálculo aproximado, equivalia à décima terceira parte de sua receita líquida. Deveria ter pago anualmente cerca de 40 mil libras a mais para igualar a contribuição da nobreza.

Sob a ameaça dessa terrível proscrição, o clero, por intermédio do arcebispo de Aix,[123] ofereceu uma contribuição de um caráter tão extravagante que não poderia ter sido aceita, embora fosse clara e logicamente mais vantajosa para o credor público do que qualquer coisa que se poderia racionalmente esperar de um confisco. Por que, afinal, não foi aceita? A razão salta aos olhos: não se pretendia que a Igreja servisse ao Estado, pois o serviço do Estado era apenas um pretexto para destruí-la. Em seu afã de destruir a Igreja, não teriam escrúpulos em destruir seu país, e assim fizeram. Frustrar-se-ia um grande objetivo do projeto se o plano de extorsão tivesse sido adotado no lugar do confisco. Não teria sido possível a criação de uma nova propriedade fundiária solidária à nova República e dependente (em seu próprio ser) da mesma.

---

123. Ver nota 4 desta edição. A extravagante oferta em questão foi de 400 mil libras. (N.T.)

Percebeu-se logo a loucura do projeto de confisco da forma como foi inicialmente designado. Lançar de um só golpe no mercado toda essa massa ingente de propriedade territorial, engrossada pela apropriação dos vastos domínios da Coroa, significava evidentemente destruir os lucros do próprio confisco, depreciando o valor dessas terras e, com isso, das propriedades fundiárias de toda a França. A esse mal sobreveio outro, representado pelo súbito desvio, do comércio para a compra da terra, de todo o seu dinheiro circulante. Que medida foi tomada? A Assembleia, percebendo os efeitos deletérios e inevitáveis de sua projetada venda, reviu a oferta do clero? Nenhum desastre poderia obrigá-la a seguir um caminho apartado de qualquer aparência de justiça. Renunciando a toda esperança de uma venda geral imediata, ela parece ter adotado outro projeto: o de comprar ações em troca das terras da Igreja. Esse projeto apresentava grandes dificuldades quanto à equiparação dos objetos a serem trocados. Apresentaram-se além disso outros obstáculos que a obrigaram a levar novamente em consideração algum projeto de venda. As municipalidades ficaram alarmadas, já que não queriam nem sequer ouvir falar em transferir aos acionistas de Paris toda a pilhagem do reino. Muitas dessas municipalidades haviam sido sistematicamente reduzidas à indigência mais deplorável. Não se encontrava dinheiro em parte alguma. Os confiscadores foram então levados ao ponto que tão ardentemente desejaram. Suspiravam por qualquer moeda que pudesse reanimar sua moribunda indústria. Resolveu-se, então, admitir que as municipalidades tivessem direito a uma parte do butim, o que obviamente tornava o primeiro projeto – se é que alguma vez foi levado a sério – completamente impraticável. As necessidades públicas pressionavam de todos os lados. O Ministro das Finanças reiterou seu pedido por recursos com uma voz urgente, ansiosa e agourenta. Assim pressionada por todas as partes, a Assembleia, renunciando a seu projeto de converter seus banqueiros em bispos e abades, ao invés de pagar a antiga dívida, contraiu uma nova a um juro de 3%, criando um novo papel-moeda baseado em uma eventual venda das terras da Igreja. Emitiu esse meio-circulante para satisfazer, em primeiro lugar e principalmente, as exigências feitas a ela pelo *Banque d'Escompte*, a grande máquina, ou fábrica de papel, de sua riqueza fictícia.

O despojo da Igreja tornara-se então o único recurso de todas as operações financeiras da Assembleia, o princípio vital de toda sua política e a única garantia da existência de seu poder. Era necessário – por todos os meios, mesmo os mais violentos – reduzir os indivíduos à mesma condição e obrigar a nação a apoiar, em um interesse culposo, este ato e a autoridade daqueles que o levavam a cabo. A fim de obrigar os que relutavam em participar de sua pilhagem, a Assembleia tornou seu papel-moeda compulsório em todos os pagamentos. Aqueles que consideram que seus esquemas tendem geralmente a convergir para esse único objeto e centro a partir do qual irradiam todas as medidas posteriores, não pensarão que me detive em demasia sobre este capítulo dos atos da Assembleia Nacional. A fim de suprimir toda aparência de conexão entre a Coroa e a justiça pública e para colocar o país inteiro sob a obediência passiva aos ditadores de Paris, a antiga e independente magistratura dos Parlamentos, com todos os seus méritos e abusos, foi completamente abolida. Enquanto existiam os Parlamentos, era evidente que o povo podia, a qualquer momento, apelar e se unir sob o estandarte de suas antigas leis. Todavia, logo se apresentou o problema de que os magistrados e funcionários dos tribunais agora abolidos *haviam comprado seus cargos* por um preço muito elevado, pelo qual, bem como pelos serviços que prestaram, não receberam senão um rendimento muito baixo. A confiscação pura e simples era um privilégio reservado exclusivamente para o clero, pois, para os homens da lei, dever-se-ia observar alguma aparência de equidade e garantir que recebessem uma alta compensação pelo valor investido. Essas compensações tornam-se parte da dívida nacional, para cuja liquidação conta-se com o auxílio do mesmo fundo inesgotável. Os juristas devem obter sua compensação por meio desse novo papel-moeda da Igreja, que deve marchar de par com os novos princípios da magistratura e da legislação. É necessário que os magistrados destituídos participem do martírio dos eclesiásticos com a sua própria quota, ou que admitam ser reembolsados por um certo fundo e de uma tal maneira que todos os que foram educados nos antigos princípios de jurisprudência e haviam jurado ser os guardiães da propriedade devem encarar com horror. A menos que prefiram morrer de fome, os próprios membros do clero devem receber sua mísera pensão neste depreciado papel-moeda que carrega a indelével estampa do sacrilégio e os símbolos de sua própria ruína. De todos os violentos ultrajes lançados ao crédito, à propriedade e à liberdade pela aliança da bancarrota com a tirania, a história de qualquer época ou de qualquer nação raramente exibiu um exemplo semelhante como o deste papel-moeda compulsório.

Ao longo de todas essas operações vem à tona, aos poucos, o grande *segredo* da Assembleia (se é que algo pode ser induzido dos seus trabalhos), a saber, que na verdade, e num sentido justo, as terras da Igreja não devem ser vendidas por completo. Em sua resolução mais recente, a Assembleia decidiu que os referidos bens serão entregues a quem fizer a maior oferta, embora deva ser observado que *apenas uma certa parte do valor da compra deva ser paga*. Conceder-se-á um período de 12 anos para o pagamento do restante. Dessa forma, os compradores filosóficos entrariam imediatamente na posse dos bens mediante o pagamento de uma espécie de luvas. Em certos aspectos, isto se torna uma espécie de doação que lhes foi feita e que hão de conservar baseando-se no vínculo feudal do zelo pela nova ordem de coisas. Esse projeto foi evidentemente feito para admitir uma massa de compradores sem dinheiro. A consequência será que esses compradores, ou melhor, esses concessionários, pagarão não só com o dinheiro das rendas auferidas, e que poderiam igualmente ser recebidas pelo Estado, mas também com a venda do despojo dos materiais de construção, com o produto da devastação dos bosques e com qualquer dinheiro que suas mãos, habituadas às rapinas da usura, poderão arrancar dos miseráveis camponeses. Estes devem ser entregues à discrição mercenária e arbitrária de homens que serão estimulados a extorqui-los de todas as formas pelo insaciável desejo de ver aumentar os lucros obtidos de uma propriedade mantida sob o precário fundamento de um novo sistema político.

Quando todas as fraudes, imposturas, violências, rapinas, incêndios, assassinatos, confiscos, circulação compulsória de papel-moeda e todas as classes de tirania e crueldade empregadas para promover e apoiar esta revolução produzem seu efeito natural, isto é, chocar os sentimentos morais de todos os espíritos sóbrios e virtuosos, os cúmplices desse sistema filosófico elevam imediatamente a voz em protesto contra o antigo governo monárquico da França. Após terem suficientemente denegrido o poder deposto, prosseguem com seu raciocínio que identifica como partidários do velho regime os que desaprovam seus novos abusos, ou como advogados da servidão os que reprovam seus crus e violentos projetos de liberdade. Compreendo que a necessidade os tenha levado a esta fraude baixa e desprezível. Nada pode reconciliar a humanidade com seus atos e projetos a não ser a suposição de que não há terceira opção entre eles e uma forma de tirania mais odiosa que os registros da História e as invenções dos poetas permitem imaginar. A verborragia deles não merece ser chamada de sofística, pois nada mais é senão uma simples impudência. Será que esses cavalheiros, após percorrerem todo o círculo dos mundos da teoria e da prática, nunca ouviram falar de alguma coisa entre o despotismo do monarca e o despotismo da multidão? Nunca ouviram falar de uma monarquia dirigida por leis, controlada e equilibrada pela grande riqueza herdada e as elevadas dignidades hereditárias de uma nação, e elas próprias regidas por um controle judicioso da razão e do sentimento geral do povo, agindo por meio de um órgão apropriado e permanente? Será impossível, então, encontrar alguém que, sem má-fé ou lamentável desvario, prefira esse governo misto e moderado a qualquer um dos dois extremos, ou que possa reputar como desprovida de toda sabedoria e toda virtude a nação que, podendo obter facilmente semelhante governo, *ou então consolidá-lo quando efetivamente possuído*, considerou adequado cometer milhares de crimes e expor seu país a incontáveis males a fim de evitá-lo? A afirmação de que a democracia pura representa a única forma de governo tolerável constitui uma verdade tão universalmente reconhecida a ponto de não se permitir a um homem duvidar de seus méritos, sem que lhe advenha a suspeita de ser um amigo da tirania, ou seja, um inimigo do gênero humano?

Não sei como classificar a autoridade que atualmente governa a França. Ela pretende ser uma democracia pura, embora creia que não tardará muito para que se converta em uma oligarquia ignóbil e perversa. Mas admitamos por um instante que ela seja, por sua natureza e por seus efeitos, a democracia que pretende ser. Não reprovo nenhuma forma de governo com base meramente em princípios abstratos. Pode haver situações em que a forma democrática pura seja necessária. Pode haver outras (poucas e em circunstâncias muito particulares) em que ela seria claramente desejável. Não creio, entretanto, ser esse o caso da França ou de qualquer outro grande país. Até o momento, não vimos exemplos de democracias dignas de nota. Os antigos as conheciam muito melhor do que nós. Não sendo eu completamente ignorante dos autores que se ocuparam da maior parte dessas constituições e que melhor as compreenderam, não posso deixar de aceitar sua opinião de que uma democracia absoluta, não mais do que a monarquia absoluta, deva ser elencada entre as formas legítimas de governo. Longe de considerá-la como a sólida constituição de uma república, encaram-na mais exatamente como uma forma de degenerescência e corrupção. Se não me falha a memória, Aristóteles observa que uma democracia tem muitos pontos de semelhança dignos de nota com uma tirania.[124] Em todo caso, estou seguro

---

124. Quando escrevi isto, citei de memória a passagem, após muitos anos terem transcorrido desde sua leitura. O respectivo trecho de Aristóteles, encontrado por um amigo erudito, é o que segue:

Τὸ ἦθος τὸ αὐτό, καὶ ἄμφω δεσποτικὰ τῶν βελτιόνων, καὶ τὰ ψηφίσματα, ὥσπερ ἐκεῖ τὰ ἐπιτάγματα καὶ ὁ δημαγωγὸς καὶ ὁ κόλαξ οἱ αὐτοὶ καὶ ἀνάλογοι καὶ μάλιστα ἑκάτεροι παρ᾽ ἑκατέροις ἰσχύουσιν, οἱ μὲν κόλακες παρὰ τυράννοις, οἱ δὲ δημαγωγοὶ παρὰ τοῖς δήμοις τοῖς τοιούτοις.

"O caráter ético é o mesmo; ambas exercem o despotismo sobre a melhor classe dos cidadãos, e os decretos são em uma o que as ordens e os éditos são na outra. Também não é raro que o

de que numa democracia a maioria dos cidadãos é capaz de exercer sobre a minoria a mais cruel das opressões sempre que prevaleçam, o que é frequente nesse tipo de organização política, grandes divisões. Assim como estou igualmente certo de que essa opressão exercida sobre a minoria se estenderá sobre um número maior de indivíduos e será exercida com uma fúria muito maior do que, de um modo geral, se pode esperar da dominação de um único cetro. Os indivíduos que sofrem desse tipo de perseguição popular encontram-se em uma situação muito mais deplorável do que em nenhuma outra. Pois aqueles que sofrem sob um príncipe cruel têm o bálsamo da compaixão humana para aplacar o ardor de suas feridas e o aplauso do público para animar a generosa constância com que suportam os sofrimentos, enquanto aqueles que são submetidos à injustiça das multidões estão privados de toda consolação externa. Parecem desertados pela humanidade, esmagados por uma conspiração de toda a sua espécie.

Admitamos, porém, que a democracia não possui essa tendência inevitável à tirania de partido – como eu suponho que tenha – e que ela, em sua forma pura, encerra aspectos tão benéficos quanto possuiria quando combinada com outras formas, será, então, que a monarquia, de sua parte, não tem nada que a recomende? Raramente cito Bolingbroke, já que suas obras não deixaram nenhuma impressão em mim. Trata-se um escritor presunçoso e superficial, embora tenha feito uma observação que, a meu ver, não carece de solidez nem de profundidade. Ele diz que prefere a monarquia a outras formas de governo, porque se pode enxertar mais facilmente qualquer categoria de república em uma monarquia do que qualquer coisa de monárquico em formas republicanas. Creio que ele esteja coberto de razão. A história ratifica este fato, que também está de acordo com a teoria.

Sei o quão fácil é falar dos defeitos de uma grandeza pregressa. Mediante uma revolução no Estado, o sicofanta adulador de ontem se converte no crítico austero de agora. Mas os espíritos firmes e independentes, quando têm que contemplar um objeto de tal importância para a humanidade como é o governo, desdenham o papel dos humoristas e dos declamadores. Julgarão as instituições humanas como julgam os caracteres humanos, procurando distinguir entre o bem e o mal que estão presentes em tudo o que é mortal, seja nas instituições, seja nos homens.

---

demagogo e o favorito da corte sejam o mesmo e idêntico homem, e guardem uma estreita analogia entre si. Uns e outros são os mais poderosos em seus respectivos regimes, os favoritos com o monarca absoluto, e os demagogos com um povo como o que descrevi". Aristóteles, *Política*, livro IV, cap. 4, p. 1.292a.

O governo da França, ainda que habitualmente e, creio, justamente, reputado a melhor das monarquias absolutas ou ilimitadas, ainda estava repleto de abusos. Esses abusos foram-se acumulando com o passar dos anos, como necessariamente sucede em toda monarquia que não se encontra submetida à constante inspeção de uma representação popular. Não ignoro nem os erros, nem os defeitos do governo deposto na França e creio que não estou inclinado por natureza ou por política a fazer um panegírico de algo que é um objeto justo e natural de censura. Mas agora não se trata de discutir os vícios dessa monarquia, mas sua própria existência. É, pois, verdade que o governo francês chegou ao estado de não ser suscetível ou merecedor de alguma reforma, a tal ponto que se tornou absolutamente necessário demolir de uma só vez todo o edifício e fazer tábula rasa, para elevar em seu lugar uma construção teórica e experimental? A França inteira nutria uma opinião diferente no início de 1789. As instruções dadas aos representantes dos Estados Gerais por cada um dos distritos do reino estavam plenas de projetos para a reforma do governo e alheias à mais remota sugestão de um plano para destruí-lo. A mera insinuação de um tal desígnio teria sido, estou seguro, repudiada com um grito unânime de desprezo e horror. Os homens foram levados, ora paulatinamente, ora vertiginosamente, a situações das quais não teriam suportado a mais longínqua aproximação se tivessem podido ver o todo no conjunto. Quando aquelas instruções foram dadas, estava fora de questão o fato de que os abusos realmente existiam e que eles exigiam uma reforma; não resta a menor dúvida a esse respeito hoje. No intervalo entre as instruções e a Revolução, as coisas mudaram de figura e, em consequência disso, a verdadeira questão no momento é a de saber quem estava com a razão: os que propuseram reformas ou os que tudo destruíram?

A julgar pelos comentários de alguns homens sobre a finada monarquia da França, era de se imaginar que falavam da Pérsia ensanguentada pelo furioso sabre de Thamasp Kouli-Khan[125] ou, pelo menos, descreviam o despotismo anárquico e bárbaro da Turquia, sob o qual os países mais belos, que desfrutam dos melhores climas, sofrem maior desgaste em tempo de paz do que qualquer país dilacerado pela guerra; lugares onde as artes são desconhecidas, as manufaturas definham, a ciência se extingue, a agricultura soçobra e a própria raça humana se dissolve e perece ante os olhos do observador. Ocorria o mesmo na França? Não posso resolver a questão

---

125. Thamasp Kouli-Khan, também chamado de Nadir Shah (1688-1747), responsável pela independência da Pérsia ante os impérios otomano e russo (1730-1735), encarnava o despotismo conquistador e sanguinário aos homens de letras do século XVIII. (N.T.)

senão pela referência aos fatos, os quais não endossam em absoluto esta descrição. Por mais imperfeita que seja, há algo de bom na própria monarquia e a monarquia francesa deve ter recebido algum corretivo a seus males da religião, das leis, dos costumes, das opiniões; corretivos que fizeram dela (ainda que não fosse de modo algum uma constituição livre e, portanto, uma boa constituição) um despotismo mais aparente do que real.

Entre os critérios que permitem avaliar a influência do governo de qualquer país, o estado de sua população não me parece um dos menos seguros. O governo de um país, cuja população prospera e aumenta progressivamente, não pode ser *muito* mau. Há cerca de 60 anos, os intendentes das diversas circunscrições territoriais francesas fizeram, entre outras coisas, um relatório sobre a população de seus diversos distritos. Não tenho os livros em mãos, que são muito volumosos, e tampouco sei onde posso obtê-los (devo então recorrer à memória e, portanto, falar com menos certeza), mas creio que a população da França, mesmo naquele período, fosse avaliada em 22 milhões de almas. Ao final do último século, calculava-se que seu número, de um modo geral, era de 18 milhões. Ambas as estimativas não permitem afirmar que a França era mal povoada. O Sr. Necker, investido de uma autoridade tão grande em sua época quanto a dos intendentes na deles, estima – sobre bases que parecem seguras – que a população da França em 1780 era de 24,67 milhões de habitantes. Mas esta era a cifra mais alta que, segundo todas as probabilidades, alcançou a França ainda durante o antigo regime? O Dr. Price crê que o crescimento populacional da França não havia chegado de modo algum a seu ponto máximo naquele ano, e estou de acordo com ele, que tem mais autoridade nestas especulações do que em política geral. Apoiando-se nos dados do Sr. Necker, este senhor está plenamente convencido de que a população francesa, desde o cálculo do referido ministro, cresceu rapidamente, e de tal maneira que não se poderia avaliar uma taxa populacional inferior a 30 milhões para o ano de 1789. Mesmo após reduzir significativamente (e creio que esse desconto deveria ser feito) esse cálculo entusiasmado do Dr. Price, não tenho dúvida de que a população da França aumentou consideravelmente nesse último período. Porém, supondo que ela tenha aumentado apenas o suficiente para, dos 24,67 milhões, completar 25 milhões de habitantes, ainda assim, uma população de 25 milhões, em estado de progressão crescente e repartida em uma superfície de cerca de 27 mil léguas quadradas, é imensa. É, por exemplo, uma cifra proporcionalmente muito maior que a população desta ilha, ou até mesmo que a da Inglaterra, a parte mais povoada do Reino Unido.

Não é universalmente certo que a França seja um país fértil. Vastas áreas de seu território são estéreis e padecem sob outras desvantagens naturais. Nas regiões mais favorecidas de seu território, a densidade populacional corresponde, até onde sei, à indulgência da natureza.[126] A Generalidade de Lille (admito que seja um exemplo extremo) continha, há 10 anos, 734,6 mil almas para uma extensão de 404,5 léguas, o que dá uma média de 1.772 habitantes por légua quadrada. A média para o resto da França é de cerca de 900 habitantes pela mesma superfície.

Não atribuo essa população ao governo deposto, pois custa-me muito elogiar a indústria humana naquilo que, em sua maior parte, é devido à generosidade da Providência. Mas não me parece que esse governo tão execrado tenha obstaculizado – antes parece ter favorecido – a ação daquelas causas (quaisquer que sejam, da natureza do solo aos hábitos industriosos do povo) que produziram tamanho incremento populacional em todo o reino e, em certos lugares, tais prodígios populacionais. Jamais acreditarei que aquele governo seja a pior das instituições políticas quando, por experiência, descobre-se que ele contém um princípio favorável (por mais latente que seja) ao crescimento da população.

Outro critério nada desdenhável pelo qual podemos julgar se o governo, no conjunto, é benéfico ou não, diz respeito à riqueza do país. Se em quantidade populacional a França ultrapassa a Inglaterra com folgas, receio que sua riqueza relativa, além de ser muito inferior, não seja tão equitativamente distribuída, nem tão agilmente circulada quanto a nossa. Creio que a diferença na forma dos dois governos está entre as causas dessa vantagem inglesa. Refiro-me à Inglaterra e não à totalidade dos domínios britânicos que, se comparados com os franceses, reduziriam um pouco a margem relativa de nossa riqueza. Mas essa riqueza, que não pode ser comparada à da Inglaterra, pode constituir-se ainda em um nível de opulência muito respeitável. O livro que o Sr. Necker publicou em 1785[127] contém uma série de dados exatos e interessantes relativos à economia e à matemática políticas, sobre os quais pondera com sabedoria e liberalidade na maioria das vezes. Nessa obra, a ideia que se oferece do estado da França está muito distante do retrato de um país cujo governo era uma perfeita calamidade, um mal absoluto, que não admitia outra cura senão pelo remédio inseguro e violento de uma revolução geral. Ele assegura que entre os anos de 1726 e 1784 a

---

126. *Da Administração das Finanças da França*, vol. I, p. 288, pelo Sr. Necker.

127. *Da Administração das Finanças da França*, pelo Sr. Necker.

casa da moeda francesa cunhou um volume de ouro e prata equivalente a cerca de 100 milhões de libras esterlinas.[128]

É impossível que o Sr. Necker estivesse equivocado quanto ao volume de metais cunhados, já que isto é uma mera questão de registro oficial. Os raciocínios desse talentoso financista sobre a quantidade de ouro e prata que havia em circulação quando escreveu o livro em 1785, isto é, aproximadamente quatro anos antes da queda e prisão do rei francês, não oferecem a mesma segurança, embora repousem em bases aparentemente tão sólidas que não é fácil negar a seus cálculos um considerável grau de credibilidade. O Sr. Necker estimou em aproximadamente 88 milhões de libras esterlinas o total do *numerário,* ou o que chamamos de *espécie,* realmente em circulação na França, o que representa um grande acúmulo de riqueza para um país, por mais extenso que seja! O mesmo estava tão longe de considerar como provável a interrupção desse influxo de riqueza, que em 1785 previa um futuro incremento anual de 2% sobre a totalidade da moeda introduzida na França durante o período abrangido por seu cálculo.

Alguma causa adequada deve ter originalmente introduzido no reino todo o metal que depois foi cunhado em moeda, assim como também deve ter havido uma causa não menos eficiente para conservar ou trazer de volta ao seu seio essa vasta inundação de riquezas que, no cálculo do Sr. Necker, circulava pelo país. Mesmo que suponhamos algumas deduções razoáveis ao cálculo do Sr. Necker, o restante ainda perfaria uma soma imensa. As causas desse poder de aquisição e conservação não podem fundamentar-se em uma indústria desencorajada, em uma propriedade insegura e em um governo verdadeiramente destrutivo. Com efeito, quando considero o aspecto do reino da França; a multidão e a opulência de suas cidades; a magnificência útil de suas estradas e pontes; a vantagem de seus canais e meios artificiais de navegação que abrem os benefícios da comunicação marítima através de um continente sólido de tão imensa extensão; quando volto os olhos para os trabalhos prodigiosos de seus portos, ancoradouros e toda a sua frota mercantil ou de guerra; quando considero o número de suas fortificações construídas com uma técnica tão arrojada e magistral, feitas e mantidas a um custo tão prodigioso e apresentadas a seus inimigos de todos os lados como algo inexpugnável; quando recordo a parte mínima deste extenso território que se encontra sem cultivo e a que nível de completa perfeição alcançou a introdução da cultura de muitos dos melhores produtos da terra; quando reflito sobre a excelência de suas fábricas e manufa-

---

128. Vol. III, cap. 8 e 9.

turas, em nada inferiores às outras salvo às nossas e que, em certos ramos, até se nos equiparam; quando contemplo as grandes fundações de caridade pública ou privada; quando investigo o grau em que se encontram todas as artes que embelezam e aprimoram a vida; quando enumero os homens ilustres que criou para ampliar sua glória pelas armas, seus habilidosos estadistas, a multidão de seus profundos teólogos e juristas, seus filósofos, seus críticos, seus historiadores e antiquários, seus poetas, seus oradores sacros e profanos: encontro em tudo isso algo que assombra e se impõe à imaginação, que impede a mente de incorrer em uma crítica precipitada e irrefletida, que nos obriga a fazer uma pesquisa séria sobre os vícios latentes que poderiam ser tão grandes a ponto de autorizar de imediato a derrubada ao chão de um edifício tão esplêndido. Nesse estado de coisas não encontro nada que remeta ao despotismo dos turcos, e tampouco distingo o caráter de um governo que seja tão opressor, tão corrompido ou tão negligente a ponto de ser absolutamente incapaz de *toda reforma*. Devo, pelo contrário, acreditar que um governo que logrou obter tais resultados merecia ter suas excelências aumentadas, suas falhas corrigidas e suas capacidades melhoradas ao nível da Constituição inglesa.

Todos aqueles que examinaram a conduta do governo deposto por um longo período não puderam deixar de notar, em meio à inconstância e flutuação naturais das cortes, um sério esforço no sentido da prosperidade e aprimoramento do país; assim como não podem deixar de admitir que há muito esse governo já se dedicava a suprimir completamente e, em alguns casos, consideravelmente, as práticas e usos abusivos que prevaleciam no Estado, a ponto de até mesmo o poder ilimitado que o soberano possuía sobre as pessoas dos seus súditos – algo inconciliável, sem dúvida, com a lei e a liberdade – ter sido, no entanto, cada vez mais mitigado em seu exercício. Longe de recusar-se às reformas, esse governo expunha-se, com um censurável grau de facilidade, a toda classe de projetos e de projetistas sobre o assunto. Concedia demasiada atenção ao espírito de inovação, que logo se voltou contra aqueles que o fomentavam e causou finalmente sua ruína. Não se faz mais que uma justiça protocolar, e nada lisonjeira, a essa monarquia decaída quando se diz que ela, durante muitos anos, pecou mais por ligeireza e falta de discernimento em vários de seus projetos do que por falta de diligência ou de espírito público. Não é justo comparar o governo francês dos últimos 15 ou 16 anos com governos prudentes ou bem constituídos durante este ou qualquer outro período. Porém, se o compararmos a qualquer dos reinados precedentes sob o ponto de vista da prodigalidade das despesas, ou do rigor no exercício do poder, creio que juízes honestos darão pouco crédito às boas intenções daqueles que sempre insistem nas doações aos favoritos, nas despesas da Corte ou nos horrores da Bastilha no reinado de Luís XVI.[129-130]

É uma questão muito duvidosa a de saber se o sistema – caso mereça tal nome – que agora se edifica sobre as ruínas dessa antiga monarquia será capaz de administrar melhor a população e a riqueza do país que tomou sob seu cuidado. Em vez de ter ganho alguma coisa com essa mudança, receio que tardará muito para que o país consiga se recuperar minimamente dos efeitos dessa revolução filosófica e possa ser devolvido ao seu antigo *status*. Se o Dr. Price julgar oportuno, daqui a alguns anos, fazer-nos o favor de estimar a população da França, ser-lhe-á muito difícil sustentar sua fábula de 30 milhões de almas, conforme calculado em 1789, assim como o cálculo de 26 milhões da Assembleia para aquele ano ou, por fim, o cômputo de 25 milhões do Sr. Necker em 1780. Ouço dizer a respeito de grandes emigrações da França e que muitos abandonaram aquele clima voluptuoso e aquela sedutora liberdade *circeana*[131] para se refugiar sob o abrigo do despotismo britânico nas geladas regiões do Canadá.

Ante a presente escassez da moeda, ninguém poderia crer que este é o mesmo país no qual o atual ministro das finanças pôde encontrar 80 milhões de libras esterlinas em espécie. Tendo em vista o seu aspecto geral, poder-se-ia concluir que o mesmo esteve por algum tempo sob a direção especial dos eruditos acadêmicos de Laputa e Balnibardi.[132-133] A população de Paris já diminuiu a tal ponto que o Sr. Necker declarou à Assembleia Nacio-

---

129. O mundo tem uma dívida com o Sr. de Calonne pelos esforços que empreendeu em refutar os exageros escandalosos em relação a algumas das despesas reais, e em detectar a exposição falaciosa da soma atribuída às pensões, com a finalidade cruel de incitar o populacho a todos os tipos de crimes.

130. Alexandre de Calonne (1734-1802), controlador geral das Finanças entre 1783-1787, cuja queda política se deveu à oposição aristocrático-parlamentar a seus planos de reestruturação fiscal do reino (sendo a imposição de um imposto territorial *per capita* e universal o ponto mais controverso de sua proposta rejeitada pela Assembleia dos Notáveis em fevereiro de 1787). Vilipendiado pelo tribunal da opinião pública patriótica (ainda aliada à oposição parlamentar ao absolutismo monárquico), emigrou à Inglaterra em 1788, onde escreveu o *L'État de la France* (*O Estado da França*, 1790) e tornou-se próximo de Burke. (N.T.)

131. Feiticeira da mitologia grega, conhecida por transformar seus inimigos em animais. (N.T.)

132. Ver *As Viagens de Gulliver* acerca da ideia de países governados por filósofos.

133. *Gulliver's Travels* no original, o romance satírico publicado em 1726 e depois alterado em 1735; foi escrito pelo anglo-irlandês Jonathan Swift (1667-1745), ao lado de Daniel Defoe (1660-1731) – autor do igualmente célebre *Robinson Crusoé* (1719) – um dos maiores autores de panfletos políticos da Europa do século XVIII. (N.T.)

nal que a quantidade de provisões necessária à sua subsistência poderia ser diminuído em um quinto.[134] Diz-se (e não ouvi ninguém que o contradiga) que há nessa cidade 100 mil pessoas desempregadas, apesar de ela mesma ter-se transformado na sede da Assembleia Nacional e da Corte aprisionada. Nada, como me asseguram fontes dignas de crédito, pode superar o chocante e degradante espetáculo da mendicância que se exibe naquela capital. Com efeito, as votações na Assembleia Nacional não deixam dúvida a respeito, já que recentemente nomearam um comitê permanente para a mendicância. Para combatê-la, eles planejaram imediatamente uma estrita lei de polícia sobre esse assunto e, pela primeira vez, impuseram uma taxa destinada à manutenção dos pobres, figurando grandes somas para o pronto alívio destes nas contas públicas do ano.[135] Enquanto isso, os líderes dos clubes legislativos e dos cafés embriagam-se de admiração diante de sua própria sabedoria e habilidade, dispensando ao resto do mundo palavras de um soberano desprezo. Dizem ao povo, para consolá-lo com os farrapos com que o vestiram, que são uma nação de filósofos, e seja por meio de todos os artifícios de um charlatanismo ruidoso, da pompa, do tumulto,

---

134. O Sr. de Calonne calcula a redução da população de Paris como muito mais considerável, e isso pode ser verdadeiro desde o período do cálculo do Sr. Necker.

135.

	Livres*	£**	s.**	d.**
Trabalho de caridade para apoiar a falta de trabalho em Paris e nas províncias	3.866.920	161.121	13	4
Eliminação da vadiagem e da mendicância	1.671.417	69.642	7	6
Prêmios para a importação de grãos	5. 671.907	236.329	9	2
Despesas de subsistência, feita a dedução das recuperações ocorridas	39.871.790	1.661.324	11	8
Total	51.082.034	2.128.418	1	8

* Livre (substantivo feminino). Nome da moeda francesa até 1795, quando foi substituída pelo franco. (N.T.)
** *Librae* (£), *solidi* (s) e *denari* (d) correspondem à nomenclatura das divisões da moeda na Europa antes de as mesmas tornarem-se decimais. Na Inglaterra eram chamadas de *pounds*, *shillings* e *pence*: 12 *pence* equivalia a um *shilling*; 20 *shillings* (240 *pence*) a uma Libra (*pound*). (N.T.)

Quando enviei este livro para a gráfica, nutria algumas dúvidas quanto à natureza e a extensão do último artigo das contas mencionadas nesta nota, que se encontra sob um único título geral, sem maiores detalhes. Depois disso vi a obra do Sr. Calonne, de modo que considero uma grande perda para mim não ter podido dispor dela com anterioridade. O Sr. de Calonne crê que esse artigo se refere à subsistência geral, mas, como não consegue compreender como uma perda tão grande como acima de 1,661 milhões de libras esterlinas poderia ser resultante da diferença entre o preço e a venda do grão, ele parece atribuir a imensa coluna de despesas aos gastos secretos da revolução. Nada posso afirmar com segurança a esse respeito. O leitor será capaz de julgar, dado o conjunto desses gastos imensos, sobre o estado e a condição da França e sobre o sistema de economia pública adotado nessa nação. Esses artigos de prestação de contas não produziram nenhuma discussão ou inquérito na Assembleia Nacional.

da agitação, seja pelos alarmes de complôs e invasões, procuram afogar os gritos da indigência e distrair os olhos do observador da ruína e miséria do Estado. É certo que um povo corajoso preferirá a liberdade acompanhada de uma pobreza virtuosa a uma servidão opulenta e depravada. Mas, antes que o preço do conforto e da riqueza seja pago, é preciso ter bastante certeza de que é para a liberdade real que se está pagando o preço e que ela não pode ser adquirida por outro valor. De minha parte, entretanto, sempre considerarei como muito equívoca em seu aspecto a liberdade que não tem como auxiliares a sabedoria e a justiça e não leva em seu séquito a abundância e a prosperidade.

Os advogados dessa Revolução, não satisfeitos em exagerar os vícios do antigo governo, difamam seu próprio país, pintando como objetos de horror quase tudo que poderia atrair a atenção dos estrangeiros, ou seja, sua nobreza e seu clero. Se isso fosse apenas uma calúnia, não seria de grande importância, mas teve consequências práticas. Se a sua nobreza e a sua *gentry*,[136] que constituíam a grande parte dos proprietários fundiários, e a totalidade de seus oficiais militares, se parecessem aos da Alemanha na época em que as cidades hanseáticas necessitaram confederar-se contra os nobres em defesa de suas propriedades; houvessem eles sido como os *Orsini* e os *Vitelli* que, na Itália, costumavam sair de seus covis fortificados para pilhar os comerciantes e viajantes, ou ainda como os *Mamelucos* do Egito ou os *Nayres* da costa do Malabar, admito que talvez não fosse muito aconselhável uma investigação demasiado escrupulosa acerca dos métodos usados para livrar o mundo de tal moléstia. Poderíamos cobrir por algum tempo as estátuas da Equidade e da Misericórdia. As almas mais sensíveis, confusas pela terrível exigência que obriga a moral a se submeter à suspensão de suas regras em favor de seus próprios princípios, poderiam desviar os olhos enquanto a fraude e a violência completavam a destruição de uma pretensa nobreza que desonrava, ao mesmo tempo em que perseguia, a natureza humana. Os homens mais avessos ao sangue, à traição e ao confisco arbitrário poderiam permanecer como quietos espectadores dessa guerra civil entre os vícios.

Mas a nobreza privilegiada que, por ordem do rei, se reuniu em Versalhes em 1789, ou os seus constituintes, merecem ser vistos como os *Nayres*

---

136. Grosso modo, pode-se traduzir este termo, objeto de grande polêmica na historiografia inglesa do século XX, como proprietários rurais, podendo ser os mesmos burgueses dispostos a adquirir terras ou brasões (isto era possível na Inglaterra), ou membros da nobreza. Vide a explicação oferecida por Modesto Florenzano para o termo no "Glossário" que redigiu para o livro de Lawrence Stone, *As Causas da Revolução Inglesa* (Bauru-SP: Edusc, 2000), p. 300-1. (N.T.)

ou os *Mamelucos* desta época, ou como os *Orsini* e os *Vitelli* do passado?[137] Tivesse feito esta pergunta em 1789, seria encarado como um louco. Que fizeram essas pessoas, desde então, para serem forçadas ao exílio, para que fossem perseguidas, mutiladas e torturadas, suas famílias dispersas, suas casas reduzidas a cinzas, sua ordem abolida e, se possível, a memória dela extinta, pela obrigação de mudar os próprios nomes pelos quais eram habitualmente conhecidas? Leia as instruções que foram dadas a seus representantes. Tanto quanto as elaboradas pelas demais ordens, estavam imbuídas do espírito de liberdade e exigiam enfaticamente as reformas. Seus privilégios em matéria tributária foram voluntariamente abdicados, do mesmo modo que o rei, desde o início, abdicou de qualquer pretensão ao direito de taxação. Sobre a necessidade de uma constituição livre, havia apenas uma opinião na França. A monarquia absoluta estava no fim; exalou seu último suspiro, sem um gemido, sem esforço, sem convulsão. Toda a luta, todas as dissensões surgiram depois, quando se preferiu uma democracia despótica a um governo de controle recíproco. O triunfo do partido vitorioso se fez sobre os princípios de uma constituição britânica.

Observei a afetação verdadeiramente pueril com que os parisienses, durante muitos anos, passaram a idolatrar a memória de seu Henrique IV. Se algo pudesse indispor contra esse príncipe que foi o ornamento da realeza, seria esse estilo arrebatado de panegírico insidioso. As pessoas que mais se distinguiram nesta tarefa foram as que terminaram seus panegíricos destronando seu sucessor e descendente, um homem de uma índole tão boa quanto a de Henrique IV, que amava seu povo tanto quanto ele e que, para corrigir os antigos vícios do Estado, fez infinitamente mais do que o grande monarca tentou ou, estamos certos, sequer teve a intenção de fazê-lo. Seus panegiristas têm sorte de não terem de tratar com ele. Pois Henrique de Navarra era um príncipe resoluto, ativo e político. Possuía certamente grande humanidade e moderação, mas que jamais se interpunham no caminho de seus interesses. Ele nunca buscou ser amado antes de ser temido e, apesar de proferir palavras suaves, sua conduta era decidida. Afirmou e manteve sua autoridade no fundamental e nunca fez concessões a não ser nos detalhes. Gastou nobremente a renda de sua prerrogativa, mas cuidou para não enfraquecer o capital, nunca abandonando por um só instante as

---

137. *Orsini*, nobre família romana do partido *guelfo* (aliados ao Papa) que entre os séculos XII e XV rivalizou com a família Colonna, gibelina e pró-Imperial, pela maior influência política na cidade; *Vitellis*, mercenários e célebres *condottieres* do século XV; *Mamelucos*, aristocracia militar que governou o Egito e a Síria entre os séculos XIII e XVI, cujos descendentes enfrentaram Napoleão na Batalha das Pirâmides (1798); *Nayres*, aristocracia guerreira da costa do Malabar (Índia), esmagados pelo sultão do reino de Mysore, Haider Ali, em torno de 1760. (N.T.)

pretensões por ele reclamadas com base nas leis fundamentais, nem poupando o derramamento de sangue dos seus inimigos, seja nos campos de batalha, seja algumas vezes no cadafalso. Porque soube fazer com que os ingratos respeitassem as suas virtudes, mereceu os elogios daqueles que, se houvessem vivido em sua época, teriam sido trancados na Bastilha e castigados ao lado dos regicidas que foram enforcados depois de ter obrigado Paris a se render pela fome.

Se esses panegiristas são autênticos em sua admiração por Henrique IV, devem se lembrar de que não podem tê-lo em tão alta conta do que aquela em que ele tinha a nobreza francesa, cuja virtude, honra, coragem, patriotismo e lealdade constituíam seu lema constante.

Dirão, entretanto, que a nobreza da França degenerou desde o tempo de Henrique IV. É possível, ainda que não acredite ser verdadeiro que ela tenha se degenerado em algum grande grau. Não tenho a pretensão de conhecer a França melhor do que os outros, embora sempre tenha me esforçado para compreender a natureza humana: do contrário, não estaria preparado para assumir nem mesmo a minha humilde parte no serviço da humanidade. Nesse estudo eu não poderia deixar passar ao largo uma vasta porção de nossa natureza, tal como aparecia modificada em um país separado por apenas 24 milhas das margens desta ilha. As minhas melhores observações, comparadas às minhas pesquisas mais seguras, mostraram-me que a nobreza dos senhores era majoritariamente composta de homens de um espírito elevado e imbuídos de um delicado senso de honra, tanto com respeito a si próprios individualmente, como em relação a toda sua corporação, sobre a qual mantinham uma fiscalização muito mais escrupulosa do que a comumente exercida em outros países. Eles eram toleravelmente bem educados, corteses, humanos e hospitaleiros; francos e abertos na conversação; com um bom tino para as artes militares, e razoavelmente versados em literatura, particularmente nos autores de sua própria língua. Havia outros que poderiam justificar méritos bastante acima dessa descrição, mas falo daqueles que geralmente se conhecia.

Quanto ao seu trato com as classes inferiores, parece-me que eles sempre se comportaram com benevolência e muito mais familiaridade do que é geralmente praticado entre nós. Golpear uma pessoa, mesmo da condição mais abjeta, era algo praticamente desconhecido e que teria resultado em desonra para o seu autor; exemplos de outras sevícias exercidas sobre a parte humilde da comunidade eram raras e, quanto a ataques feitos à sua propriedade ou à sua liberdade pessoal, jamais ouvi qualquer menção a isso da parte *deles,* assim como nunca seriam tolerados semelhantes atos de tirania enquanto vigoravam as leis sob o antigo governo. Como grandes proprietários de terras que eram, não encontrei falha em sua conduta, ainda que houvesse muito o que repreender e muito o que alterar nos antigos domínios. Nas áreas em que o sistema de ocupação era o arrendamento, não consegui descobrir que seus acordos com os fazendeiros fossem opressivos, nem ouvi dizer que tivessem ficado com a parte do leão quando estavam em parceria com esses últimos, como frequentemente era o caso. As proporções não parecem ter sido injustas. Pode ter havido exceções; mas certamente não passavam disso, ou seja, eram apenas exceções. Não tenho motivos para crer que, nestes aspectos, a nobreza territorial francesa fosse pior do que a inglesa, assim como estou certo de que em nenhum aspecto era mais opressiva que os proprietários plebeus de seu próprio país. Nas cidades, a nobreza não tinha nenhuma espécie de poder, ao passo que no campo possuía muito pouco. O senhor está ciente de que uma grande parte do governo civil e da administração nas áreas essenciais não estava nas mãos dessa nobreza que agora se apresenta à nossa consideração. Os impostos, cujo recolhimento e aplicação constituíam os aspectos mais lamentáveis do governo francês, não eram administrados pela nobreza de espada, que nada tinha a responder pelos vícios de seus princípios ou pelos eventuais abusos de sua aplicação.

Após ter negado, como estava bem autorizado a fazer, que a nobreza tivesse alguma participação considerável na opressão do povo, estou pronto a reconhecer, em casos nos quais essa opressão verdadeiramente existiu, que esses nobres não estavam isentos de falhas e defeitos consideráveis. Uma estúpida imitação do que havia de pior dos costumes ingleses comprometia sua maneira natural de ser sem que a substituíssem pelo que tinham a intenção de copiar, tornando-os, assim, certamente piores do que eram. A dissolução habitual dos costumes, prolongada para além do período perdoável da vida, era mais comum entre eles do que entre nós, e reinava com menos possibilidade de ser curada, apesar de ser menos maligna, pois ela se cobria com maior decoro externo. Os nobres franceses favoreceram em demasia essa filosofia licenciosa que contribuiu para a sua ruína. Havia também entre eles um outro erro mais fatal. Os plebeus que se aproximaram ou superaram muitos da nobreza em riquezas não foram plenamente admitidos à estima e à posição social que a riqueza, racionalmente e segundo a boa política, deveria propiciar em qualquer país; embora não acredite que essas duas classes devam ser postas no mesmo plano. Os dois tipos de aristocracia foram mantidos meticulosamente separados, apesar de muito menos do que na Alemanha e algumas outras nações.

Creio, como já tive a liberdade de lhe sugerir, que essa separação foi uma das principais causas da destruição da antiga nobreza. As hierarquias militares, particularmente, eram reservadas com demasiada exclusividade aos homens de boa família. Apesar de tudo, isso era um mero erro de opinião que poderia ser retificado por uma opinião contrária. Uma assembleia permanente, na qual o Terceiro Estado tivesse sua parcela do poder, aboliria prontamente aquelas distinções que fossem mais arrogantes e insultantes, e é provável que as falhas morais da nobreza teriam sido corrigidas pela maior variedade de ocupações e interesses que surgiria de uma constituição mista.

Encaro esse clamor violento contra a nobreza como algo meramente artificial. Receber honras e mesmo privilégios das leis, das opiniões, dos usos arraigados de nosso país, nascidos dos preconceitos dos séculos, não é algo que deva provocar o horror e a indignação de ninguém. Tampouco constitui um crime a defesa ardorosa de seus privilégios. A dura combatividade que se encontra em cada indivíduo para preservar a posse do que ele acha que lhe pertence e o distingue é uma das garantias contra o despotismo e a injustiça enraizados em nossa natureza. Atua como um instinto para assegurar a propriedade e preservar as comunidades em uma situação estável. O que há de chocante nisso? A nobreza é um adorno gracioso da sociedade civil, é o capitel coríntio de uma sociedade polida. *Omnes boni nobilitati semper favemus,* era o provérbio de um homem sábio e virtuoso.[138] É, sem dúvida, um sinal de um espírito liberal e benevolente sentir por ela uma afeição especial. Quem deseja nivelar todas as instituições artificiais que foram adotadas para dar corpo à opinião e permanência à estima transitória não é capaz de abrigar sentimentos nobres em seu coração. Trata-se de uma disposição rancorosa, maligna, invejosa, sem gosto pela realidade ou por alguma imagem ou representação de virtude, a que se regozija com a queda injusta de algo que por tanto tempo floresceu no esplendor e na honra. Eu, pessoalmente, não sinto nenhuma satisfação diante das coisas destruídas, do vazio produzido na sociedade, das ruínas na face da terra. Foi, portanto, sem desencanto ou insatisfação que minhas pesquisas e observações não me apresentaram quaisquer vícios incorrigíveis na nobreza francesa, ou algum abuso que não pudesse ser suprimido por uma reforma muito aquém da abolição. Sua nobreza não merecia ser castigada, mas foi castigada ao ser rebaixada de sua posição.

Experimentei a mesma satisfação ao descobrir que minhas investigações sobre o clero conduziram-me a um resultado semelhante ao que obtive

---

138. Cícero, *Defesa de Sexto*, IX, p. 21: "Os bons cidadãos sempre favorecemos um nobre". (N.T.)

nos estudos sobre a nobreza. Não vejo com bons olhos as notícias referentes à irremediável corrupção das grandes corporações. Tampouco atribuo demasiado crédito às pessoas que falam mal daqueles vão saquear; antes suspeito que eles inventam ou exageram os vícios daqueles de quem procuram lucrar com a punição. Um inimigo é uma má testemunha; um ladrão, por sua vez, é algo pior. Havia indubitavelmente vícios e abusos nessa ordem, como não poderia deixar de ser em se tratando de uma antiga instituição sem reformas frequentes. Todavia, não encontrei nos seus membros crimes que merecessem o confisco de seus bens, nem aqueles insultos e degradações cruéis, ou ainda essa perseguição anormal que substituiu uma reforma que haveria de melhorá-la.

Se tivesse havido alguma causa justa que justificasse essa nova perseguição religiosa, os libelistas ateus, que agem como arautos para animar o populacho à pilhagem, não amam tanto alguém ao ponto de não insistirem complacentemente sobre vícios do clero atual. Isso eles não fizeram. Sentiram-se obrigados a esquadrinhar a história dos séculos passados (que eles saquearam com uma laboriosidade pródiga e maliciosa) em busca de qualquer exemplo de opressão e perseguição de que aquele corpo foi autor ou beneficiário para justificar como represálias suas próprias crueldades e perseguições, baseando-se para isto em princípios tão iníquos quanto ilógicos. Após terem destruído todas as outras genealogias e distinções familiares, eis que inventaram uma espécie de árvore genealógica do crime! Não é muito justo castigar alguém pelos delitos de seus ancestrais naturais; mas adotar a ficção da ancestralidade em uma sucessão corporativa, como fundamento para o castigo de homens que não guardam nenhuma relação com os atos culposos, é um refinamento da injustiça próprio da filosofia desta época ilustrada. A Assembleia castiga homens cuja maioria, senão a totalidade dos mesmos, abomina a conduta violenta de eclesiásticos do passado tanto quanto os seus perseguidores de hoje, e que seriam igualmente enérgicos na expressão desse sentimento se não tivessem plena consciência dos propósitos de todas essas acusações.

É em consideração ao bem de seus membros, e não para o seu castigo, que as corporações são imortais. As próprias nações são corporações desse tipo. Com a mesma razão poderíamos pensar no caso de a Inglaterra travar uma guerra implacável contra todos os franceses pelos males que nos fizeram sofrer nos inúmeros períodos de nossas hostilidades mútuas. Os senhores, por sua vez, poderiam achar-se no direito de investir contra todos os ingleses por conta das calamidades sem paralelo causadas ao povo francês pelas injustas invasões de nossos Henriques e nossos Eduardos. Com efeito, teríamos tantas razões para nos exterminarmos mutuamente quanto os senhores as têm para, sem provocação, perseguir seus atuais conterrâneos em razão da conduta de homens do mesmo nome no passado.

Não sabemos tirar da história todas as lições morais que ela comporta. Pelo contrário, a mesma pode ser usada para viciar nossa inteligência e destruir nossa felicidade se a utilizamos sem precauções. A história é um grande livro aberto para a nossa instrução que extrai os materiais da sabedoria futura dos erros e enfermidades passados da humanidade. Quando pervertida, ela pode servir como um arsenal no qual as facções que se formam na Igreja e no Estado podem igualmente descobrir as armas ofensivas e defensivas, os meios de perpetuar ou reviver dissensões e animosidades e adicionar combustível nas discórdias civis. A história consiste, em sua maior parte, das misérias impostas ao mundo pelo orgulho, ambição, avareza, vingança, luxúria, sedição, hipocrisia, zelo extremo e por todo o séquito de apetites desordenados que sacodem o público com os mesmos: "furiosas tempestades que agitam a vida privada e tornam a existência amarga".

Esses vícios são as *causas* dessas tormentas. A religião, a moral, as leis, as prerrogativas, os privilégios, as liberdades, os Direitos do Homem são apenas os *pretextos*. Os pretextos sempre se apresentam sob a aparência enganosa de um bem real. Ao desarraigar das mentes humanas os princípios aos quais esses pretextos fraudulentos se aplicam, não estaríamos preservando-os da tirania e da sedição? Se assim fosse, arrancaríamos tudo o que há de mais valioso no coração humano. Assim como esses são os pretextos, os atores e os instrumentos das grandes calamidades públicas são os reis, os sacerdotes, os magistrados, os senados, os parlamentos, as assembleias nacionais, os juízes e os capitães. Não se cura o mal estabelecendo que não deve haver mais monarcas, nem ministros do Estado ou do Evangelho, e tampouco intérpretes da lei, oficiais generais ou conselhos públicos. Ainda que se alterem os nomes, as coisas devem permanecer de uma forma ou outra. Independente de quem o exerça e sob qual denominação, um certo *quantum* de poder sempre há de existir na sociedade. Os homens prudentes aplicarão seus remédios aos vícios, não aos nomes, às causas permanentes do mal, não aos órgãos efêmeros pelos quais elas atuam e às formas transitórias que assumem. O contrário disso seria historicamente sábio, mas uma tolice na prática. É raro que duas épocas distintas se assemelhem em seus pretextos e nas formas do engano. A perversidade é um pouco mais inventiva. Enquanto se discute a moda, o mesmo vício já se modificou e adotou uma nova forma. Seu espírito transmigra sem que haja perda de vitalidade pela mudança de aparência, renovando-se em seus novos órgãos com o fresco vigor de uma atividade juvenil. Ele se distancia e continua com seus estragos, enquanto os senhores se ocupam do vilipêndio de seu cadáver ou da demolição de seu túmulo. Os senhores se apavoram com fantasmas e aparições, enquanto sua casa é um covil de bandidos. Assim ocorre com todos aqueles que, atentos apenas à concha e à casca da história, imaginam combater a intolerância, o orgulho e a crueldade, enquanto, sob o colorido do ódio aos maus princípios dos antigos partidos, autorizam e alimentam os mesmos vícios odiosos em facções diferentes e quiçá em piores.

Os cidadãos parisienses foram outrora levados a servir de instrumentos dóceis para o assassinato dos seguidores de Calvino,[139] no infame massacre de São Bartolomeu. O que diríamos daqueles que pensassem em retaliar os parisienses de hoje pelas abominações e horrores daquela época? Logrou-se fazer com que os atuais habitantes de Paris abominassem *aquele* massacre e, por mais ferozes que possam ser, isso não foi difícil, pois os políticos e professores da moda não têm interesse em orientar as suas paixões exatamente na mesma direção. Eles ainda creem, entretanto, que é do seu interesse conservar vivas as mesmas disposições selvagens. Outro dia ainda fizeram representar esse mesmo massacre no palco para a diversão dos descendentes que o cometeram. Nessa farsa trágica eles mostraram o cardeal de Lorena, nos seus paramentos solenes, dando ordens para o massacre geral. Esse espetáculo pretendia levar os parisienses a abominar a perseguição e a detestar o derramamento de sangue? Em absoluto; antes era para ensiná-los a perseguir seus próprios pastores, para excitá-los, suscitando repulsa e horror pelo seu clero, a um entusiasmo de caçador perseguindo sua presa, com o objetivo de destruir uma ordem cuja existência, uma vez admitida, deveria estar cercada não apenas de garantias, mas também de reverências. Encenou-se esse espetáculo para estimular seus apetites canibais (que, poder-se-ia imaginar, tinham sido suficientemente saciados) com variedade e tempero; e excitá-los a uma vigília de novas mortes e assassinatos, se isso servisse aos propósitos dos Guise de hoje. Uma assembleia na qual tomava assento uma multidão de padres e prelados foi obrigada a sofrer essa in-

---

139. Jean Calvin (1509-1564), escritor, estadista e teólogo francês que rompeu com a Igreja Católica em 1530, autor de uma releitura radical da doutrina agostiniana sobre a salvação (conhecida como doutrina da *predestinação*) e líder da reforma religiosa e política que fundou a República de Genebra (uma experiência que ficou conhecida na história genebrina como "República Teocrática", entre 1541-1564). Apesar de ter emigrado para os cantões suíços em torno de 1530, o calvinismo ganhou inúmeros adeptos na França, sua terra natal, os quais receberam a estranha designação de *huguenotes* (cuja definição etimológica ainda se encontra indefinida). A obra principal de Calvino é a *Instituição da Religião Cristã*, cuja primeira edição foi publicada em latim no ano de 1536, e a última, em 1559. (N.T.)

dignidade diante de sua porta! Não se enviou o autor às galeras, nem os atores para a Casa de Correção. Pouco depois desse espetáculo, esses atores compareceram diante da Assembleia para reclamar os ritos dessa mesma religião que eles ousaram escarnecer, e mostrar suas faces prostituídas ao Senado, enquanto o arcebispo de Paris, conhecido pelo povo tão somente por suas bênçãos e orações – do mesmo modo que não se reconhecia sua riqueza a não ser pelas esmolas –, foi forçado a abandonar sua casa e fugir de seu rebanho (como de lobos famintos) já que, no século XVI, o cardeal de Lorena foi verdadeiramente um rebelde e um assassino.[140]

Esse foi o efeito da perversão da história produzida por esses homens que, pelos mesmos propósitos nefandos, corromperam também as demais províncias do saber. Aqueles, entretanto, que se erguerão sobre o pináculo da razão, de onde se podem observar os séculos e as verdadeiras relações entre as coisas, da altura em que os pequenos nomes se perdem e as cores de pequenos grupos se apagam, e onde se encontram o espírito e a qualidade moral das ações humanas, dirão aos professores do Palais Royal: "O cardeal de Lorena foi o assassino do século XVI, e os senhores têm a glória de serem os assassinos do século XVIII, eis a única diferença entre ele e vocês". Estou certo, porém, de que a história do século XIX, melhor compreendida e melhor empregada, ensinará uma posteridade civilizada a abominar as iniquidades de ambos esses séculos bárbaros. Ensinará futuros magistrados e sacerdotes a não adotar represálias contra os ateus especulativos e inativos das épocas vindouras pelas atrocidades cometidas pelos atuais zelotes práticos e fanáticos furiosos desse erro miserável que, em seu estado de repouso, é mais do que punido sempre que adotado. Ensinará a posteridade a não combater a religião ou a filosofia pelo abuso que os hipócritas de ambas fizeram das dádivas mais valiosas a nós concedidas pelo benevolente Senhor do Universo, que em todas as coisas favorece e protege eminentemente a raça humana.

Se ficasse provado que o clero francês, ou de qualquer outro país, extrapolara os limites permitidos à debilidade humana e às falhas profissionais que dificilmente podem ser separadas das virtudes profissionais, ainda que seus vícios jamais lograssem justificar o exercício da opressão, admitiria que eles naturalmente teriam o efeito de enfraquecer consideravelmente nossa indignação contra os tiranos que ultrapassam a medida e a justiça em seus castigos. Posso desculpar nos clérigos de todas as confissões algum dogmatismo em suas opiniões, algum excesso de zelo em propagá-las, alguma predi-

---

140. Isto na suposição de que essa história fosse verdadeira, mas ele não estava na França naquela época. Um nome serve tão bem quanto outro qualquer. [Sobre o cardeal de Lorena, vide nota 45 desta edição. (N.T.)].

leção por sua própria condição e função, alguma afeição aos interesses de sua própria corporação, alguma preferência por aqueles que seguem docilmente suas doutrinas em detrimento daqueles que as desprezam e a ridicularizam. Admito tudo isso porque sou um homem que tem de lidar com homens e porque não queria, por meio de uma tolerância forçada, tornar-me o mais intolerante dos homens. Devo tolerar as imperfeições enquanto elas não degeneram em crimes.

É certo que a progressão natural das paixões, da fragilidade ao vício, deve ser prevenida com olhos vigilantes e mãos firmes. Mas é verdade que o conjunto do clero francês tenha ultrapassado os limites do tolerável? A julgar pela tônica geral de todos os tipos de suas publicações, seríamos levados a crer que o clero dos senhores era uma espécie de coletânea de monstros, uma mescla horrível de superstição, ignorância, indolência, trapaça, fraude, avareza e tirania. Mas isso é verdadeiro? É verdade que o passar dos anos, o apaziguamento dos conflitos de interesses e a aflitiva experiência dos males resultantes da fúria partidária não tiveram nenhum tipo de influência no melhoramento gradual de seus espíritos? É verdade que ele renovava diariamente suas usurpações sobre o poder civil, perturbando a tranquilidade interna do país e tornando as ações de seu governo frágeis e precárias? É certo que o clero de nossa época oprimiu os leigos com uma mão de ferro e procurava acender em todas as partes as fogueiras de uma perseguição feroz? Que eles, por meio de todas as fraudes, buscavam aumentar suas propriedades? Que costumavam exceder as exigências legais na exploração de suas propriedades? Ou que, parafusando rigidamente o direito na injustiça, convertiam uma pretensão legítima em uma vergonhosa extorsão? Quando destituídos do poder, possuíam todos os vícios daqueles que o cobiçavam? Estavam inflamados por um espírito de controvérsia litigioso e violento? Finalmente, é verdade que, estimulados pela ambição da soberania intelectual, estavam prontos a desrespeitar toda a magistratura, a incendiar igrejas, a massacrar os padres de outras confissões, a derrubar altares e abrir caminho, por entre as ruínas de governos depostos, para um império doutrinário, servindo-se ora da bajulação, ora da força para, em detrimento da jurisdição das instituições públicas, submeter as consciências dos homens à sua autoridade pessoal?

Eram esses, ou pelo menos alguns desses, os vícios que se imputavam, e não de todo sem fundamento, a muitos eclesiásticos que pertenceram no passado aos dois grandes grupos que dividiram e dilaceraram a Europa?

Se houvesse na França, como visivelmente havia em outros países, uma grande diminuição e não um aumento desses vícios, ao invés de fazer pesar sobre o clero atual os crimes de outros homens e o caráter odioso de outras épocas, seria preciso, em nome da justiça, louvá-lo, encorajá-lo e apoiá-lo por seu afastamento de um espírito que desmoralizou seus predecessores, e por ter adotado uma maneira de pensar e agir mais adequada à sua função sagrada.

Quando – já perto do final do último reinado – tive a ocasião de visitar a França, o clero, sob todos os seus aspectos, atraiu uma parte considerável da minha curiosidade. Longe de encontrar (salvo entre um grupo de homens que, apesar do pouco número, era bastante ativo) as queixas e as insatisfações contra aquela ordem que algumas publicações levaram-me a esperar, percebi pouca ou nenhuma intranquilidade, pública ou privada, com respeito a ela. Um exame mais profundo fez-me ver que o clero em geral compunha-se de pessoas de opiniões moderadas e conduta decorosa, entre as quais incluo os seculares e os regulares de ambos os sexos. Não tive a sorte de conhecer muitos representantes do clero paroquial, embora no geral tenha ficado com uma impressão excelente tanto de sua moral como do zelo que ele dedicava no cumprimento de seus deveres. Com respeito ao alto clero, tive contato pessoal com alguns de seus membros, além de ótimos meios de informação sobre o restante dessa classe. Eram quase todos pessoas de nascimento nobre e que se assemelhavam aos outros de sua própria classe, de modo que se alguma diferença houvesse, seria em seu favor. Tiveram uma educação mais completa que a nobreza militar, a fim de não denegrir sua profissão por ignorância ou pelo despreparo no exercício da autoridade. Pareceram-me, para além de seu caráter eclesiástico, homens liberais e francos; cavalheiros de coração e homens honrados, sem insolência ou servilismo em suas maneiras e conduta. Pareceu-me antes que constituíam uma classe superior, um grupo de homens entre os quais o senhor não se surpreenderia se encontrasse um *Fénelon*.[141] No clero parisiense (homens que não se encontram em qualquer parte) vi pessoas de grande saber e bondade, razão pela qual acreditei que essa descrição não se limitava a Paris. Os encontros que acidentalmente tive em outros lugares devem, portanto, ser presumidos como uma amostra razoável. Estive alguns dias em uma cidade de província onde, na ausência do bispo, passei noites inteiras na companhia de três clérigos, seus vigários gerais, pessoas teriam honrado qualquer igreja. Os três eram homens de grande saber, sendo que dois de-

---

141. François de Salignac de la Mothe-Fénelon (1651-1715), arcebispo de Cambrai, autor de importantes tratados teológicos e políticos, visto como um dos precursores da Ilustração francesa. Autor, entre outros, de *As aventuras de Telêmaco* (publicado anonimamente em 1699; e depois, postumamente, já com a identidade do autor, em 1715). (N.T.)

les tinham uma erudição geral, profunda e vasta sobre assuntos antigos e modernos, orientais e ocidentais e, particularmente, sobre sua própria profissão. Tinham um conhecimento dos teólogos ingleses maior do que eu poderia esperar e penetravam o gênio desses escritores com exatidão crítica. Um desses senhores já faleceu, o abade *Morangis*. Presto voluntariamente esse tributo à memória daquela nobre, venerável, erudita e irrepreensível pessoa, e, com igual entusiasmo, deveria prestar a mesma homenagem aos méritos dos demais que, creio eu, ainda estão vivos, se não temesse prejudicar aqueles que estou impossibilitado de servir.

Muitos desses eclesiásticos de alto escalão são, por todos os motivos, merecedores de respeito geral. Eles merecem a minha gratidão e a de muitos ingleses. Se vierem um dia a tomar conhecimento desta carta, espero que acreditem que sua imerecida queda e o cruel confisco de seus bens foram recebidos por alguns homens de nossa nação com uma sensibilidade fora do comum. O que digo deles é um testemunho – o mais forte que uma voz débil pode alcançar – que devo à verdade, e sempre o prestarei quando se tratar de uma perseguição anormal como essa. Ninguém pode impedir-me de ser honesto e justo. O momento é adequado para o cumprimento deste dever; e é particularmente conveniente expressar nossa justiça e gratidão quando aqueles que mereceram o bem de nós e da humanidade padecem sob a cólera popular e as perseguições de um poder opressivo.

A França tinha cerca de 120 bispos antes da revolução e poucos entre eles eram homens de eminente piedade e ilimitada caridade. Quando falamos do heroico, é claro que falamos de uma virtude rara. Creio que os exemplos de uma profunda depravação devam ser tão raros entre eles quando os de bondade transcendental. Não questiono o fato de que exemplos de avareza e licenciosidade possam ser citados pelos que se deleitam na investigação que leva a tais descobertas. Um homem de minha idade não se surpreenderá com o fato de que houvesse em todas as categorias um certo número de eclesiásticos que não levassem aquela vida perfeita de renúncia ao prazer e à riqueza almejada por todos e esperada por alguns, mas por ninguém cobrada com maior rigor do que pelos que são mais atentos a seus próprios interesses ou mais indulgentes com suas próprias paixões. Estou certo de que na época em que estive na França o número de prelados corruptos não era grande. Alguns deles, que não se distinguiam pela regularidade de suas vidas, compensavam em parte a falta de virtudes severas com o exercício de virtudes liberais. Estavam dotados de qualidades que os tornavam úteis à Igreja e ao Estado. Soube que Luís XVI, com poucas exceções, prestou mais atenção que seu predecessor imediato ao caráter dos candidatos promovidos ao episcopado, e uma vez que durante todo o reinado prevaleceu um certo espírito de reforma, creio que isso possa ser verdade. Mas o atual poder dominante na França mostrou-se disposto somente a saquear a Igreja. *Todos* os prelados foram castigados, algo que, sob o ponto de vista da reputação, equivale a favorecer os corruptos. Estabeleceu um sistema pensionário aviltante a que ninguém de condição ou ideias liberais destinará seus filhos, obrigando a Igreja a recrutar seus quadros entre as classes mais baixas da população. Como entre os senhores o baixo clero não é suficientemente numeroso para o cumprimento de seus deveres; como suas funções são minuciosas e fatigantes; e como não restou aos senhores nenhuma classe média do clero em boa condição ou liberdade, toda ciência e toda erudição estão destinadas a desaparecer da Igreja Galicana. Para completar seu projeto, a Assembleia, sem a menor consideração para com os direitos de seus patronos, decidiu que no futuro o clero seria eletivo; uma disposição que afastará da profissão clerical todos os homens sóbrios, todos os que pretendem se manter independentes no exercício de sua função ou em sua conduta, e cujo resultado será o de abandonar toda a orientação da consciência pública nas mãos de uma camarilha de licenciosos, insolentes, intrigantes, facciosos e miseráveis aduladores de tal condição e hábitos de vida que farão de suas desprezíveis pensões (em comparação com as quais o salário de um coletor de impostos é lucrativo e digno) um objeto de intriga vil e mesquinha. Esses funcionários que ainda recebem o nome de bispos serão, pelas mesmas manobras, eleitos com uma pensão comparativamente medíocre por homens de todos os credos religiosos conhecidos ou que possam ser inventados. Os novos legisladores não se preocuparam em saber das qualificações doutrinais ou morais dos candidatos aos cargos episcopais; não mais do que fizeram com relação ao baixo clero; e a única coisa que ficou clara é que os membros do alto e do baixo clero poderão, a seu critério, praticar ou pregar qualquer modo de religião ou de irreligião que bem entenderem. Ainda não compreendo qual será a jurisdição dos bispos sobre seus subordinados, se é que eles terão sobre eles algum tipo de jurisdição.

Em suma, senhor, parece-me que essa nova organização eclesiástica não foi feita para durar muito tempo e visa à abolição completa da religião cristã sob todas as suas formas, no dia em que os espíritos dos homens estiverem preparados para esse último golpe contra ela, como acabamento do plano que consiste em levar seus ministros ao desprezo universal. Os que se negam a crer que os filósofos fanáticos que dirigem todas essas questões acariciam esse projeto há muito tempo ignoram totalmente seu caráter e procedimentos. Esses entusiastas não têm escrúpulos em confessar sua opinião de que um Estado pode subsistir melhor sem religião do que com ela, e de que são capazes de substituir qualquer bem que possa haver nela por um projeto de sua própria invenção, ou seja, uma espécie de educação baseada no conhecimento das necessidades físicas dos homens e levada progressivamente a um egoísmo ilustrado que, quando bem compreendido, deve, segundo eles, se confundir com um interesse mais amplo e público. O plano dessa educação há muito que é conhecido. Recentemente distinguiram-no (assim como desenvolveram uma nomenclatura de termos técnicos inteiramente nova) pelo nome de *Educação Cívica*.

Espero que seus partidários ingleses (a quem atribuo muito mais uma conduta irrefletida do que a finalidade extrema nesse projeto detestável) não consigam pilhar os eclesiásticos, nem introduzir um princípio de eleição popular para as nossas dioceses e padres de paróquia. No estado em que o mundo se encontra, isto seria a corrupção final da Igreja; a ruína definitiva do caráter clerical; o pior golpe que o Estado já sofreu de um arranjo equivocado da religião. Sei muito bem que sob o patronato régio e senhorial hoje existente na Inglaterra, como antes havia na França, as dioceses e cúrias são às vezes adquiridas por métodos indignos; mas o método contraposto de organização religiosa sujeita-as de uma maneira infinitamente mais segura e geral às artimanhas vis de uma ambição vulgar que, operando sobre grandes contingentes e por meio deles, produzirá danos proporcionais.

Aqueles dentre os senhores que roubaram o clero pensam que se reconciliarão facilmente com todas as nações protestantes, porque o clero que eles assim saquearam, degradaram e expuseram ao ridículo e ao desprezo é o clero católico apostólico romano, ou seja, de *sua própria* pretensa confissão. Não tenho a menor dúvida de que aqui, como em outros lugares, hão de se encontrar alguns míseros carolas cujo ódio por seitas e grupos diferentes dos seus próprios supera o amor pela essência da religião, e que mais se irritam com os que discordam de seus planos e sistemas particulares do que são contrariados com os que atacam os fundamentos de nossa esperança comum. Esses homens escreverão e falarão sobre o assunto de um modo condizente com o seu caráter e temperamento. Burnet diz que quando esteve na França, em 1683, "o método pelo qual os homens de boa família eram atraídos ao papismo era este, qual seja, chegaram a duvidar de toda a religião cristã, após o que tornava-se indiferente saber de que lado ou forma eles continuavam exteriormente". Se essa foi a política eclesiástica dos franceses, eles tiveram todos os motivos para se arrependerem depois: eles preferiram o ateísmo a uma forma de religião não condizente com suas ideias e chegaram à destruição dessa forma, se bem que o ateísmo não tardará em destruí-los. Concedo voluntariamente crédito à história de Burnet, pois já observei em nós mesmos demasiadas mostras de um espírito semelhante (e um pouco dele já será excessivo). Contudo, esse modo de pensar não é geral.

Os professores que reformaram nossa religião na Inglaterra não guardavam nenhuma semelhança com seus atuais doutores reformistas de Paris. Eles talvez estivessem (como os seus oponentes) mais sob a influência de um espírito de partido do que se poderia desejar, embora fossem crentes sinceros, homens da mais exaltada e fervorosa piedade, prontos a morrer (como alguns deles o fizeram), pela defesa heroica de suas ideias particulares do cristianismo, como fariam com igual fortaleza e maior alegria por aquele tronco de verdade geral, por cujos ramos eles lutaram com seu sangue. Esses homens teriam reprovado com horror os infelizes que alegassem ser companheiros seus pela única razão de terem pilhado as pessoas com quem mantinham controvérsias e desprezado a religião comum, por cuja pureza eles trabalharam com um zelo que traduz inequivocamente sua mais elevada reverência pela essência de um sistema que desejavam reformar. Muitos de seus descendentes conservaram o mesmo zelo, mas o exercem, como convém em tempos mais tranquilos, com maior moderação. Não se esquecem de que a justiça e a piedade são partes substanciais da religião. Não pertencem àquela categoria de ímpios que torna odiosa sua comunhão pelas iniquidades e crueldades exercidas sobre seus concidadãos.

Ouvimos esses novos professores se vangloriarem continuamente de seu espírito de tolerância. Que essas pessoas tolerem todas as opiniões, nenhuma das quais consideram estimável, não constitui um grande mérito. Desprezar todas por igual não implica uma bondosa imparcialidade. Essa classe de benevolência que deriva do desprezo não é autêntica caridade. Há na Inglaterra muitas pessoas que trazem consigo o verdadeiro espírito de tolerância. Pensam que os dogmas religiosos, ainda que não no mesmo grau, são todos de importância, e que entre eles há, como em todas as coisas de valor, fundamentos justos de preferência. Apesar de suas preferências, são tolerantes. Toleram não pelo desprezo às opiniões, mas pelo respeito à justiça. Estariam dispostos a proteger reverente e afetuosamente todas as religiões, já que adoram e veneram o grande princípio sobre o qual todas estão de acordo e o grande objetivo para o qual todas se dirigem. Começam a compreender de uma maneira cada vez mais clara que devemos fazer causa comum diante de um inimigo comum. Não se deixam extraviar pelo espírito de facção, a ponto de não distinguir o que é feito em favor de sua subdivisão daqueles atos de hostilidade que, por meio de uma confissão particular, se voltam contra todo o corpo no qual eles próprios, sob outra denominação, são incluídos. É-me impossível dizer qual pode ser o caráter da maioria de meus concidadãos, embora, falando pela maior parte, e por eles, deva dizer-lhe que o sacrilégio não participa de sua doutrina das boas ações; e que, longe desse título convocá-los para a camaradagem dos senhores, antes faz-se necessário, para que sejam admitidos à nossa comunhão, que os seus professores escondam cuidadosamente sua doutrina sobre a legalidade da proscrição de homens inocentes e restituam quaisquer bens que tenham sido roubados. Enquanto não se fizer isso, nunca serão dos nossos.

O senhor pode supor que não aprovamos o confisco que os franceses fizeram das rendas dos bispos, diáconos, capítulos e párocos que possuíam receitas independentes derivadas da terra, pelo fato de termos o mesmo tipo de instituição na Inglaterra. Essa objeção, o senhor dirá, não se pode aplicar ao confisco dos bens de monges e freiras, assim como à abolição de sua ordem. É bem verdade que essa particularidade de seu confisco não afeta, enquanto precedente, a Inglaterra, embora a razão, que autorizou essa aplicação entre nós, leve isto a mais longe. O Parlamento Longo confiscou as terras dos diáconos e capítulos ingleses com base nas mesmas premissas que levaram a Assembleia francesa a pôr à venda as terras das ordens monásticas. Mas o perigo reside no princípio de injustiça, não na categoria de pessoas sobre as quais ela primeiro se aplica. Vejo que em um país muito próximo do nosso se persegue uma política que afronta a justiça, preocupação comum da humanidade. Para a Assembleia Nacional francesa, a posse não é nada, assim como a lei e o costume nada são. Vejo essa assembleia reprovar abertamente a doutrina da prescrição, que um dos seus maiores juristas[142-143] nos diz, com razão, que faz parte do Direito Natural, e que a delimitação positiva de seus limites e a necessidade de preservá-lo de violações estavam entre as causas pelas quais se instituiu a sociedade civil. Uma vez abalado o direito da prescrição, nenhuma classe de propriedade estará segura, na medida em que se torna um campo fértil para instigar a cupidez do poder indigente. Observo em sua Assembleia uma correlação perfeita entre a prática e o desprezo que ela sente por essa parte grande e fundamental do Direito Natural. Vejo que o confisco começa pelos bispos, capítulos e mosteiros, mas não o vejo terminar aí. Vejo príncipes de sangue, proprietários de vastas propriedades de acordo com os antigos usos do reino, serem privados de suas posses (e sem a cortesia de um debate) e, em lugar de uma propriedade estável e independente, acharem-se reduzidos à

---

142. Domat.

143. Jean Domat (1625-1696), jurista francês e autor de *Les Lois Civiles dans leur Ordre Naturel* (*As Leis Civis em sua Ordem Natural,* 1689). (N.T.)

esperança de alguma pensão precária e caridosa, dependente do capricho de uma Assembleia, a qual, naturalmente, não dará grande importância aos direitos dos pensionistas, já que despreza os direitos dos proprietários legais. Excitados com a insolência de suas primeiras vitórias nada gloriosas e oprimidos pelas misérias nascidas de sua ignóbil ânsia pelo lucro, os expropriadores – decepcionados mas não desalentados – atreveram-se aos poucos a subverter por completo toda a propriedade, de todas as classes, dentro dos limites desse grande reino. Obrigaram todos a aceitar, como pagamento perfeito e como moeda excelente e legítima, os símbolos de suas especulações sobre a venda projetada de sua pilhagem em todas as transações comerciais, vendas de terras, contratos civis e nos demais atos da vida em comum. Que vestígios de liberdade ou de propriedade deixaram? O direito do arrendatário de uma horta de repolhos, o aluguel anual de uma choupana, a clientela de uma cervejaria ou de uma padaria, a sombra mesma de uma pretendida propriedade são tratados mais respeitosamente por nosso Parlamento do que, entre os senhores, se tratam as propriedades mais antigas e valiosas possuídas pelos personagens mais respeitáveis, ou a totalidade dos interesses monetário e comercial de seu país. Temos um grande apreço pela autoridade legislativa, mas nunca sonhamos que os Parlamentos tivessem qualquer direito de violar a propriedade, abolir a prescrição ou impor como obrigatória uma moeda de sua própria ficção no lugar do que é autêntico e reconhecido pelo direito das nações. Mas os senhores, que começaram por recusar submeter-se às restrições mais moderadas, terminaram por estabelecer um despotismo inaudito. A meu juízo, o argumento em que se apoiam os seus confiscadores é este: admitem que seus que seus procedimentos não poderiam ser defendidos perante nenhum tribunal, mas sustentam que as regras de prescrição não podem obrigar uma assembleia legislativa.[144-145] De modo que essa assembleia legislativa de uma nação livre atua não para assegurar, mas para destruir a propriedade, e não apenas

---

144. Discurso do Sr. Camus, publicado por ordem da Assembleia Nacional.

145. Armand-Gaston Camus (1740-1804), advogado de renome eleito por Paris como deputado do Terceiro Estado aos Estados Gerais e jansenista confesso, foi um dos líderes do partido patriótico na formação da Assembleia Nacional (que chegou a presidir entre 28 de outubro e 11 de novembro de 1789) e o principal propositor e redator da Constituição Civil do Clero. Favorável à condenação à morte de Luís XVI (apesar de não ter participado do julgamento dele por estar em missão); foi autor do *Code de l'administration et de l'aliénation des biens nationaux rédigé par l'ordre de l'Assemblée nationale* (*Código da administração e da alienação dos bens nacionais por ordem da Assembleia Nacional*, 1791). Sobre o jansenismo na cultura política francesa do Antigo Regime e seu importante, embora pouco estudado, papel nas origens da Revolução de 1789, leia-se Dale K. Van Kley, *The Religious Origins of the French Revolution: From Calvin to the Civil Constitution, 1560-1791* (New Haven: Yale University Press, 1996). (N.T.)

a propriedade, senão todas as regras e máximas que lhe possam dar estabilidade, e aqueles instrumentos que lhe permitem a circulação.

Quando no século XVI os anabatistas de Münster[146] cobriram a Alemanha de confusão por seu sistema nivelador e suas opiniões bárbaras sobre a propriedade, em que país da Europa o progresso de sua fúria não forneceu justa causa para alarme? Nada aterroriza mais a sabedoria do que esse fanatismo epidêmico, porque, de todos os seus inimigos, é aquele contra o qual dispõe de menos recursos para a defesa. Não podemos ignorar o espírito de fanatismo ateu promovido por uma multidão de escritos que se propagam com incríveis assiduidade e gastos, e por discursos que se pronunciam nas ruas e praças públicas de Paris. Esses textos e discursos produziram no populacho um estado de espírito sombrio e sanguinário que se sobrepõe aos sentimentos comuns da natureza, bem como a todos os sentimentos morais e religiosos; a tal ponto que esses infelizes são induzidos a suportar com uma deprimente paciência as misérias intoleráveis produzidas pelas convulsões e alterações violentas empreendidas na propriedade.[147] O espírito de fanatismo é seguido pelo espírito do proselitismo. Esses apóstolos da nova fé estabeleceram, na pátria e no exterior, sociedades para fazer cabalas e se corresponder com o propósito de propagar suas doutrinas. A República de

---

146. Liderados por João de Leyden (1509-1536) e Jan Matthys (1500-1534), os anabatistas da cidade de Münster (na Vestfália) tomaram o controle político da cidade por 18 meses (entre 1534-1535), período no qual procuraram estabelecer à força – contrariando, portanto, um dos pressupostos daquela denominação religiosa, que pregava justamente a adesão voluntária do fiel ao cristianismo – um governo teocrático místico, baseado na posse comum dos bens e na poligamia. Seus líderes foram brutalmente torturados e condenados à morte em pleno mercado da cidade, no ano de 1536. No tempo de Burke, o anabatismo era sinônimo de fanatismo político. (N.T.)

147. Não sei se o seguinte relato é exato ou não, mas é o que os editores fizeram passar por tal, a fim de incentivar os demais. Em uma carta de Toul, publicada em um de seus periódicos, encontra-se a seguinte passagem concernente à população daquele distrito: "Na Revolução atual, eles resistiram a todas as *seduções do fanatismo*, às perseguições e às *intrigas* dos inimigos da Revolução. *Esquecendo seus maiores interesses* em homenagem aos desígnios de ordem geral que determinaram a Assembleia Nacional, observam, *sem nenhuma queixa*, a supressão desses inúmeros estabelecimentos eclesiásticos pelos quais *subsistiam*; e mesmo com a perda de sua sede episcopal, o único de todos esses recursos que podia, ou melhor, *que devia, com toda justiça*, lhes ser conservado; condenados *à mais horrível miséria*, sem terem *sido* nem *podido ser ouvidos, não murmuraram*, permanecendo fiéis aos princípios do mais puro patriotismo; eles ainda estão prestes a *derramar o seu sangue* para a manutenção da Constituição que irá reduzir sua Cidade *à mais deplorável nulidade*". Não se supõe que essas pessoas tenham padecido de tais sofrimentos e injustiças em uma luta pela liberdade, já que o mesmo artigo corretamente afirma que elas sempre foram livres. A paciência com que suportam a mendicidade e a ruína, e com que sofrem, a injustiça mais flagrante e confessa, se rigorosamente verdadeiros, não podem ser senão o efeito desse terrível fanatismo. Por toda a França há uma grande multidão que se encontra na mesma situação e com o mesmo espírito.

Berna, um dos estados mais ditosos, mais prósperos e melhor governados da terra, é um dos grandes objetos a que dirigem seu espírito de destruição. Disseram-me que até certo ponto eles conseguiram semear por lá as sementes da discórdia. Trabalham ativamente na doutrinação da Alemanha, e tanto a Espanha quanto a Itália não ficaram incólumes. A Inglaterra também não foi excluída do plano abrangente de sua maligna caridade; e encontramos aqui indivíduos que os acolhem, que recomendam seus exemplos do alto de mais de um púlpito e que, para além de uma reunião periódica, decidem corresponder-se publicamente com eles, aplaudi-los e considerá-los como modelos dignos de imitação; que recebem deles provas de amizade e estandartes consagrados em meio a seus ritos e mistérios;[148] que lhes propõem juramentos de amizade eterna no momento preciso em que o poder constitucionalmente legítimo, para exercer a capacidade federativa desse reino, pode achar conveniente declarar-lhes guerra.

Não é o confisco da propriedade de nossa Igreja o que temo a partir desse exemplo da França, ainda que, do meu ponto de vista, isso não seja um mal trivial. A fonte inesgotável de minha preocupação é o temor de que na Inglaterra se chegue a admitir como política de Estado a busca de recursos na base de confiscos de qualquer tipo, ou de que uma certa categoria de cidadãos possa encarar as outras como sua presa natural.[149-150] As nações

---

148. Vide os procedimentos da Confederação de Nantes.

149. *Si plures sunt ii quibus improbe datum est, quam illi quibus injuste ademptum est, idcirco plus etiam valent? Non enim numero hæc judicantur sed pondere. Quam autem habet æquitatem, ut ugrum multis annis, aut etiam seculis ante possessum, qui nullum habuit habeat; qui autem habuit amittat? Ac, propter hoc injuriæ genus, Lacedæmonii Lyfandrum Ephorum expulerunt: Agin regem (quod nunquam antea apud eos acciderat) necaverunt: exque eo tempore tantæ discordiæ secutæ sunt, ut et tyranni exsisterint, et optimates exterminarentur, et preclarissime constituta respublica dilaberetur. Nec vero solum ipsa cecidit, sed etiam reliquam Græciam evertit contagionibus malorum, quæ a Lacadæmoniis profectae manarunt latius.* Após falar da conduta do modelo dos verdadeiros patriotas, Aratus de Sycion, cujo espírito era realmente muito distinto, disse: *Sic par est agere cum civibus; non ut bis jam vidimus, hastam in foro ponere et bona civium voci subjicere præconis. At ille Græcus (id quod fuit sapientis et præstantis viri) omnibus consulendum esse putavit: eaque est summa ratio et sapientia boni civis, commoda civium non divellere, sed omnes eadem æquitate continere.* Cícero, *De Officiis*. I, p. 2.

150. "E ainda que aqueles a quem os bens foram injustamente entregues estivessem em maior número do que os que foram injustamente despojados, nem por isto eles seriam mais fortes; pois, neste caso, é o peso, e não o número, que deve prevalecer. Com efeito, que espécie de equidade é esta, que rouba um campo àquele cujos títulos de propriedade remontam a vários anos ou séculos, para dá-lo a quem nunca o possuiu? Foi por uma injustiça desse gênero que os Lacedemônios expulsaram o éforo Lisandro e condenaram à morte o seu rei Agis, algo que ainda não se vira entre eles. Com os distúrbios que se seguiram, elevaram-se tiranos que exilaram os melhores cidadãos; e este Estado, dotado de uma Constituição tão bela, foi dissolvido. Mas ele não caiu só: o contágio se espalhou pelo resto da Grécia e a destruiu; estes males, que

cada vez mais se afundam num oceano de dívidas ilimitadas. É bem provável que a dívida pública, que a princípio representava uma garantia para muitos governos – já que associava o interesse de muitas pessoas à tranquilidade pública –, se converta, devido ao seu excesso, em meio de subversão dos mesmos. Pois se os governos provêm o pagamento dessas dívidas mediante elevação de impostos, perecerão ao tornar-se odiosos aos olhos do povo. Se, ao contrário, ignorarem tal pagamento, serão destruídos pelos esforços do mais perigoso de todos os partidos, ou seja, um amplamente insatisfeito interesse monetário, cujos interesses foram prejudicados, mas não destruídos. Os homens envolvidos nesse interesse buscam suas garantias primeiro na fidelidade do governo e depois no seu próprio poder. Se lhes parecer que os velhos governos estão degenerados, desgastados e falidos ao ponto de não terem vigor suficiente para o desempenho de seus propósitos, podem buscar governos novos que possuam mais energia, muito embora essa energia não derive de novos recursos, mas do desprezo pela justiça. As revoluções são favoráveis aos confiscos, e é impossível saber sob que nomes odiosos os próximos confiscos serão autorizados. Estou seguro de que os princípios predominantes na França hão de se estender a um grande número de pessoas e a classes inteiras em todos os países, as quais acreditam que sua indolência inofensiva seja a garantia de sua segurança. Essa espécie de inocência dos proprietários pode ser apresentada sob a forma de inutilidade, e esta, posteriormente, como uma incapacidade para possuir seus bens. Muitas regiões da Europa já se encontram em um estado de manifesta desordem, ao passo que em muitas outras sente-se um surdo murmúrio, um movimento confuso que anuncia um terremoto geral no mundo político. Em muitos países, confederações e correspondência da natureza mais extraordinária já estão em formação.[151] Diante desse estado de coisas, é mister que fiquemos em guarda. A circunstância em todas as mutações (caso se produzam) que mais servirá para mitigar os seus efeitos malévolos e promover o bem que possam conter é o fato de que nos encontremos firmemente aferrados à justiça e zelosos para com a propriedade.

---

tiveram sua origem com os Lacedemônios, estenderam-se para muito além... Eis a maneira justa de se tratar os cidadãos, e não como vós o fizestes duas vezes, ao erguer as lanças em pleno Fórum e submeter seus bens ao leilão. Pelo contrário, aquele grego acreditava, como sábio que era, que os interesses de todos deviam ser levados em conta; e a boa política, de concerto com a sabedoria, inspirará sempre um bom cidadão, ao invés de violar as propriedades particulares, a oferecer a todos uma igual proteção, aquela das leis." (N.T.)

151. Vide os dois livros que se intitulam, respectivamente, *Einige Originalschiriften des Illuminatenordens* e *System und Folgen des Illuminatenordens*. Munique, 1787.

Pode-se argumentar que esse confisco levado a cabo na França não deveria alarmar outras nações, uma vez que não seria fruto de uma cega rapina, mas uma grande medida de política nacional, adotada para suprimir os males crônicos de uma inveterada superstição. Todavia, experimento grandes dificuldades quando se trata de separar a política da justiça. A justiça, por si só, é o maior fundamento político da sociedade civil, de modo que qualquer desvio dela, sob quaisquer circunstâncias, suscita a suspeita de não se tratar absolutamente de política.

Quando as leis em vigor encorajam os homens a seguir um certo modo de vida e os protegem nesse modo como se isto fosse uma ocupação legítima – quando todas as suas ideias e todos os seus hábitos adaptaram-se a esse estilo; quando o direito há muito já converteu a adesão às suas regras em fundamento de boa reputação, assim como em motivo de desonra e até de penalidade o afastamento delas –, estou convencido de que é juridicamente injusto, por meio de um decreto arbitrário, violentar subitamente suas ideias e seus sentimentos; degradá-los forçosamente de seu estado e condição, estigmatizando com a infâmia e a vergonha aquelas condutas e hábitos que antes eram a medida de sua felicidade e de sua honradez. Somem-se a isso uma expulsão de suas habitações e um confisco de todos os seus bens, e serei incapaz de distinguir como essa diversão despótica, feita dos sentimentos, consciências, hábitos e propriedades dos homens, pode diferir da mais rematada tirania.

Se a injustiça do rumo seguido pela França é patente, deveria ser ao menos igualmente evidente e importante a política por trás daquelas medidas, isto é, o benefício público que se pode esperar delas. A um homem que não age sob a influência da paixão e que deseja apenas o bem público, há uma grande e impressionante diferença entre o que a política prescreveria sobre a introdução original dessas instituições, e o que aconselharia a respeito de sua abolição completa naqueles lugares em que elas se arraigaram profundamente, e onde, pelo efeito de antigos hábitos, coisas mais valiosas do que elas próprias lhes estão tão adaptadas e, de certa forma, entrelaçadas nelas, que não se pode destruir uma sem ferir gravemente a outra. Ele poderia ficar constrangido se as circunstâncias fossem tais como as apresentam os sofistas em seu estilo de debate mesquinho. Mas aqui, como na maior parte das questões de Estado, existe um meio-termo. Há algo mais do que a mera alternativa entre a destruição absoluta e a subsistência sem reformas. *Spartam nactus es; hanc exorna.*[152] Essa, a meu juízo, é uma regra de profunda sabedoria e que um reformador honesto jamais poderia abandonar. Não posso

---

152. Cícero, *ad Atticum*, VI, p. 6: "Esparta é vossa; ornamentai-a". (N.T.)

conceber como algum homem possa chegar a ser tão pretensioso a ponto de considerar seu país como nada além de uma tábua rasa onde pudesse escrever o que mais lhe aprouvesse. Um homem pleno de boas intenções, ardente e especulativo, pode desejar que a sociedade na qual vive seja constituída de forma diferente daquela em que ele a encontra; mas um bom patriota e um verdadeiro político pensa sempre em tirar o melhor partido possível dos materiais existentes em seu país. Meu tipo ideal de estadista seria aquele que reunisse uma tendência para conservar e uma capacidade para aperfeiçoar. Fora disso, há apenas vulgaridade na concepção e perigos na execução.

Há momentos na fortuna dos Estados nos quais certos homens de gênio são chamados a conceber, mediante grande esforço mental, certos progressos. Nesses momentos, incluso quando parecem investidos de uma autoridade ilimitada graças à confiança que lhes dispensam seu príncipe e seu país, nem sempre dispõem dos instrumentos adequados para a ação. Para que consiga empreender grandes feitos, um político busca um *poder,* o que os trabalhadores braçais chamam de *alavanca,* de modo que ao encontrá-lo não terá nenhuma dificuldade na sua aplicação, seja na política seja na mecânica. Em minha opinião, havia nas instituições monásticas uma dessas alavancas aplicável ao mecanismo da benevolência pública. Essas instituições, cujos rendimentos eram orientados ao público, compunham-se de homens totalmente reservados e dedicados à causa pública, sem quaisquer outros laços e princípios que não os públicos; homens aos quais era impossível converter os bens de sua comunidade em uma fortuna privada; homens para quem a pobreza pessoal é uma honra e que renegam todos os interesses pessoais; homens cuja avareza funciona em proveito de alguma comunidade e nos quais a obediência implícita ocupa o lugar da liberdade. Os esforços humanos de se recriar tais instituições quando bem se entender são inúteis. Os ventos sopram aleatoriamente. Essas instituições são produtos do entusiasmo e instrumentos da sabedoria, a qual, não podendo criar os materiais – pois são dádivas da natureza ou do acaso –, obtém sua glória do uso que faz deles. A existência perene das corporações e suas riquezas é um bem de uma natureza particularmente valiosa a um homem que saiba ver à distância, que medite sobre os desígnios que exigem muito tempo para serem postos em prática, e que pretenda conservar os resultados quando eles se realizam. Não merece ocupar um posto superior ou ser incluído entre os grandes estadistas quem, tendo obtido o comando e a direção de um poder tal como o que existe na riqueza, na disciplina e nos hábitos de corporações como as que foram irrefletidamente destruídas pelos senhores, é incapaz de encontrar um meio de fazê-lo produzir frutos bons e duradouros a seu país. A mera visão desse poder sugere mil usos para uma mente engenhosa. Destruir um poder que nasce espontaneamente da exuberante força criadora do espírito humano é quase o equivalente, no mundo moral, à destruição das propriedades aparentemente ativas de corpos no mundo material. Seria como a tentativa de destruir (se estivesse ao nosso alcance fazê-lo) a força expansiva do ar fixado no salitre, ou o poder do vapor, da eletricidade e do magnetismo. Essas energias sempre existiram na natureza e sempre foi possível observá-las. Algumas delas pareceram imprestáveis, outras nocivas, outras ainda pareciam servir tão somente como um divertimento para as crianças, até que a faculdade contemplativa, combinada com a experiência, conseguiu domar sua natureza feroz e, domesticando-as para o uso, transformá-las de uma só vez nos agentes mais poderosos, maleáveis e obedientes aos grandes desígnios e projetos humanos. Será que 50 mil pessoas, cujo esforço mental e físico poderiam ser comandados, e muitas centenas de milhares de uma renda que não era ociosa nem supersticiosa parecem-lhes demasiado grandes para suas capacidades de manejo? Será que os senhores não dispunham de outro meio de utilizar esses homens a não ser convertendo os monges em pensionistas? Nenhum outro meio de tirar proveito das rendas, senão, pelo imprevidente recurso de uma venda a baixo preço? Se os senhores estavam a tal ponto destituídos de recursos intelectuais, então o procedimento seguiu seu curso natural: como seus políticos nada entendem de seu ofício, eles vendem suas ferramentas.

Poder-se-ia objetar, entretanto, que essas instituições favoreciam a superstição em seu próprio princípio e a alimentavam mediante uma influência sólida e permanente. Por mais que evite adentrar nesse mérito, sou obrigado a lembrar que isto não impedia os senhores de derivar da própria superstição todos os benefícios que ela pudesse oferecer para o bem público. Os senhores tiram proveito de muitas disposições e paixões do espírito humano que, aos olhos da moral, são de um matiz tão duvidoso quanto a própria superstição. Cabia-lhes corrigir e mitigar tudo aquilo que essa paixão, como toda paixão, apresentasse de nocivo. Mas será a superstição o pior de todos os vícios possíveis? Creio que em excesso se torna um grande mal. Isso, no entanto, é um problema moral, o qual naturalmente é passível de todos os graus e todas as modificações. A superstição é a religião das mentes fracas, razão pela qual deve ser tolerada em uma certa proporção (insignificante ou entusiástica), sob pena de privar os espíritos débeis de um recurso que se reconhece como necessário aos mais vigorosos. O corpo de toda religião verdadeira consiste, evidentemente, na obediência à vontade do soberano do universo, na confiança em suas palavras e na imitação de suas perfeições. O resto diz respeito a nós mesmos, de maneira que podemos nos aproximar ou nos afastar desse ideal. Os sábios que, como tais, não se *admiram* por nada (ou ao menos não são admiradores dos *Munera Terrae*),[153] não são violentamente apegados a essas coisas, nem as odeiam violentamente. O censor mais severo da loucura não é a sabedoria, mas as loucuras rivais, que travam mutuamente guerras contínuas e retiram das suas vantagens as consequências mais cruéis na medida em que logram atrair o vulgo sem moderação para um dos lados de seus conflitos. A prudência ficaria neutra, se bem que na contenda entre a simpatia profunda e a feroz antipatia com respeito a coisas que, por sua natureza, não estão feitas para provocar semelhante entusiasmo, um homem prudente estivesse obrigado a escolher entre os erros e os excessos de entusiasmo a condenar ou a suportar, ou talvez preferisse a superstição que constrói àquela que destrói, aquela que adorna àquela que deforma, aquela que enriquece àquela que saqueia, aquela que proporciona um benefício equivocado àquela que estimula uma injustiça real e, por fim, aquela que leva um homem a renunciar aos prazeres legítimos àquela que arranca dos outros a precária subsistência de sua abnegação. É assim, a meu juízo, que se deve colocar a questão entre os antigos fundadores da superstição monástica e a superstição dos pretensos filósofos de nossos dias.

Deixo de lado, por ora, todas as considerações sobre o suposto benefício público que se deve obter da venda dos bens da Igreja, benefício que, apesar de tudo, considero ser perfeitamente ilusório. Tomo essa venda como tendo sido exclusivamente uma transferência de propriedade e permito-me perturbar-lhes com algumas reflexões sobre a política dessa transferência.

Em toda sociedade próspera há um excedente de produção sobre aquilo que é necessário para o sustento imediato do produtor. Esse excedente constitui a renda do proprietário fundiário, e, ainda que seja gasto por um proprietário que não trabalha, essa ociosidade é a fonte do trabalho, da mesma forma que esse repouso é um estímulo à industriosidade. A única preocupação do Estado deve ser a de garantir que o capital proveniente do aluguel da terra retorne à indústria de onde proveio, e que isto se faça com o menor prejuízo possível para os costumes daqueles que gastam e do povo a quem ele retorna.

Em todas as considerações de receitas, despesas e emprego pessoal, um legislador sóbrio deveria comparar cuidadosamente o proprietário que ele recomendou expulsar com o estranho que deve substituí-lo. Antes de se expor às inconveniências que *necessariamente* acompanham todas as revo-

---

153. Horácio, *Odes*, II, xiv, p. 10: "As dádivas da Terra". (N.T.)

luções violentas na propriedade realizadas por um confisco extenso, deveríamos ter alguma garantia racional de que os compradores da propriedade confiscada serão consideravelmente mais laboriosos, mais virtuosos, mais sóbrios, menos dispostos a extorquir uma proporção excessiva dos ganhos do camponês ou a consumir consigo mesmos mais do que é conveniente a um indivíduo – ou que, em relação às finalidades do interesse público, estejam qualificados para dispor do excedente de um modo mais firme e equitativo do que os antigos proprietários, chamem-se estes bispos, cônegos, abades ou monges. Os monges são preguiçosos. Que seja. Admitamos que não tenham outro uso senão o de cantar no coro. Que tenham uma ocupação tão útil quanto a dos que não cantam e não falam, ou dos que cantam no palco. Que sejam tão utilmente empregados quanto aqueles que trabalham da aurora ao entardecer nas inúmeras ocupações servis, degradantes, indecorosas, desumanas e frequentemente insalubres e perniciosas, às quais veem-se inevitavelmente condenados pela economia social tantos infelizes. Se não fosse geralmente pernicioso perturbar o curso natural das coisas e impedir, em qualquer grau que seja, o movimento circular da grande roda que é girada pelo trabalho estranhamente orientado desses desditosos, eu estaria infinitamente mais inclinado a resgatá-los à força de sua laboriosidade miserável do que a perturbar violentamente o repouso tranquilo da quietude monástica. A humanidade e talvez a política poderiam justificar-me melhor em uma do que na outra. É um assunto sobre o qual sempre refleti e nunca sem emoção. Estou certo de que nenhuma consideração, exceto a necessidade de submeter-se ao jugo da luxúria e ao despotismo da fantasia que, com seus procedimentos imperativos, distribuirão o produto excedente do solo, pode justificar que num Estado bem ordenado se tolerem tais comércios e empregos. Parece-me, entretanto, que para esta finalidade distributiva as despesas ociosas dos monges são tão bem direcionadas quanto as despesas supérfluas nossas, dos leigos ociosos.

Se as qualidades dos atuais possuidores e de seus virtuais substitutos são equiparáveis, não há motivo para a mudança. No caso presente, porém, talvez não haja equivalência, senão vantagem a favor dos atuais proprietários. Pois não me parece que os gastos daqueles que o governo francês quer expulsar tendam, tão direta ou geralmente, a corromper, degradar e tornar mais miseráveis os que se envolvem com esse tipo de propriedade, como ocorre com as despesas desses futuros proprietários que o seu governo está introduzindo na casa deles. Por que o dispêndio de um grande latifúndio, que é o fruto do produto excedente do solo, parece intolerável aos senhores ou a mim, quando isto segue seu curso por meio do acúmulo de vastas bibliotecas que contêm a história da força e da fraqueza da mente humana; pelo intermédio de grandes coleções de documentos, medalhas e moedas da antiguidade que dão o testemunho e explicam as leis e os costumes; por meio de pinturas e estátuas que, imitando a natureza, parecem estender os limites da criação; pelos grandiosos monumentos aos mortos que prolongam as considerações e relações da vida para além da sepultura ou por meio de coleções de diversos exemplares da natureza que, por sua disposição, se transformam em uma assembleia representativa de todas as classes e famílias do mundo, facilitando e abrindo os caminhos da ciência à nossa curiosidade? Se todas essas aquisições são melhor garantidas contra o divertimento inconstante do capricho e da extravagância pessoais pelas grandes instituições permanentes, estariam melhor se tivessem sido reunidas pelo gosto de indivíduos isolados? Para aqueles carpinteiros e pedreiros que partilham do suor do camponês em seu labor, a construção e o restauro dos majestosos templos religiosos não representam um trabalho tão agradável e salubre quanto as mesmas tarefas desempenhadas nas barracas e nos antros do vício e da luxúria? Não seriam tão digna e proveitosamente empregados no restauro das obras sacras que se tornam veneráveis com o passar dos séculos quanto na construção dos receptáculos momentâneos da transitória voluptuosidade, isto é, os teatros de ópera, os bordéis, as casas de jogos, os clubes e os obeliscos do Campo de Marte? Será que o excedente da produção dos vinhedos e das oliveiras é melhor empregado na engorda de uma incontável multidão dos que se degradam ao se tornarem criados inúteis e subservientes ao orgulho de outros homens, do que no sustento frugal de pessoas que as ficções de uma crença piedosa elevaram à dignidade pelo serviço consagrado a Deus? O dispêndio com a decoração de templos sagrados é menos digno de um homem sensato do que o gasto em laços, fitas, penachos cívicos, casas de brinquedo, jantares e toda a incontável gama de afetações e extravagâncias em que a opulência se distrai do peso de sua superfluidade?

 Toleramos inclusive essas loucuras, não por amor a elas, mas por receio de coisa pior. Toleramos porque a propriedade e a liberdade requerem, até certo ponto, essa tolerância. Mas por que proscrever aquele uso das propriedades que, sob todos os pontos de vista, é o mais louvável? Por que, pela violação de toda propriedade e pelo ultraje a todo princípio de liberdade, forçá-las a ir do melhor para o pior?

 Essa comparação entre os novos proprietários dos bens eclesiásticos e as antigas corporações religiosas é feita sobre uma suposição de que nenhuma reforma poderia ser efetuada nas últimas. Todavia, em matéria de reformas, sempre considero que as entidades corporativas – tanto as isoladas quanto as consistindo em muitas – são, no que diz respeito ao uso de sua propriedade e à regulamentação dos hábitos e modos de vida de seus membros, muito mais suscetíveis de uma orientação pública pelo poder do Estado do que poderiam ou deveriam ser os cidadãos particulares. E esta me parece ser uma consideração de extrema importância para aqueles que empreendem qualquer coisa que possa ser digna de uma ação política. Já escrevi o bastante sobre as propriedades monásticas.

Com respeito às propriedades em poder dos bispos, cônegos e abades, não encontro motivo para que algumas propriedades fundiárias não possam ser possuídas de outras formas a não ser por herança. Será que algum espoliador filosófico se comprometerá a demonstrar o perigo positivo ou relativo que possa haver ao se deixar que uma parte, ou até mesmo uma grande porção, da propriedade fundiária se transmita por sucessão a pessoas cujo título de propriedade é, sempre na teoria, mas com frequência também na prática, um eminente grau de piedade, moral e erudição; uma propriedade que, por sua vez, dado seu destino, proporciona – na base do mérito – apoio e renovação às famílias mais nobres, assim como meios de dignificação e elevação às mais humildes; uma propriedade cuja posse implica o cumprimento de algum dever (qualquer que seja o valor atribuído a esse dever) e cujo caráter de seus proprietários exige pelo menos um aparente decoro e costumes graves, obrigando-os a praticar uma hospitalidade generosa, porém comedida, e a considerar suas rendas como fundos caritativos que lhes foram confiados? Uma propriedade cujos detentores, mesmo quando faltam com sua confiança, afastam-se de seu caráter e degeneram a ponto de se tornarem um mero nobre ou cavalheiro secular, não são de modo algum piores do que os possíveis herdeiros de suas propriedades usurpadas? É melhor que propriedades sejam possuídas por homens livres de qualquer obrigação do que por aqueles incumbidos de alguma? Por aqueles cujo caráter e destinação encaminham à virtude do que por aqueles que não têm nos gastos de sua propriedade outra regra nem direção senão sua própria vontade e apetite? Tampouco é certo que essas propriedades apresentem os caracteres e os males que se supõem inerentes aos bens de mão-morta: mudam de proprietário mais rapidamente do que qualquer outra. Nenhum excesso é bom e, por esta razão, não convém que uma grande parte da propriedade fundiária de um país seja possuída oficialmente por toda a vida, embora não me pareça um dano substancial para qualquer Estado que existam algumas propriedades fundiárias que possam ser adquiridas por meios distintos da prévia aquisição de dinheiro.

Esta carta tomou grandes proporções, ainda que seja de fato breve em relação à extensão infinita da matéria. Diferentes ocupações afastaram-me de tempos em tempos desse assunto. Não lamento o fato de haver empregado meu tempo a observar se havia nas atas da Assembleia Nacional razões para mudar ou atenuar alguns dos meus primeiros sentimentos. Pelo contrário, tudo só fez confirmar com mais ênfase minhas primeiras opiniões. Meu propósito original era o de examinar os princípios da Assembleia Nacional relativos às instituições grandes e fundamentais do Estado e comparar a totalidade das novas instituições colocadas no lugar daquilo que vocês destruíram com as diversas partes da constituição britânica. Mas esse plano é mais extenso do que a princípio calculei, e percebo que vocês estão pouco dispostos a tirar proveito de quaisquer exemplos. Por ora, limito-me a tecer algumas considerações sobre suas instituições, deixando para outro momento o que eu propunha dizer sobre o espírito da monarquia, da aristocracia e da democracia britânicas, tal como existem na prática.

Passei em revista os atos do poder governante na França. Não resta dúvida de que me expressei com grande franqueza. Aqueles cujo princípio consiste em depreciar os sentimentos antigos e constantes da humanidade e implantar um plano social sobre princípios novos devem, naturalmente, esperar que aqueles de nós que têm mais confiança no julgamento da raça humana do que no deles próprios tenham o direito de examinar tanto eles quanto seus estratagemas. Devem estar seguros de que estamos dispostos a escutar sua razão, mas nada esperamos de sua autoridade. Nenhum dos grandes princípios que influenciam a humanidade depõe a seu favor. Como declaram-se hostis à opinião, é claro que não devem esperar apoio dessa influência que depuseram da sede de sua jurisdição juntamente com todas as demais autoridades.

Nunca poderei ver essa Assembleia como algo mais do que uma associação de homens que se aproveitaram das circunstâncias para tomar o poder do Estado. Seus integrantes não estavam investidos nem da sanção nem da autoridade do caráter sob o qual inicialmente se reuniram. Assumiram outro caráter de natureza muito distinta e alteraram e inverteram por completo todas as relações em que originalmente se regiam. A autoridade que exercem não deriva de nenhuma lei constitucional do Estado. Ignoraram as instruções do povo que os elegeu; instruções que, pelo fato de a Assembleia não agir em virtude de nenhum costume antigo ou lei estabelecida, eram a única fonte de sua autoridade. Seus atos mais relevantes não foram aprovados por grandes maiorias, de modo que num sufrágio tão escassamente majoritário, apoiado exclusivamente na teórica autoridade atribuída ao conjunto, os estrangeiros considerarão tanto as razões como os votos emitidos.

Se a Assembleia tivesse realizado essa nova experiência governamental como substitutivo necessário para uma tirania deposta, a humanidade preveria o prazo da prescrição que depois de um longo tempo confere legitimidade aos governos nascidos da violência. Todos aqueles cujas inclinações conduzem à conservação da ordem social teriam, mesmo no berço, reconhecido como legítimo o filho nascido de circunstâncias urgentes às quais todos os governos legítimos devem sua origem e pelas quais justificam sua continuidade. As mesmas pessoas, entretanto, tardarão e relutarão em dar qualquer espécie de aprovação aos atos de um poder que não é proveniente de nenhuma lei ou de nenhuma necessidade, mas que, ao contrário, teve origem naqueles vícios e práticas sinistras pelos quais a coesão social é frequentemente perturbada e eventualmente destruída. Essa Assembleia, que mal tem um ano de prescrição, proclamou haver feito uma revolução, algo que, *prima fronte*, exige uma justificativa. Fazer uma revolução implica em subverter a antiga constituição de um país, de modo que razões comuns não são invocadas para justificar um procedimento tão violento. O sentimento comum da humanidade nos autoriza a examinar o modo pelo qual um novo poder foi adquirido, e a criticar o uso que se faz dele, com menos respeito e deferência que se concede a uma autoridade estabelecida e reconhecida.

Os meios empregados pela Assembleia francesa na obtenção e conservação de seu poder inspiraram-se em princípios totalmente opostos àqueles que parecem dirigi-la no uso que faz dele. Uma observação dessas diferenças nos esclarecerá sobre o verdadeiro espírito de sua conduta. Tudo o que fez e segue fazendo com o objetivo de obter e conservar seu poder passa pela mais comum das artes. Procede exatamente como seus ancestrais de ambição procederam anteriormente. Siga todos os seus artifícios, fraudes e violências, e não se conseguirá encontrar nada absolutamente novo. Ela segue os precedentes e os exemplos com a exatidão minuciosa de um pleiteante, não se afastando um milímetro das fórmulas autênticas da tirania e da usurpação. Contudo, em todas as normas relativas ao bem público, seu espírito tem sido o exato oposto disso. Ali tudo é deixado à mercê de especulações não experimentadas e os interesses mais caros ao público são abandonados àquelas vagas teorias, às quais nenhum de seus membros confiaria o menor de seus interesses privados. Essa diferença se explica pelo fato de seu único desejo ser o de obter e preservar o poder, preferindo, nesse ponto, trilhar o caminho mais batido. Completamente desprovida de qualquer preocupação autêntica pelos interesses públicos, abandona-os totalmente ao acaso, uma vez que seus planos nada têm de experiência para provar sua potencialidade benéfica.

Devemos sempre encarar com uma compaixão não desprovida de respeito os erros dos que são tímidos e duvidam de si mesmos quando tratam de assuntos nos quais a felicidade do gênero humano é posta em jogo. Entre os membros da Assembleia, entretanto, não há nada daquela solicitude paternal que teme cortar o filho em nome de um experimento. Na vastidão de suas promessas e na confiança com que fazem suas predições, ultrapassam de longe as bazófias dos empíricos. Na arrogância de suas pretensões há uma certa provocação que nos incita a investigar seus fundamentos.

Estou convencido de que há homens de consideráveis talentos entre os líderes populares da Assembleia Nacional. Alguns deles dão em seus discursos e escritos provas de eloquência, a qual não pode existir sem talentos fortes e cultivados. Mas a eloquência pode existir sem um grau proporcional de sabedoria. Quando falo de capacidade, estou obrigado a distinguir. O que eles fizeram para promover seu sistema não é obra de homens vulgares. No próprio sistema, tomado como o plano de uma república edificada para obter a prosperidade e a segurança do cidadão e aumentar a força e a grandeza do Estado, confesso-me incapaz de encontrar qualquer coisa que demonstre o trabalho de uma mente abrangente e organizada, ou mesmo as precauções de uma prudência vulgar. Seu propósito parece ter sido sempre o de evadir e se esquivar da *dificuldade*. Ora, a glória dos mestres de todas as artes consistiu em abordar e superar essa dificuldade e, após tê-la vencido, transformá-la em um instrumento para novas vitórias sobre novas dificuldades, estendendo assim o império da ciência e fazendo avançar para além dos limites de suas ideias originais os marcos do próprio entendimento humano. A dificuldade é um instrutor severo imposto a nós pelo decreto soberano de um legislador e guardião paternal que nos conhece melhor do que nós mesmos e nos ama muito mais do que nós nos amamos. *Pater ipse colendi haud facilem esse viam voluit.*[154] Quem luta contra nós fortalece nossos nervos e aguça nossa habilidade, razão pela qual nossos antagonistas são nossos maiores apoiadores. O conflito amistoso com a dificuldade nos obriga a um conhecimento íntimo de nosso objeto, a considerá-lo em todos os seus aspectos: ele não permite que sejamos superficiais. O que produziu em tantas partes do mundo governos com poderes arbitrários é a falta de vigor para compreender um tal esforço, bem como a propensão degenerada a inventar atalhos e pequenas comodidades falaciosas. Assim nasceu a extinta monarquia arbitrária francesa, e foi exatamente dessa forma que nasceu a arbitrária república de Paris. Esses homens pretendem com-

---

154. Virgílio, *Geórgicas* I, p. 121. "Deus decretou que o caminho do homem do campo não seria fácil". (N.T.)

pensar a falta de saber pela plenitude da força. Não conseguirão nada com isso. Os que iniciam seus trabalhos na base da insolência encontram o destino comum dos insolentes. As dificuldades que eles preferiam eludir a resolver apresentaram-se novamente em seu caminho, multiplicando-se e acumulando-se sobre eles e, através de um labirinto de detalhes confusos, envolvendo-os em uma laboriosidade sem limites e sem direção, extirpando de suas obras toda força, valor e segurança.

Foi essa incapacidade para lutar com as dificuldades que obrigou a arbitrária Assembleia da França a começar seus planos de reforma pela abolição e pela total destruição.[155-156] Mas é por meio da destruição e da demolição que se demonstra a habilidade? Seu populacho pode fazê-lo tão bem quanto suas assembleias. A inteligência mais superficial, a mão mais rude são mais que suficientes para essa tarefa. A raiva e o frenesi derrubam em meia-hora mais do que a prudência, a deliberação e a previsão logram construir em 100 anos. Os erros e os defeitos das velhas instituições são de tal modo visíveis e palpáveis, que não é necessário muito talento para verificá-lo; e onde é dado o poder absoluto é preciso apenas uma palavra para eliminar totalmente o vício e a instituição de uma só vez. A mesma disposição ociosa e inquieta, amante da indolência mas inimiga do repouso, orienta esses políticos

---

155. Um dos principais membros da Assembleia, o Sr. Rabaut de St-Etienne, expressou com toda clareza possível o princípio dos seus procedimentos. Nada pode ser mais simples: "Todos os estabelecimentos franceses coroam a infelicidade do povo: para torná-lo feliz, é preciso renová-los, mudar suas ideias, suas leis, seus costumes; ... mudar os homens, as coisas; alterar as palavras;... destruir tudo, pois é preciso refazer tudo". Esse senhor foi eleito presidente de uma Assembleia que não celebra suas sessões no *Quinze vingt*, ou nas *Petites Maisons;* preside uma assembleia cujos membros têm-se por pessoas racionais, embora nem suas ideias, nem suas linguagens ou conduta difiram, no mínimo grau, dos discursos, opiniões e ações daqueles que, dentro ou fora da Assembleia, dirigem as operações da máquina ora em funcionamento na França.

156. Jean-Paul Rabaut de Saint Étienne (1743-1793), pastor protestante célebre por sua contribuição intelectual e política na promulgação do Edito de Tolerância (1787) por Luís XVI, elegeu-se deputado pelo Terceiro Estado de Nîmes e Beaucaire aos Estados Gerais, onde exerceu um papel ativo na reunião das três ordens e na formação da Assembleia Nacional (da qual foi membro do comitê constitucional e presidente por um curto mandato, entre 15 e 27 de março de 1790). Eleito deputado à Convenção Nacional, aliou-se aos Girondinos, que o nomearam como membro da "Comissão Extraordinária dos Doze" (designada como resposta Girondina ao Tribunal Revolucionário e ao Comitê de Salvação Pública, estabelecidos pelos deputados da Montanha em 10 de março e 6 de abril de 1793, respectivamente). Por haver integrado uma comissão acusada de traição pelo clube jacobino e as seções revolucionárias parisienses nas jornadas de maio-junho de 1793, Rabaut teve a prisão decretada em 2 de junho de 1793, sendo preso e guilhotinado em 5 de dezembro do mesmo ano. Além de ter escrito o panfleto *Précis de l'histoire de la Révolution française* (1792), uma das primeiras tentativas de interpretação histórica da revolução para o período que se estende entre a reunião dos Estados Gerais e o encerramento da Assembleia Constituinte (maio de 1789 – setembro de 1791), foi o autor de uma frase que sintetiza o espírito de 1789: "a história não é o nosso código". (N.T.)

quando iniciam a tarefa de reconstruir no lugar daquilo que destruíram. Dispor as coisas na ordem inversa em que se encontram é quase tão fácil quanto destruir. Não se encontra dificuldade naquilo que nunca foi testado. A crítica se vê quase impossibilitada de descobrir defeitos naquilo que nunca existiu; e o entusiasmo ardente e a esperança enganosa podem se estender com pouco ou nenhum obstáculo pelo vasto campo da imaginação.

Algo totalmente distinto é conservar e reformar simultaneamente. Quando as partes úteis de uma velha instituição são preservadas, e se adapta o que acrescentamos àquilo que conservamos, um espírito vigoroso, uma atenção firme e perseverante, variados poderes de comparação e combinação, e os recursos de uma inteligência pródiga em expedientes devem ser exercidos. É preciso exercê-los na luta contínua contra as forças combinadas dos vícios opostos, contra a obstinação que rejeita todo melhoramento e frivolidade, que se fatiga e se desgosta de tudo o que possui. Mas poder-se-ia objetar: "Um processo desse tipo é demorado. Semelhante conduta não é conveniente a uma Assembleia que se vangloria de realizar em poucos meses a obra de séculos. Um tal processo de reformas talvez possa levar muitos anos". Sem dúvida que poderia e deveria exigir muitos anos. Uma das excelências de um método que considera o tempo como um de seus assistentes é a lentidão no obrar e a forma quase imperceptível com que logra seus fins. Se a sabedoria nos recomenda circunspeção e cautela quando trabalhamos apenas sobre matérias inanimadas, quando o objeto de nossa demolição ou construção não é o tijolo ou a madeira, mas seres humanos sensíveis que não podem ter seu estado, condição e hábitos subitamente alterados sem grande sofrimento, aquela prudência passa a fazer parte também do dever. Mas a opinião que prevalece em Paris parece ser a de que um coração insensível e uma inabalável confiança são as únicas qualificações para um legislador perfeito. Minhas ideias sobre essa eminente função são bem diferentes. É preciso que o coração do verdadeiro legislador esteja pleno de sensibilidade, que ele ame e respeite os homens, que desconfie de si mesmo. Pode-se conceder a seu temperamento que capte seu objetivo final com uma visão intuitiva, desde que seus movimentos na direção dele sejam deliberados. Como um arranjo político tem sempre uma finalidade social, o mesmo só deve ser elaborado por meios sociais. Aqui, a inteligência deve conspirar com a inteligência; e requer-se tempo para produzir essa união de inteligências que sozinha pode produzir o bem que se deseja. Nossa paciência será mais efetiva do que nossa força. Se me fosse permitido apelar ao que está tão fora de moda em Paris, isto é, à experiência, diria que ao longo de minha vida conheci e, de acordo com minhas possibilidades, colaborei com grandes homens; e até hoje nunca vi um plano que não tenha sido emendado pelas observações dos que eram muito inferiores em inteligência à pessoa que assumiu a direção do negócio. Mediante um progresso lento mas sustentado, observa-se o efeito de cada passo, o êxito ou o fracasso do primeiro nos ilumina para o segundo e assim, de luz em luz, somos guiados com segurança por toda a série. Vemos que assim as partes do sistema não se chocam. Os males que se ocultam nas intervenções mais promissoras são resolvidos na medida em que se apresentam. Sacrifica-se o menos possível uma vantagem à outra. Compensamos, conciliamos, equilibramos. Somos capazes de unir em um todo consistente as diversas anomalias e princípios conflitantes que se encontram nas mentes e nos assuntos humanos. Disso nasce uma excelência não por sua simplicidade, mas algo muito superior, uma excelência por sua composição. Onde os grandes interesses da humanidade estão envolvidos por várias gerações de homens, é justo que essas sucessivas gerações participem em certa medida nas resoluções que hão de afetá-las de forma tão profunda. Se a justiça exige isso, a própria obra exige a colaboração de uma soma de inteligências maior do que uma geração é capaz de oferecer. Essa perspectiva é responsável pelo fato de os melhores legisladores frequentemente terem se contentado em estabelecer um princípio diretor sólido e seguro de governo, um poder parecido com aquele que alguns filósofos chamaram de uma natureza plástica; e uma vez fixado o princípio, deixaram-no operando por si mesmo.

Essa maneira de agir que consiste em prosseguir com um princípio diretor e uma energia fecunda é, a meu ver, de uma sabedoria profunda. O que seus políticos tomam como marcas de um gênio ousado e intrépido são apenas provas de uma deplorável falta de habilidade. Com sua pressa violenta, e seu desafio aos processos da natureza, entregam-se cegamente a qualquer projetista ou aventureiro, a qualquer empírico ou alquimista. Recusam-se a tirar proveito das coisas comuns. A dieta não tem valor algum em seu sistema terapêutico. O pior é que essa recusa em curar as enfermidades comuns pelos métodos ordinários não se deve apenas a um defeito de compreensão, mas, receio, a alguma disposição maligna. Seus legisladores parecem ter tirado suas opiniões de todas as profissões, categorias e cargos das declamações e sátiras dos humoristas, que ficariam eles próprios assombrados se soubessem que suas afirmações eram tomadas ao pé da letra. Ao ouvirem apenas esses homens, seus líderes passam a ver só o lado ruim das coisas, encarando esses vícios e essas falhas pelo prisma do exagero. É indubitavelmente certo, ainda que possa parecer paradoxal, o fato de que, em geral, os que se empenham em descobrir e expor as falhas não são qualificados para o trabalho de reforma, pois além de suas inteligências serem desprovidas dos padrões do bom e do justo, estas não mais encontram prazer algum na contemplação dessas coisas. Ao odiarem os vícios em excesso, deixam de amar suficientemente os homens. Portanto, o fato de que se sintam indispostos e incapazes para servir seus semelhantes não deve causar nenhuma surpresa. Disso decorre essa disposição congênita de alguns de seus guias a reduzir tudo em pedaços. Nesse jogo malicioso exibem toda a sua atividade *quadrúmana*. Quanto ao resto, os paradoxos de escritores eloquentes, feitos puramente como um jogo de fantasias para exercitar sua inteligência, chamar a atenção e levar à surpresa, são absorvidos por esses senhores em um outro espírito que não o dos autores originais, como meios de cultivar seu gosto e melhorar seu estilo. Tratados por eles como princípios sérios, esses paradoxos passam a regulamentar os interesses mais importantes do Estado. Cícero ridicularizava o esforço de Catão[157] para pôr em prática nos seus atos públicos os paradoxos escolares que exercitavam o espírito dos jovens estudantes da filosofia estoica. Se o que se diz de Catão for verdade, os atuais representantes franceses o copiam da mesma forma que alguns de seus contemporâneos – *pede nudo Catonem*.[158] O Sr. Hume[159] disse-me ter obtido do próprio Rousseau o segredo dos seus princípios de composição. Aquele observador atento, embora excêntrico, havia percebido que para atingir e interessar o público era preciso recorrer ao maravilhoso; que o maravilhoso da mitologia pagã havia há muito perdido o seu efeito; que os gigantes, magos, fadas e os heróis de romances que os sucederam haviam esgotado a porção de credulidade que correspondia à sua época; que, por conseguinte, nada restava ao escritor senão aquelas espécies de maravilhas ainda por criar e que podiam ter um efeito tão grande quanto as anteriores, ainda que de outro modo; isto é, o maravilhoso da vida, os costumes, os caracteres e as situações extraordinárias que dão origem a novos e inesperados conflitos

---

157. O Catão em questão era o *Cato Minor*, ou Catão, o Jovem (95 a.C.-46 a.C.), filósofo estoico e orador, lembrado pela tradição republicana moderna como o zeloso cidadão e senador romano, observador da constituição e das leis e opositor ao despotismo de Júlio César. (N.T.)

158. "Mas se imitas Catão no torvo aspecto, / Descalços pés, e curta, e grossa toga, / Outro Catão serás por isso acaso / Na rígida virtude, e sãos costumes?" Horácio, *Epístolas*, I, XIX, p. 12-4 (Carta a Mecenas). (N.T.)

159. David Hume (1711-1776), filósofo, historiador e economista, considerado um dos mais importantes representantes do iluminismo escocês e, ao lado de seu compatriota Adam Smith, objeto de grande admiração por Burke. Autor de obras clássicas da Ilustração, como o *Tratado da Natureza Humana* (1739-1740), a *Investigação sobre o Entendimento Humano* (1748) e a monumental *História da Grã-Bretanha* (1754-1762), Hume desentendeu-se com Rousseau, após tê-lo abrigado durante o exílio londrino – exílio decorrente da publicação das *Cartas escritas da Montanha* (1764) pelo genebrino. (N.T.)

na política e na moral. Estivesse vivo Rousseau, estou seguro de que ele, em um de seus intervalos de lucidez, ficaria chocado com o delírio prático de seus discípulos, que o imitam servilmente em seus paradoxos e revelam em sua incredulidade uma fé implícita.

Homens que empreendem tarefas consideráveis, mesmo por meios regulares, devem dar motivos que nos façam crer em seu talento. Mas o médico do Estado que, não satisfeito com a cura das enfermidades, também pretende regenerar as constituições, deveria exibir poderes extraordinários. Seria necessário que uma sabedoria extraordinária transparecesse nos desígnios daqueles que não recorrem à experiência e não imitam nenhum modelo. Manifestou-se algo desse tipo? Passarei a examinar (brevemente, dada a extensão do assunto) o que a Assembleia fez de mais importante com respeito, em primeiro lugar, à constituição do poder legislativo; depois, em relação ao poder executivo; logo após, ao judiciário; em seguida, às Forças Armadas e, por fim, ao sistema de finanças, para ver se podemos descobrir em alguma parte dos seus esquemas a prodigiosa capacidade que justificaria esses ousados empreendedores na superioridade que ousadamente se outorgam sobre toda a humanidade.

É precisamente no modelo do soberano e na parte diretora dessa nova república que deveríamos encontrar a melhor mostra da capacidade de seus legisladores. É nesse ponto que eles deveriam provar que suas exigências eram fundadas. No que se refere ao plano em seu conjunto e às razões em que se baseia, tomo por base os diários da sessão de 29 de setembro de 1789 da Assembleia e os atos subsequentes que introduziram algumas modificações no plano. Até onde foi possível ver com clareza por meio de um assunto tão confuso, o sistema permanece substancialmente igual ao que foi originalmente estabelecido. Minhas breves observações versarão sobre seu espírito, sua tendência e sua aptidão em estabelecer uma república popular, tal como professam ser a deles, apropriada aos fins de qualquer república e, particularmente, de uma república desse tipo. Ao mesmo tempo, pretendo considerar se o sistema é coerente consigo mesmo e com seus próprios princípios.

Velhas instituições são julgadas por seus efeitos. Se o povo é ditoso, unido, próspero, podemos presumir o restante. Concluímos que as instituições são boas quando o bem é derivado delas. Nelas foram encontrados diversos corretivos para suas aberrações teóricas. São, em verdade, resultantes das necessidades e das conveniências, de forma que as teorias são extraídas delas, e não o contrário. É comum observarmos as velhas instituições cumprirem suas finalidades sem que os meios por elas empregados sejam exatamente aqueles considerados como adequados no projeto original. Os meios ensinados pela experiência podem ser mais adequados aos fins políticos do que os imaginados no projeto original, e voltam a atuar sobre o plano inicial do qual pareciam ter se apartado, melhorando-o muitas vezes. Creio que tudo isso poderia ser singularmente exemplificado pela Constituição britânica. Na pior das hipóteses, a nave prossegue o seu curso, apesar dos erros e desvios de cálculo de todo tipo que são encontrados e calculados. Assim ocorre com as velhas instituições, mas num sistema novo e meramente teórico, espera-se que toda invenção responda a seus fins, sobretudo quando os projetistas não são perturbados no esforço de acomodar o novo edifício ao antigo, seja nas paredes ou nas fundações.

Os construtores franceses, eliminando como mero entulho qualquer coisa que encontrassem e nivelando tudo à maneira de seus jardineiros ornamentais, pretendem estabelecer todo o poder legislativo, nacional e local, sobre três bases de três tipos diferentes: uma geométrica, a base *territorial*; outra aritmética, a base *populacional*; e a terceira, financeira, baseada na *tributação*. Para a realização do primeiro desses propósitos, dividiram a área de seu país em 83 partes, perfeitamente quadradas, de 18 por 18 léguas, cada uma delas denominando-se *Departamentos*. Depois, procedendo sempre pela mensuração quadrada, repartiram esses departamentos em 1.720 distritos denominados *Comunas*. Estes, por sua vez, são novamente subdivididos, sempre de acordo com a medida quadrada, em 6.400 distritos menores, chamados *Cantões*.

À primeira vista, essa divisão geométrica não apresenta nada que se possa admirar ou condenar. Não exige grandes talentos legislativos e, para realizá-la, não se requer nada mais que um agrimensor com sua trena, sua visão e seu teodolito. As antigas divisões do país eram o produto dos variados acidentes da história e do fluxo e refluxo das várias propriedades e jurisdições. Seus limites não procediam de nenhum sistema predeterminado e estavam sujeitos a algumas inconveniências, para as quais o costume encontrou remédios e o hábito proporcionou acomodação e paciência. Nesse novo pavimento quadriculado e nessa organização e semiorganização baseada no sistema de Empédocles e Buffon, e não em algum princípio político, é impossível que não surjam vários inconvenientes locais aos quais os homens não estão habituados. Mas como isto é algo que exige um conhecimento profundo do país, algo que não possuo, nada mais acrescentarei a respeito.

Quando esses agrimensores do Estado puseram-se a examinar seus trabalhos de mensuração, rapidamente descobriram que não há nada de mais falacioso na política do que a demonstração geométrica. Poderiam recorrer a uma outra base (ou então arrimo) para sustentar o edifício que oscilava sobre aquela fundação falsa. Era evidente que a fertilidade do solo, o número da população, sua riqueza, a amplitude de sua contribuição estabeleciam variações tão infinitas entre cada um dos quadrados, a ponto de tornar a mensuração um padrão ridículo de poder na república e a igualdade geométrica a mais desigual de todas as medidas para a distribuição dos homens. Apesar de tudo, os legisladores franceses não podiam desistir. Dividindo sua representação política e civil em três partes, vincularam uma dessas partes à divisão geométrica, sem procurar verificar na prática ou pelo cálculo se essa proporção territorial de representação era justa e devia efetivamente ser de um terço. Tendo, no entanto, concedido essa porção à geometria (de um terço para seu dote) como uma homenagem, suponho, a essa ciência sublime, deixaram as outras duas para serem disputadas entre as duas partes restantes, a população e a contribuição.

Quando decidiram tratar da população, não tiveram condições de proceder assim tão facilmente quanto tinham feito no campo da geometria. Aqui, sua aritmética pesou sobre sua metafísica jurídica. Se eles tivessem permanecido aferrados a seus princípios metafísicos, a operação aritmética seria de fato simples. Esses princípios afirmam que os homens são absolutamente iguais entre si, possuem direitos iguais no governo. Disso decorre que cada cabeça teria seu voto e votaria diretamente no seu representante legislativo. "Suavemente e por etapas, porém, não agora". Esse princípio metafísico, ao qual tudo devia ceder – a lei, o costume, o hábito, a política e a razão –, vai render-se à vontade deles. Deve haver muitos graus, e alguns estágios, até que o representante possa entrar em contato com o seu constituinte. Com efeito, como veremos adiante, essas duas pessoas não têm nada em comum entre si. Em primeiro lugar, os eleitores dos *Cantão*, que compõem o que eles chamam de *assembleias primárias*, devem ter certas *qualificações*. O quê? Qualificações para exercer os inalienáveis Direitos do Homem? Sim, mas qualificações de pouca exigência. Nossa injustiça será muito pouco opressora e para o eleitor basta justificar a contribuição de três dias de trabalho ao erário público. Não fosse pela total subversão do seu princípio nivelador, admitiria prontamente não haver nada de excessivo nessa condição. Essa qualificação poderia muito bem ter sido deixada de lado, já que ela não atende a nenhum dos propósitos para os quais as qualificações foram estabelecidas e, nas suas ideias, exclui do voto o homem cuja igualdade natural necessita mais de proteção e de defesa; refiro-me ao que nada mais tem, a não ser sua igualdade natural, para protegê-lo. Os senhores o obrigam a comprar um direito cujo exercício disseram-lhe ser inerente à sua natureza e do qual não poderia ser privado por nenhuma autoridade terrena. Desde logo, forma-se uma aristocracia tirânica contra aqueles que não podem atender às exigências de mercado estabelecidas justamente por aqueles que pretendem ser inimigos jurados da mesma aristocracia.

A gradação prossegue. Essas assembleias primárias do *cantão* elegem deputados para a *Comuna*: 1 para cada 200 habitantes qualificados. Eis aqui o primeiro intermediário posto entre o eleitor primário e o representante legislativo, assim como um novo pedágio para impor uma segunda condição aos Direitos do Homem: pois não pode ser eleito para a *Comuna* quem não contribuir com o equivalente a 10 dias de trabalho. Mas isso não é tudo, pois ainda deve haver mais uma gradação.[160] Essas *Comunas*, eleitas pelo *Cantão*, elegem para o *Departamento*, e os deputados deste último escolhem os deputados da *Assembleia Nacional*. Aqui se encontra uma terceira barreira de uma qualificação injustificável. Todo deputado à Assembleia Nacional deve pagar uma contribuição direta no valor de um *marco de prata*. Temos de pensar o mesmo de todas essas barreiras limitadoras: que elas são impotentes para garantir a independência e fortes apenas para destruir os Direitos do Homem.

Em todo esse processo que, mediante um princípio de direito natural, aparenta ter como elemento principal apenas a *população*, observa-se uma grande atenção voltada à propriedade; a qual, apesar de justa e razoável em outros sistemas, é perfeitamente insuportável no sistema da Assembleia.

Quando os legisladores franceses chegam à terceira base, a da *contribuição*, descobrimos que perderam completamente de vista a noção dos Direitos do Homem. Essa última base apoia-se *inteiramente* na propriedade. Dessa forma, admite-se um princípio completamente distinto da igualdade e totalmente irreconciliável com ela, o qual, tão logo é admitido (como de costume), é subvertido – mas não, como veremos a seguir, para aproximar a desigualdade de riquezas ao nível da natureza. A parte adicional da terceira porção da representação (reservada exclusivamente para a contribuição mais elevada) destina-se unicamente ao *distrito*, e não aos indivíduos que nele habitam. É fácil perceber, pelo andamento de seus raciocínios, o quanto a Assembleia estava constrangida pelas ideias contraditórias sobre os direitos dos Direitos do Homem e os privilégios das riquezas. O comitê

---

160. A Assembleia fez algumas alterações durante a execução do plano de seu comitê. Os representantes franceses suprimiram um estágio nessas gradações, o que, apesar de eliminar uma parte da objeção, mantém intacta a objeção principal, ou seja, a de que em seu projeto o primeiro eleitor constituinte não tem nenhuma conexão com o representante legislativo. Há outras alterações, algumas possivelmente para melhor, outras certamente para pior: o autor, no entanto, considera de pouca importância o mérito ou demérito dessas pequenas alterações, desde o momento em que o projeto é fundamentalmente absurdo e viciado.

da Constituição praticamente admite que eles são totalmente irreconciliáveis: "Estabelecer uma proporção com respeito às contribuições é algo indubitavelmente *nulo*" – afirmam eles – "quando se trata do equilíbrio dos direitos políticos (como entre indivíduo e indivíduo), pois, do contrário, *a igualdade pessoal seria destruída*, e uma *aristocracia dos ricos* seria estabelecida. Mas esse inconveniente desaparece por completo quando se considera somente a importância relativa das *grandes massas* de impostos versados pelas diferentes províncias, pois, assim, eles servem apenas para fornecer a base para uma justa comparação entre as cidades, sem que os direitos pessoais dos cidadãos sejam afetados".

Aqui, o princípio da *contribuição,* amparado na comparação entre os indivíduos, é condenado como *nulo* e destrutivo, assim como pernicioso, à igualdade, pois leva ao estabelecimento de uma *aristocracia do dinheiro*. Todavia, o mesmo não deve ser abandonado, e a melhor maneira de se livrar da dificuldade é estabelecer a desigualdade entre os departamentos, deixando os indivíduos de cada departamento em exato pé de igualdade. Observe-se que esta paridade entre os indivíduos já tinha sido destruída no momento em que foram estabelecidas as cláusulas de exceção para se obter o direito do voto no interior dos departamentos. Ademais, parece ser de pouca importância que a igualdade dos homens seja violada em massa ou individualmente. Um indivíduo não tem a mesma importância em uma massa representada por poucos deputados, como em uma massa representada por muitos. Seria algo demasiado dizer a um homem orgulhoso de sua igualdade que o eleitor que vota em 3 deputados goza dos mesmos direitos daquele que vota em 10.

Tomemos agora outro ponto de vista e suponhamos que esse princípio de representação consoante contribuição, isto é, a riqueza, seja uma base necessária e bem pensada para a república dos senhores. Isto implica em admitir que a riqueza deva ser respeitada, e que a justiça e a política deveriam necessariamente assegurar, de uma maneira ou de outra, uma influência maior dos que a possuem na administração dos assuntos públicos. Resta agora saber como a Assembleia pretende garantir essa preeminência, ou mesmo segurança aos ricos, ao conferir a seus distritos, em virtude de sua opulência, uma maior participação no poder, a qual não se pretende dar a cada um deles pessoalmente. Admito prontamente (mais ainda, deveria estabelecê-lo como princípio fundamental) que, em um governo republicano de base democrática, os ricos necessitam de uma garantia adicional acima da que lhes é necessária nas monarquias, pois naquele estão sujeitos à inveja e, por meio dela, à opressão. No plano que ora analisamos é impossível conjecturar a vantagem que os ricos podem auferir da representação aristocrática sobre a qual se fundamenta a representação desigual das massas. Os ricos não podem senti-la nem como um apoio à sua dignidade nem como segurança à sua fortuna, já que essa massa aristocrática é gerada a partir de princípios puramente democráticos e a predominância dada a ela na representação geral não tem nenhum tipo de referência ou conexão com as pessoas cujas propriedades servem de base a essa superioridade. Se os inventores desse plano pretendiam algum tipo de favorecimento aos ricos em razão de sua contribuição, deveriam ter conferido o privilégio individualmente ou por meio de alguma classe composta de pessoas ricas (como os historiadores dizem ter sido a atuação de Sérvio Túlio na Constituição primitiva de Roma); porque a disputa entre os ricos e os pobres não é uma luta entre corporações, mas uma disputa entre homens; não uma disputa entre distritos, mas entre categorias. Lograria melhor seu objetivo se o plano fosse inverso, se os votos dentro de cada departamento fossem proporcionais à propriedade.

Suponhamos, e isto pode ocorrer, que o cidadão de um distrito contribua tanto quanto 100 de seus vizinhos. Contra esses 100, ele dispõe de apenas um voto. Se houvesse um só representante por circunscrição, seus vizinhos pobres o derrotariam por 100 a um na votação daquele único representante. Trata-se de uma situação bastante ruim e que requer compensação. Mas como? O distrito, em virtude da riqueza dele, deve escolher, digamos, 10 representantes em vez de um: isto é, ao pagar uma alta soma de impostos, o cidadão rico tem o prazer de que seus concidadãos pobres o derrotem por uma maioria de 100 votos para 1, em vez de ser vencido exatamente na mesma proporção por um único membro. Dito de outro modo: ao invés de se beneficiar por essa quantidade superior de representantes, o cidadão rico fica sujeito a uma dificuldade adicional. O aumento de representação concedido a sua província servir-lhe-á para ver aumentar, na proporção em que aumenta o número de candidatos democráticos, aqueles que se dedicam a cabalar, intrigar e lisonjear o povo às expensas de seu bolso e de sua liberdade. Esse aumento servirá também para aumentar o número de indivíduos de posição inferior interessados em obter um salário de 18 libras por dia (para eles um grande objetivo), além do prazer de uma residência em Paris e de participar no governo do reino. Quanto mais se multiplicam e se tornam acessíveis ao povo os objetos da ambição, mais os ricos ficam em perigo.

Eis o que deve ocorrer entre os pobres e os ricos na província tida como aristocrática, apesar de que em sua relação interna o caráter é justamente o oposto. Em sua relação externa, isto é, em sua relação com as demais províncias, não consigo ver como se poderá conciliar a desigualdade da representação que se concede às massas por conta da riqueza, com o equilíbrio e a tranquilidade da coisa pública. Pois se um dos objetivos dessa política for o de impedir que os fracos sejam esmagados pelos fortes (como ocorre indubitavelmente em toda sociedade), como os mais pobres e pequenos dessas circunscrições serão salvos da tirania dos mais ricos? Seria pela concessão de novos e mais sistemáticos meios de opressão aos ricos? Quando estamos diante do equilíbrio de representação entre as distintas corporações, os interesses provinciais, as rivalidades e as invejas têm tanta possibilidade de surgir entre elas quanto entre indivíduos, assim como existe a probabilidade de que suas divisões produzam um espírito de dissensão muito mais inflamado e propenso a uma guerra civil.

Percebo que essas massas aristocráticas foram constituídas na base do que se denomina princípio de contribuição direta, o critério mais injusto que se possa conceber. A contribuição indireta, originária das taxas sobre o consumo, representa certamente uma base melhor e que permite aferir a riqueza mais naturalmente do que a contribuição direta. É realmente difícil fixar um padrão de preferência local tomando por base uma ou outra dessas contribuições, ou mesmo ambas, porque algumas províncias podem pagar mais do que as outras não por causas intrínsecas, mas em virtude das relações que mantêm com aqueles distritos graças aos quais elas obtiveram uma preferência como consequência de sua contribuição ostensiva. Se as circunscrições fossem corpos soberanos e independentes, que tivessem de alimentar um tesouro federativo por meio de contribuições distintas, e se a receita pública não compreendesse (como é o caso) muitos impostos que recaem sobre o todo, que se aplicam aos indivíduos e não às corporações e que, por sua própria natureza, confundem todos os limites territoriais, seria possível defender esse critério de tomar como base do eleitorado a contribuição das províncias. Mas em um país que considera todos os seus distritos como membros de um todo, não há nada mais difícil do que estabelecer sobre princípios de equidade uma representação fundada na contribuição. Pois uma grande cidade, como Bordeaux ou Paris, parece pagar uma quantidade de impostos que está quase fora de toda proporção com o que pagam outros lugares, e seu direito de representação é tomado em correspondência com essa massa de contribuição. Todavia, são realmente essas cidades que pagam essa quantia de impostos? Não. Os consumidores dos produtos importados à França através de Bordeaux, que se estendem por todo território francês, pagam os direitos alfandegários de Bordeaux. O produto da exportação dos vinhos da Guienne e do Languedoc confere igualmente àquela cidade os meios de sua contribuição. Os proprietários rurais que gastam suas rendas em Paris, e que, em razão disso, são os criadores dessa cidade, contribuem para os impostos da capital com os rendimentos originários de suas províncias. Argumentos quase idênticos poderiam ser aplicados ao sistema que toma a contribuição *direta* como base da representação, pois a contribuição direta deve ser avaliada em riqueza real ou presumida; e essa riqueza local surge de causas que não são e, portanto, não deveriam, em nome da equidade, ser a origem dos privilégios locais.

É muito notável que nessa regra básica que estabelece a representação de uma circunscrição sobre a contribuição direta, a Assembleia ainda não tenha fixado as bases nem o rateio dessa contribuição. Pode ser que esse procedimento estranho contenha alguma política latente pela qual a Assembleia procura preservar seus poderes. Seja o que for, não pode haver constituição estável enquanto ela não fizer isso. Constituição que, afinal de contas, deve depender do sistema tributário e variar de acordo com as modificações desse sistema. No modo em que as coisas estão, não é a taxação que depende da constituição, mas a constituição que depende da taxação. Isso introduzirá necessariamente grande confusão entre as circunscrições, já que, caso ocorram eleições realmente disputadas, a variável qualificação para os votos deve causar uma infinidade de controvérsias internas.

Se compararmos o conjunto das três bases da representação, não em sua razão política, mas nas ideias que regem os atos da Assembleia – com o objetivo de examinar sua coerência consigo mesma –, não podemos deixar de notar que o princípio denominado pelo comitê de base *populacional* não parte do mesmo ponto que os outros dois princípios, denominados bases *territorial* e de *contribuição,* já que ambos são de natureza aristocrática. A consequência disso é que, onde todas as três bases começam a operar juntas, vigora a mais absurda desigualdade produzida pela ação da primeira sobre as últimas. Cada Cantão tem uma superfície de 4 léguas quadradas e estima-se que possua, em média, 4 mil habitantes, ou 680 eleitores nas *assembleias primárias,* que varia em número segundo a população do cantão, e envia *um deputado* à *Comuna* para cada 200 eleitores. Uma *Comuna* se compõe de *nove Cantões.*

Consideremos agora um *Cantão* que abrigue um *porto mercantil* ou uma *grande cidade manufatureira.* Suponhamos que a população desse Cantão conste de 12,7 mil habitantes, ou seja, 2.193 eleitores que formam *três assembleias primárias* e enviam *10 deputados* à *Comuna.*

Contrastemos *esse Cantão* a *dois* outros dos oito restantes da mesma Comuna. Podemos supor que ambos possuam a população normal de 4 mil habitantes, e que cada um deles disponha de 680 eleitores, perfazendo 8 mil habitantes e 1.360 eleitores no conjunto. Eles não formarão mais que *duas assembleias primárias* e não enviarão mais que *seis deputados* à Comuna.

Quando a assembleia da *Comuna* passa a votar pela *base territorial*, cujo princípio foi o primeiro a ser admitido nessa assembleia, o primeiro dos *Cantões* citados, que tem a *metade* do território dos *outros dois*, terá *10* votos contra *seis* na eleição de *três deputados* à assembleia do departamento, eleita expressamente pela base de uma representação territorial.

Por mais dolorosa que seja, essa desigualdade tende a se agravar ainda mais ao supormos, sem nenhuma injustiça de nossa parte, que os *demais* Cantões da *Comuna* ficarão proporcionalmente abaixo da média populacional, na mesma proporção em que o *Cantão principal* a excede.

Sigamos o mesmo procedimento quanto à *base da contribuição*, que é também um princípio admitido a operar primeiramente na assembleia da *Comuna*. Tomemos novamente um *Cantão* como o aludido anteriormente. Se a totalidade das contribuições diretas pagas por uma grande cidade comercial ou manufatureira for dividida igualmente entre seus habitantes, veremos que a parte que cabe a cada um deles será muito superior à parte de impostos paga por um indivíduo que mora no campo de acordo com a mesma média. O total pago pelos habitantes do primeiro ultrapassará o montante pago pelos habitantes desse último em aproximadamente um terço. Nesse ínterim, os 12,7 mil habitantes ou 2.193 eleitores do Cantão desembolsarão tanto quanto os 19.050 habitantes ou 3.289 eleitores de *outros cantões*, ou seja, quase a proporção estimada de habitantes e eleitores de outros 5 Cantões. Conforme havia dito, os 2.193 eleitores enviarão apenas *10* deputados à Assembleia, enquanto os 3.289 eleitores dos outros cinco cantões enviarão *16*. Assim, por uma parte *igual* na contribuição de toda a *Comuna*, haverá uma diferença de *16* votos a *10* na eleição para deputados que deverão representar a contribuição geral da *Comuna* inteira.

O mesmo sistema de cálculo mostrará que os 15.875 habitantes ou 2.741 eleitores dos *outros Cantões*, que pagam *um sexto* a MENOS na contribuição total da *Comuna*, terão *três* votos a MAIS que os 12,7 mil habitantes ou 2.193 eleitores do Cantão urbano.

Essa é a injusta e fantástica desigualdade entre as circunscrições resultante dessa curiosa divisão dos direitos de representação segundo o *território* e a *contribuição*. Com efeito, as qualificações que decorrem desse sistema são negativas, pois concedem um direito em proporção inversa seja à extensão territorial, seja ao montante da contribuição.

Independente do ponto de vista que se adote, não vejo em toda essa invenção tripartite uma variedade de objetivos, reconciliados em um todo coerente, mas vários princípios contraditórios que seus filósofos relutante e irreconciliavelmente reuniram e mantêm unidos, como animais ferozes encerrados em uma jaula que se mordem e se diliceram mutuamente até a destruição.

Receio ter ido longe demais no exame da maneira pela qual os legisladores franceses conceberam a formação de uma constituição. Eles têm muita metafísica, embora a mesma seja da pior espécie; muita geometria, mas inexata; muita aritmética proporcional, porém falsa; e ainda que tudo fosse tão exato como a metafísica, a geometria e a aritmética deveriam ser, e seus projetos e planos fossem perfeitamente congruentes em cada uma de suas partes, teríamos diante dos olhos apenas uma visão mais bela e agradável. É notável que neste vasto plano de reordenação das relações humanas não se encontre uma única alusão aos imprescindíveis fundamentos morais ou políticos, nada que se refira aos interesses, às paixões e às preocupações dos homens. *Hominem non sapiunt.*[161]

O senhor pode ver que considero essa Constituição apenas sob o prisma eleitoral em suas diversas gradações que conduzem à Assembleia Nacional. Evito entrar no mérito da administração interna dos departamentos e de sua genealogia por meio das *Comunas* e *Cantões*. O plano original prevê que esses governos locais devam ser compostos, na medida do possível, da mesma maneira e sobre os mesmos princípios que as assembleias eletivas. Cada um deles forma um organismo perfeitamente compacto e que se basta a si mesmo.

O senhor não deixará de observar que esse sistema tende de uma maneira direta e imediata a dividir a França em um grande número de repúblicas absolutamente independentes umas das outras, sem que a Constituição preveja meios constitucionais diretos de reuni-las e subordiná-las, salvo os que possam ser derivados de sua aprovação nas determinações tomadas pelo congresso geral dos embaixadores de cada republiqueta independente. Com efeito, essa é a verdade sobre a Assembleia Nacional, e admito que existam governos semelhantes no mundo, embora em formas muito mais adaptadas às circunstâncias locais e habituais de seus povos. Mas essas associações – que não podem ser chamadas de corpos políticos – nasceram geralmente da necessidade, não da escolha; e estou persuadido de que o atual governo francês é o primeiríssimo corpo de cidadãos que, tendo obtido plena autoridade para dispor a bel prazer de seu país, escolheu desmembrá-lo dessa maneira bárbara.

---

161. Marcial, *Epigramas*, X, iv, p. 10: "Não compreendem nada do homem". (N.T.)

É impossível deixar de observar que, no espírito dessa distribuição geométrica e dessa disposição aritmética, esses pretensos cidadãos tratam a França exatamente como um país conquistado e imitam a política dos conquistadores mais cruéis. A política desses bárbaros vitoriosos, que desprezam um povo subjugado e insultam seus sentimentos, sempre foi, na medida do possível, destruir todos os vestígios do país antigo, seja na religião, seja no governo, seja nas leis ou nos costumes; confundir todos os limites territoriais; produzir um empobrecimento geral; submeter as propriedades a leilão; esmagar seus príncipes, nobres e pontífices; rebaixar tudo que esteja acima do nível comum ou que possa servir e reunir em torno de si, sob o estandarte das antigas crenças, um povo aflito e disperso. Os legisladores franceses libertaram a França da mesma maneira que seus sinceros amigos dos direitos da humanidade, os romanos, libertaram a Grécia, a Macedônia e as outras nações, ao destruírem os elos de sua união sob o disfarce de promover a independência de cada uma de suas cidades.

Quando os membros desse novo conjunto de Cantões, Comunas e Departamentos – aprioristicamente estabelecidos e organizados na maior confusão – começarem a agir, descobrirão que, em grande medida, são estranhos uns aos outros. Os eleitores e os eleitos por todo o país, especialmente nos *Cantões* rurais, estarão frequentemente desprovidos dos hábitos ou das ligações civis, bem como daquela disciplina natural que é a alma de uma verdadeira república. Os magistrados e os coletores de impostos não serão mais familiarizados com seus distritos, não mais, pelo menos, do que os bispos conhecerão suas dioceses e os padres, suas paróquias. Essas novas colônias dos Direitos do Homem carregam uma forte semelhança com as antigas colônias militares que Tácito descreve no declínio político de Roma. Em tempos mais ditosos e sensatos (qualquer que tenha sido sua conduta com respeito às nações estrangeiras), os romanos tiveram o cuidado de estabelecer ao mesmo tempo a colônia e os elementos de subordinação metódica que deveriam preservá-la; e ainda lançaram os fundamentos da disciplina civil sobre a disciplina militar.[162-163] Porém, quando todos os bons

---

162. *Non, ut olim, universae legiones deducebantur cum tribunis, et centurionibus, et sui cujusque ordinis militibus, ut consensu et caritate rempublicam afficerent; sed ignoti inter se, diversis manipulis, sine rectore, sine affectibus mutuis, quasi ex alio genere mortalium, repente in unum collecti, numerus magis quam colonia.* Tácito, *Anais*, XIV, set. 27. Tudo isso será ainda mais aplicável às desconexas, rotatórias e bienais assembleias nacionais nesta Constituição absurda e carente de sentido.

163. Tácito: "Com efeito, fora-se o tempo em que legiões inteiras – com tribunos, centuriões, soldados em suas próprias divisões – eram transplantados para criar, por sua própria união e camaradagem, uma pequena república. Os colonos, a partir de então, eram estranhos entre

princípios de governo caíram em ruínas, eles passaram a atuar, como faz a Assembleia dos senhores, segundo a igualdade dos homens, demonstrando nisso tão pouco bom-senso e cuidado com aquelas coisas que tornam uma república tolerável ou durável. Mas assim, como em quase todos os casos, a nova república dos senhores nasceu, criou-se e nutriu-se naquelas corrupções próprias das repúblicas degeneradas e gastas. O seu filho veio ao mundo com todos os sintomas da morte; a *facies Hippocratica*[164] forma o caráter de sua fisionomia e o prognóstico de seu destino.

Os legisladores que modelaram as repúblicas antigas sabiam que sua tarefa era árdua demais para ser realizada sem outro aparato que a metafísica de um estudante e a matemática e a aritmética de um coletor de impostos. Eles tinham que lidar com os homens, razão pela qual estavam obrigados a estudar a natureza humana. Tinham que lidar com os cidadãos, por isso estavam obrigados a estudar os efeitos que as circunstâncias da vida social exercem sobre seus hábitos. Eram cientes de que essa segunda natureza agia sobre a primeira e produzia uma nova combinação, de onde surgiam muitas diferenças entre os homens em decorrência de seu nascimento, educação, profissão, idade, residência urbana ou rural, seus diferentes meios de adquirir e conservar a propriedade e de acordo com a qualidade e a propriedade desta, tudo isso que, de certa forma, os dividia em espécies diferentes. Essa a razão pela qual os legisladores franceses acharam-se obrigados a dividir seus cidadãos em classes, reservando as funções de acordo com as aptidões e a maneira de ser de cada categoria, e destinando a cada uma delas os privilégios necessários para garantir o que suas ocasiões especiais exigiam e que pudessem proporcionar a força defensiva indispensável nos conflitos que, em todas as sociedades complexas, nascem necessariamente da diversidade de interesses: pois o legislador deveria ficar envergonhado ao ver que um rude camponês sabe perfeitamente como dividir e usar suas ovelhas, cavalos e bois, e tenha suficiente bom senso para não reduzi-los a uma abstração e igualá-los sob um denominador comum de animais, sem prover para cada espécie um cuidado, alimento e emprego apropriados; enquanto ele, o economista, distribuidor e pastor de seus próprios semelhantes, sublimando-se nos vapores metafísicos, obstinava-se em não saber nada de seus rebanhos, a não ser como homens em geral. Conforme desta-

---

si; homens de companhias totalmente distintas; sem liderança; mutuamente indiferentes e os quais, vindos de um outro mundo, caíram de repente no mesmo lugar, formando um amontoado em vez de uma colônia". (N.T.)

164. Termo médico antigo para descrever a enrugada e pálida aparência facial no instante que precede a morte. (N.T.)

cou acertadamente Montesquieu,¹⁶⁵ é no trabalho de classificação dos cidadãos que os grandes legisladores da antiguidade deram a maior mostra de seus talentos e conseguiram, por assim dizer, superar a si mesmos. E é nesse ponto que os modernos legisladores franceses mostraram mais claramente sua inferioridade e afundaram abaixo ainda de seu próprio nada. Enquanto os primeiros desses legisladores atendiam aos diferentes tipos de cidadãos e procuravam combiná-los em uma mesma república, os outros, os legisladores metafísicos e alquimistas, tomaram uma direção totalmente contrária. Buscaram, tão bem quanto podiam, confundir todos os tipos de cidadãos em uma massa homogênea a fim de posteriormente dividir esse amálgama em inúmeras repúblicas incoerentes. Reduziram os homens a meras fichas soltas, sem atribuir-lhes o valor decorrente da posição que ocupam na mesa. Os elementos de sua própria metafísica poderiam, entretanto, ter-lhes ensinado melhores lições. A mera repetição de sua tabela de categorias ter-lhes-ia lembrado de que havia algo mais no mundo intelectual além da *substância* e da *quantidade*. Pelo catecismo da metafísica podiam ter aprendido que em toda deliberação complexa há oito encabeçamentos a mais¹⁶⁶ nos quais nunca pensaram, apesar de os mesmos, de todos os 10, serem o objeto sobre o qual a habilidade do homem pode fazer algo.

Longe dessa inteligente disposição de alguns dos legisladores republicanos da antiguidade que consideravam com extrema atenção as condições e tendências morais dos homens, os legisladores franceses nivelaram e confundiram todas as ordens por eles encontradas, mesmo sob o regime natural e primitivo da monarquia, modo de governo em que a divisão dos cidadãos em classes não tem tanta importância quanto em uma república. É certo, entretanto, que toda classificação desse gênero, se bem feita, é útil em todas as formas de governo e representa uma forte barreira contra os excessos do despotismo, ao mesmo tempo que um meio necessário para dar efetividade e permanência a uma república. Por falta de algo desse tipo, se o atual projeto de república fracassar, todas as garantias e salvaguardas de uma liberdade moderada também fracassarão, pois todas as barreiras indiretas que mitigam o despotismo são retiradas, de tal forma que se a monarquia fosse restaurada na França, sob essa ou sob qualquer outra dinastia, seria provavelmente o poder mais completamente arbitrário já visto na face

---

165. Charles-Louis de Secondat, barão de Montesquieu (1689-1755), maior autoridade política e legal francesa do século XVIII, admirador da constituição inglesa e autor de *O espírito das leis* (1748), um marco não só do Iluminismo francês, mas de toda a Era das Luzes. (N.T.)

166. *Qualitas, Relatio, Actio, Passio, Ubi, Quando, Situs, Habitus* [Qualidade, Relação, Ação, Paixão (ou ser afetado), Lugar, Tempo, Posição e Posse (ou hábito, ou estado)].

da terra, a não ser que estivesse voluntariamente temperada logo de início pela sabedoria e prudência do príncipe. Isso é o mesmo que apostar em um tudo ou nada. Os legisladores franceses não hesitam em declarar que a confusão que acompanha seus atos faz parte de seus objetivos, já que esperam garantir sua Constituição pelo terror que as pessoas sentem ao verem o retorno da desordem. "Por conta disso", dizem eles, "será muito difícil para qualquer autoridade destruí-la sem provocar a total desorganização do Estado." Supõem que, na hipótese de uma autoridade chegar a obter o mesmo grau de poder logrado por eles, ela faria um uso mais moderado e razoável do que eles têm feito, e tremeria reverentemente ante a ideia de desorganizar inteiramente o Estado da forma bárbara com que fizeram. Esperam, das virtudes de um despotismo restaurado, a segurança a ser desfrutada pela prole de seus vícios populares.

Desejaria que o senhor e os meus leitores lessem atentamente o livro que o Sr. Calonne escreveu a esse respeito. Trata-se de uma obra não só eloquente, como também habilmente escrita e muito instrutiva. Limitar-me-ei aqui a seus comentários sobre a nova Constituição do Estado e a condição da renda pública. Quanto às disputas desse ministro com seus rivais, não tenho intenção alguma de me pronunciar a respeito, assim como não me aventurarei a falar sobre suas propostas, financeiras ou políticas, para tirar a França de sua atual desonra e deplorável situação de anarquia, bancarrota, mendicância e servidão. Não posso especular com o mesmo ardor que ele emprega em seus pensamentos, embora, na condição de francês, tenha maiores obrigações que eu com respeito a esses temas e melhores meios para julgá-los. Gostaria que fosse dada a devida atenção à confissão formal a que ele se refere, segundo a qual um dos principais líderes da Assembleia reconhece que o plano por ela adotado tende não apenas a transformar a França de monarquia em república, como também de uma república em uma simples confederação. Essa constatação reforça minhas próprias observações e, na verdade, a obra do Sr. Calonne supre minhas deficiências com muitos argumentos novos e certeiros sobre a maior parte dos temas desta carta.[167]

Foi essa resolução de dividir seu país em repúblicas separadas que engendrou o maior número de dificuldades e contradições aos membros da Assembleia. Não fosse por isso, todas essas minuciosas buscas de uma igualdade exata, todas essas vãs tentativas de estabelecer um justo equilíbrio entre os direitos individuais, a população e a contribuição, seriam absolutamente inúteis. A representação, ainda que derivada das circuns-

---

167. Ver *L'État de France*, p. 363.

crições, seria uma obrigação que diria respeito ao conjunto do país. Cada deputado da Assembleia seria representante da França e de todas as suas categorias, numerosas ou restritas, ricas ou pobres, dos grandes e dos pequenos distritos. Todos esses distritos estariam eles próprios subordinados a uma autoridade estável e independente deles; uma autoridade da qual a representação, e tudo o que lhe é correlato, se originaria e para a qual ela estaria voltada. Somente a existência de um governo permanente, inalterável e fundamental pode fazer com que o território francês venha a ser real e verdadeiramente um todo. Entre nós, quando elegemos representantes populares, nós os enviamos a um conselho no qual cada membro tomado individualmente é um súdito e está submetido a um governo em todas as suas funções ordinárias. Entre os senhores, a Assembleia eleita é a soberana e a única soberana, razão pela qual cada um de seus membros é parte dessa soberania única. Entre nós, entretanto, dá-se precisamente o inverso. Aqui, a representação popular, tomada isoladamente, não pode ter nem ação nem existência. O governo é o ponto de referência dos diversos membros e distritos de nossa representação. É o centro de nossa unidade. Esse governo de referência é o curador do *todo*, não das partes. O mesmo se aplica ao outro ramo de nosso conselho público, ou seja, à Câmara dos Lordes. Entre nós, o rei e os lordes são garantias diversas e reunidas para a igualdade de cada distrito, província ou cidade. Quando foi que se ouviu falar de alguma província inglesa sofrendo em decorrência da desigualdade em sua representação ou de algum distrito absolutamente carente da mesma? Essa igualdade de tratamento, da qual nossa unidade depende tanto, é garantida não só por nossa monarquia e nossa nobreza, mas também pela Câmara dos Comuns. Essa desigualdade de representação, da qual se queixam com tamanha tolice, talvez seja aquilo que nos impeça de pensar ou agir como representantes de distritos particulares. A Cornualha elege tantos deputados quanto toda a Escócia. Isso quer dizer que nos preocupamos mais com ela do que com a Escócia? Exceção feita a certos clubes extravagantes, são poucos os ingleses que se inquietam a respeito de alguma das bases dos senhores; e mesmo aqueles que fundam em razões plausíveis seu desejo de mudança, o fazem por meio de ideias bem diferentes.

 A nova constituição francesa é o exato oposto da nossa em seu princípio e fico espantado ao ver que alguns puderam sonhar em tomá-la como exemplo para a Grã-Bretanha. Entre vocês há pouca ou quase nenhuma ligação entre o último representante e o primeiro eleitor. O deputado eleito para a Assembleia Nacional não foi escolhido pelo povo, nem é responsável perante ele. São necessárias três eleições antes que ele seja escolhido:

dois níveis de magistratura o separam da assembleia primária, de sorte que ele se torna, como já afirmei, embaixador de um Estado, e não o representante do povo de um Estado. Dessa forma, todo o espírito da eleição é alterado e nenhum corretivo que os seus mercadores de constituição tenham imaginado pode fazer dele alguma coisa além do que ele é. A mera tentativa de introduzir esses corretivos tornaria, se isso é possível, a situação inevitavelmente mais caótica que a presente. Não há meio de estabelecer uma ligação entre o eleitor primário e o representante, a não ser pelos tortuosos caminhos que levariam o candidato a se apresentar, em primeira instância, aos eleitores primários, a fim de que esses obriguem por um mandato imperativo (e talvez por algo mais) os dois corpos eleitorais posteriores a fazer uma escolha compatível com os seus anseios. É evidente que isso subverteria todo o esquema, precipitando-os novamente naquele estado de tumulto e confusão de uma eleição popular que se quis evitar pela imposição dessas eleições graduais, e abandonando toda a fortuna do Estado nas mãos daqueles que menos o conhecem e menos se interessam por sua conservação. Isto é o perpétuo dilema que envolve os membros da Assembleia em razão dos princípios contraditórios, débeis e perniciosos por eles adotados. A menos que o povo rompa e derrube essa gradação, é evidente que ele não elege em absoluto a Assembleia, sendo tão pouco eleitor em aparência quanto em realidade.

O que todos esperamos de uma eleição? Para que ela responda a seus verdadeiros fins, é preciso que os eleitores possuam os meios necessários para conhecer as aptidões do seu escolhido e disponham de algum controle sobre ele por obrigação ou dependência pessoal. Para que fim são esses eleitores primários homenageados, ou antes satirizados, com uma eleição? Eles jamais poderão conhecer as qualidades de quem irá servi-los e esses nunca terão obrigações para com eles. De todos os poderes inadequados para serem delegados por aqueles que têm algum meio efetivo de julgar, o mais peculiarmente inadequado é o que se refere a uma escolha *pessoal*. Em caso de abuso, esse corpo de eleitores primários jamais poderá exigir que o seu representante preste contas de sua conduta, já que está por demais afastado daquele na cadeia da representação. Se ao fim de seu mandato de dois anos o representante tiver abusado da confiança do eleitor, este precisará esperar mais dois anos para poder julgá-lo, pois pela nova Constituição francesa, os melhores e mais sábios representantes se unem aos piores nesse *Limbus Patrum*.[168] São navios cujas quilhas estão imundas e precisam, assim, ser

---

168. Na teologia católica, um plano localizado entre o Céu e o Inferno, e habitado pelos homens virtuosos que viveram antes do nascimento e morte de Cristo. (N.T.)

limpas no estaleiro. Qualquer um que já tenha tomado parte da Assembleia fica inelegível nos dois anos seguintes ao seu mandato e, a exemplo dos pequenos limpadores de chaminés, esses magistrados são dispensados do serviço precisamente no instante em que começam a aprender o seu trabalho. A aquisição superficial, recente e petulante, de um lado, e a lembrança interrompida, vaga, indolente e falida, de outro, são as características reservadas a seus futuros governantes. Sua Constituição contém excesso de zelo para que possa fazer muito sentido. Os senhores atribuíram tamanha importância ao abuso de confiança do representante, que não se preocuparam em averiguar se o mesmo era capaz de exercer seu cargo.

Esse intervalo purgatorial não é desfavorável a um governante infiel, que pode ser tão bom eleitoreiro quanto foi um mau governante. Nesse período ele pode mover intrigas para se impor sobre os mais sábios e mais virtuosos. Como, afinal de contas, o eleitor é tão efêmero quanto o eleito e só existe para as eleições, é bem provável que o representante eleito, ao solicitar a renovação do seu mandato, não tenha de prestar contas às mesmas pessoas que o haviam elegido. Seria algo ridículo, impraticável e injusto exigir dos eleitores secundários das *Comunas,* assim como dos eleitores do *Departamento,* que prestem contas dos atos de seus representantes, pois ambos podem ter sido enganados. Nas eleições francesas não há lugar para a responsabilidade.

Não encontrando nenhuma espécie de princípio de coerência entre a natureza e a constituição das diversas novas repúblicas da França, procurei descobrir qual teria sido o cimento utilizado pelos legisladores franceses para uni-las e de que estranhos materiais se serviram para produzi-lo. Deixo de lado suas confederações, seus *espetáculos,* suas festas cívicas e seu entusiasmo, já que são meros truques; mas ao buscar em seus atos o segredo de sua política, creio ser capaz de distinguir os meios pelos quais propõem manter unidas essas repúblicas. O primeiro é o *confisco,* tendo no papel--moeda compulsório o seu inseparável complemento; o segundo é o poder supremo da cidade de Paris; o terceiro é o exército geral do Estado.

Quanto ao primeiro desses meios (isto é, o confisco e o papel-moeda compulsório) considerado meramente como princípio de união, não posso negar que a ação combinada dessas duas causas, uma dependendo da outra, possa compor por algum tempo um certo tipo de cimento, a menos que a Assembleia, pela loucura e insensatez na aplicação de sua política, e por sua incapacidade de conciliar as diversas repúblicas entre si, não provoque uma repulsa mútua entre as partes logo de saída. Mas, ainda que se conceda ao sistema alguma coerência e duração, parece-me que se o valor dos bens confiscados, após algum tempo, não for suficiente para lastrear a emissão do papel-moeda (como estou moralmente seguro de que não será), então, ao invés de cimentar o conjunto, isso fará aumentar infinitamente a dissociação, a desintegração e a confusão dessas repúblicas confederadas, não somente em suas relações recíprocas, como também entre as diversas partes de si mesmas. Se, ao contrário, o confisco for tão bem sucedido a ponto de afundar o papel-moeda, o cimento desaparecerá com a circulação. Nesse meio-tempo em que perdurar, sua força coesiva será muito incerta, pois aumentará e diminuirá a cada variação do crédito do papel-moeda.

Há apenas uma coisa certa nesse sistema que, apesar de parecer um efeito colateral, constitui seguramente o objetivo principal daqueles que conduzem os negócios, ou seja, a criação de uma *Oligarquia* em cada uma das repúblicas. Um papel-moeda desprovido de qualquer lastro em dinheiro real depositado ou garantido, totalizando já 44 milhões do dinheiro inglês e cujo curso compulsório substituiu a moeda do reino, tornando-se, assim, parte substancial da receita do Estado, bem como o instrumento de todas as suas transações civis e comerciais, deve colocar tudo o que resta de poder, autoridade e influência na França – independente da forma que venha a assumir – nas mãos dos administradores e condutores dessa circulação.

Entre nós, a influência do Banco da Inglaterra se faz sentir, embora ele seja apenas o centro de operações puramente voluntárias. Conhece de fato muito pouco da influência do dinheiro sobre a humanidade quem não reconhece a força envolvida na direção de um interesse monetário, que é muito mais extenso e, por sua própria natureza, muito mais dependente dos administradores do que qualquer um dos nossos interesses. Mas isso não é meramente uma questão de dinheiro. Há nesse sistema um outro ingrediente que está inseparavelmente ligado a essa administração do dinheiro. É a possibilidade de se destacar discricionariamente porções das terras confiscadas para a venda e de levar a cabo um contínuo processo de transmutação de papel em terras, e de terras em papel. Quando acompanhamos esse processo em seus efeitos, podemos imaginar algo da intensidade da força com que esse sistema deve operar. Graças a ele, o espírito de agiotagem e especulação penetra na totalidade da propriedade rural e se incorpora a ela. Assim procedendo, os franceses tornarão a propriedade fundiária (por assim dizer) volátil, e esta, por sua vez, assume uma atividade monstruosa e antinatural, atirando nas mãos de diversos administradores, principais e subordinados, parisienses e provincianos, todo o papel-moeda e talvez uma décima-parte das terras da França, que agora adquiriu a pior e mais perniciosa das características do meio-circulante, ou seja, a maior incerteza possível em seu valor. Os seus compatriotas inverteram a bondade de Latona em relação à propriedade fundiária de Delos,[169] e lançaram as suas terras aos ventos, como os fragmentos mais leves de um naufrágio, *oras et littora circum*.[170]

Os novos negociantes, sendo todos geralmente aventureiros desprovidos de hábitos fixos ou de predileções por local fixo, comprarão para especular na revenda, segundo as vantagens oferecidas pelo mercado do papel-moeda e pelas terras. Pois ainda que um venerável bispo pense que a agricultura obterá grandes vantagens dos "agiotas" esclarecidos que adquirirão os bens da Igreja, eu, que não passo de um velho fazendeiro, peço vênia para dizer com toda humildade àquele que até ontem chamávamos de Sua Eminência que a usura não é tutora da agricultura, e se tomarmos a palavra "esclarecidos" na acepção que ela adquiriu no novo dicionário, como sempre acontece nas novas escolas dos senhores, não posso conceber como um homem incrédulo possa ensinar a cultivar a terra com um mínimo de habilidade ou entusiasmo. *Diis immortalibus sero*,[171] dizia um romano antigo segurando um dos lados de seu arado, enquanto a Morte o segurava do outro. Mesmo que os senhores venham a reunir em uma mesma comissão todos os diretores das duas academias com os diretores da *Caisse d'Escompte*,[172] um camponês velho e experiente valerá mais que todos eles. De minha parte, colhi mais informação sobre um curioso e interessante ramo da lavoura em uma breve conversação com um monge cartuxo do que de todos os diretores de bancos com quem conversei. No entanto, o envolvimento desses mercadores de dinheiro com a economia rural não deve ser motivo de apreensão, pois são muito sensatos para tanto. É possível que, a princípio, suas imaginações sensíveis e suscetíveis possam ser cativadas pelas delícias inocentes e frugais de uma vida pastoral, mas logo descobrirão que a agricultura é um negócio muito mais laborioso e muito menos lucrativo do que o abandonado por eles. Após fazer seu panegírico, dar-lhe-ão as costas como fez seu grande precursor e protótipo. A exemplo dele, podem começar a cantar *Beatus ille*, mas qual será o fim?

---

169. Na mitologia grega, Latona ou Leto era mãe de Artêmis e Apolo; a qual, para escapar da maldição que lhe lançara a enciumada deusa Hera (que a proibiu de ter os filhos em toda terra firme), teve seus filhos na flutuante ilha de Delos. (N.T.)

170. Virgílio, *Eneida*, III, p. 75: "Praias e costas arredondadas". (N.T.)

171. Cícero, *De Senectute*, VII, p. 25: "Para os deuses imortais". (N.T.)

172. Banco de Desconto. (N.T.)

> *Haec ubi locutus faeneratur Alphius,*
> *Jam, jam futurus rusticus*
> *Omnem relegit idibus pecuniam;*
> *Quaerit calendis ponere.*[173]

Sob os sagrados auspícios desse prelado, eles cultivarão a *Caisse d'Église* com muito mais lucro do que seus vinhedos e seus milharais. Empregarão seus talentos conforme seus hábitos e interesses, de modo que não irão arar a terra quando podem dirigir tesourarias e governar províncias.

Inovadores em tudo, os legisladores franceses foram os primeiros a estabelecer um Estado sobre o jogo e a infundir como um ar vital esse espírito em seu interior. O grande objetivo dessa política é metamorfosear a França, convertendo esse grande reino em uma imensa mesa de jogo; transformando seus habitantes em uma nação de jogadores; estendendo a especulação a todas as ocupações da vida; desviando todas as esperanças e crenças do povo de seus canais usuais para deixá-lo apenas com os impulsos, as paixões e as superstições dos que vivem do azar. Eles proclamam em voz alta sua opinião de que seu atual sistema republicano não pode existir sem essa espécie de fundo de jogatina, e que o próprio fio de sua vida é feito do mesmo material de suas especulações. O antigo jogo com os fundos públicos era, certamente, bastante nocivo, embora prejudicasse somente os indivíduos. Mesmo quando alcançou sua maior extensão nas especulações sobre o Mississipi e o Mar do Sul,[174] afetou comparativamente apenas poucos; e quando se estendeu mais ainda, como nas loterias, limitou-se a um só objeto. Mas o que dizer então quando a lei, que na maior parte das circunstâncias proíbe o jogo e nunca o encoraja, é ela própria corrompida a fim de reverter sua natureza e sua política e obriga expressamente o súdito a sentar-se diante dessa mesa ruinosa, introduzindo o espírito e os símbolos da jogatina nas ínfimas questões e contaminando a tudo e a todos por meio dessa que é a mais terrível desordem epidêmica que já apareceu no mundo? Entre os senhores, um homem não pode ganhar nem comprar seu jantar sem recorrer à especulação. O que ele recebe pela manhã não terá o mesmo valor à noite. O que se vê obrigado a receber como pagamento de uma dívida antiga não será recebido com igual valor quando for saldar uma dívida recentemente assumida, nem servirá para evitar a contração de novas dívidas mediante um

---

173. "Após dizer tudo isto, o agiota Álfio, / já, já a tornar-se camponês, / seu dinheiro nos Idos todo recolheu, / e busca usá-los nas Calendas." Horácio, *Epodos*, II. (N.T.)

174. Burke alude aqui a dois dos maiores negócios especulativos do século XVIII: o projeto de fomento do vale do Mississipi que, lançado em 1717 pelo Controlador Geral das Finanças, John Law, quebrou em 1720; e a famosa "bolha" do Mar do Sul (*South Sea Bubble*). (N.T.)

pagamento imediato. É necessário, então, que a indústria definhe, a economia seja expulsa de seu país e que a previsão deixe de existir. Quem irá trabalhar sem saber de antemão o montante de seu salário? Quem irá estudar para aumentar algo que não se pode estimar? Quem se preocupará em acumular sem conhecer o valor do que se economiza? Exceção feita a seu uso na jogatina, para acumular sua riqueza de papel seria necessário não a previdência de um homem, mas o instinto perturbado de uma gralha.

A parte verdadeiramente melancólica dessa política de conversão sistemática de uma nação ao jogo é que, apesar de todos serem forçados a jogar, são poucos os que conseguem entender o jogo, e menos ainda os que têm condição de aproveitar esse conhecimento. Assim, a maioria será necessariamente enganada pela minoria dos que dirigem o mecanismo dessas especulações. As consequências disso sobre a população agrária é evidente, pois esta, à diferença do habitante da cidade, não pode refazer seu cálculo diariamente. Quando o camponês traz pela primeira vez o seu milho ao mercado, o magistrado da cidade obriga-o a receber os *assignats* ao par, mas quando se dirige a uma loja com esse dinheiro, percebe que este perdeu 7% do seu valor enquanto atravessava a rua. É compreensível que não queira recorrer a esse mercado tão cedo. Os moradores das cidades hão de ficar inflamados e forçar os habitantes do campo a trazer seu milho ao mercado. Começará a resistência e se espalharão por toda a França os assassinatos de Paris e de S. Denis.

Que significado tem, pois, essa ilusória vantagem concedida ao campo, dando-lhe talvez mais do que a sua parte na teoria da representação dos senhores? A quem foi dado o verdadeiro poder sobre a circulação do dinheiro e da terra, bem como os meios de valorizar e desvalorizar os bens de todos? Aqueles cujas operações logram reduzir ou aumentar em 10% as posses de todos os franceses devem necessariamente ser os senhores da França. O total do poder obtido por essa revolução se estabelecerá nas cidades, nas mãos dos *burghers*[175] e dos banqueiros que as dirigem. O cavalheiro dono de terras, o pequeno proprietário rural e o camponês não têm os hábitos, as inclinações e a experiência que lhes permitam participar dessa que é a única

---

175. Não conhecemos os motivos que levaram Burke a preferir o termo holandês anglicizado (para designar os habitantes das cidades) ao francês *bourgeoisie*, embora sejamos levados a crer, à guisa do que argumentou Pocock em sua "Introdução" às *Reflexões*, que a escolha se deu porque Burke não identificava verdadeiros interesses "burgueses" (tais como os compreendemos hoje, isto é, interesses vinculados às atividades comerciais ou industriais) por trás dos revolucionários franceses. Leia-se J. G. A. Pocock, "Introdução". In: E. Burke, *Reflections on the Revolution in France* (Indianapolis/Cambridge: Hackett Publishing, 1987), p. XXX. (N.T.)

fonte de poder e influência que ainda resta na França. A própria natureza da vida e da propriedade rural, bem como todas as ocupações e prazeres que proporcionam, tornam os homens do campo de certa maneira incapazes de se agruparem e se organizarem, que é o único meio de se obter e exercer influência. Reúna-os com toda arte que puder, e com todo empenho, e eles sempre se dissolvem na individualidade. Qualquer coisa da natureza de uma corporação é quase impraticável entre eles. A esperança, o medo, o alarme, a inveja, o rumor efêmero que cumpre sua função e morre em um dia, todas essas coisas, que são as rédeas e as esporas pelas quais os líderes contêm ou excitam as mentes dos seguidores, não se empregam facilmente, ou então só mui raramente, entre indivíduos dispersos. Eles se reúnem, se armam e agem às duras penas e ao máximo custo. Seus esforços, admitindo-se que tenham começado, não conseguirão ser mantidos. São incapazes proceder sistematicamente. Se os fidalgos rurais tentarem influir meramente por meio do rendimento de sua propriedade, o que significa isso para aqueles que têm dez vezes o valor dessas rendas e podem arruinar a sua propriedade ao fazer concorrer com ela, no mercado, o produto de suas pilhagens? Se o proprietário rural quiser hipotecar suas terras, ele reduzirá o valor delas e elevará o valor dos *assignats*. Assim procedendo, aumenta o poder de seu inimigo com a mesma arma utilizada para enfrentá-lo. Por conseguinte, o fidalgo do campo, o oficial de terra e mar, o homem de vistas e hábitos liberais que não abraçou nenhuma profissão, será excluído do governo de seu país de um modo tão radical como se fosse legislativamente proscrito. É evidente que, nas cidades, todas as coisas que conspiram contra o fidalgo do campo se unem a favor dos que administram e manejam o dinheiro. O agrupamento é algo natural da vida urbana. Os hábitos dos *burghers*, suas ocupações, suas distrações, seus negócios e sua ociosidade os mantêm continuamente reunidos. Suas virtudes e seus vícios são sociáveis; estão sempre em guarda; e aqueles que pretendem empregá-los para ações civis ou militares já os encontram incorporados e meio que disciplinados.

Todas essas considerações não deixam nenhuma dúvida em meu espírito sobre o que acontecerá se essa monstruosa constituição perdurar: toda a França será governada por agitadores reunidos em corporações, pelas associações urbanas formadas pelos diretores dos *assignats* e pelos fiduciários da venda dos bens eclesiásticos, procuradores, agiotas, especuladores financeiros e aventureiros que compõem uma oligarquia ignóbil, fundada na destruição da Coroa, da Igreja, da nobreza e do povo. Aqui terminam todos os sonhos e visões enganosas da igualdade e dos Direitos do Homem;

no "lodaçal serboniano"[176] dessa vil oligarquia eles são inteiramente absorvidos, submersos e perdidos para sempre.

Embora a visão humana não possa rastreá-los, somos levados a acreditar que alguns grandes delitos na França devem clamar ao céu, que julgou oportuno puni-la com a sujeição a um domínio vil e inglório, na qual não se encontra nenhum consolo ou compensação, nem mesmo naqueles falsos esplendores que em outras tiranias impedem a humanidade de sentir-se desonrada mesmo quando está oprimida. Devo confessar que é com pena, não isenta de alguma indignação, que vi a conduta de uns poucos homens, os quais, ocupando elevadas categorias até ontem e conservando grande dignidade ainda hoje, deixaram-se enganar por nomes atraentes ao ponto de se envolverem em um negócio cujo alcance não podiam compreender; e emprestaram sua bela reputação e a autoridade de seus altissonantes nomes aos desígnios de homens que não conheciam, mas que com isso utilizaram suas próprias virtudes para ruína de seu país.

Nada tenho a acrescentar sobre esse primeiro princípio aglutinador.

O segundo material que serve de cimento a essa nova república é a superioridade da cidade de Paris, a qual admito estar fortemente ligada ao princípio aglutinador que acabamos de analisar, isto é, o que compreende o papel-moeda e o confisco. É nesse segundo princípio que devemos buscar a causa da destruição de todos os antigos limites das províncias e jurisdições eclesiásticas e seculares, da dissolução da antiga ordem das coisas e da formação de tantas pequenas repúblicas desconexas. O poder da cidade de Paris é evidentemente uma das bases da política da Assembleia. Graças ao poder de Paris, que se tornou o centro e o ponto focal da especulação, os líderes dessa facção dirigem, ou melhor, comandam, a totalidade dos poderes executivo e legislativo do governo. Portanto, é preciso fazer de tudo para confirmar a supremacia dessa cidade sobre as demais repúblicas. Paris é um centro compacto cuja enorme força é totalmente desproporcional à de qualquer outro departamento, além de estar reunida e condensada dentro de um círculo estreito. As diferentes partes de Paris ligam-se tão fácil e naturalmente entre si que nenhuma constituição geométrica poderá afetá-las, assim como é de pouca importância que a proporção de sua representação seja maior ou menor, já que tem toda a variedade de peixes em sua rede de arrasto. As outras divisões do reino, fracionadas e reduzidas a pedaços, privadas de todos os seus meios habituais e até de seus princípios de união

---

176. Golfo pantanoso situado no Egito que, segundo Milton, engoliu exércitos inteiros. Cf. Milton, *Paradise Lost*, II, p. 592-4. (N.T.)

não podem, pelo menos durante algum tempo, confederar-se contra ela. Aos membros subordinados restaram apenas a fraqueza, a desunião e a confusão. Para confirmar essa parte do plano, a Assembleia decretou recentemente que a mesma pessoa não pode ser comandante em chefe de duas dessas repúblicas.

A uma pessoa dotada de uma visão de conjunto, a primazia de Paris, da forma como se apresenta, terá como efeito o enfraquecimento de todo o país. Alardeia-se que a política geométrica foi adotada, que os regionalismos desapareceram, que não haveria mais gascões, picardos, bretões, normandos, mas unicamente franceses com uma só pátria, um só coração e uma única Assembleia. Todavia, o mais provável é que em vez de todos eles serem franceses, os habitantes dessas regiões em breve carecerão de uma pátria. Ninguém se sentirá vinculado por um senso de orgulho, ou terá uma afeição particular e um amor verdadeiro a uma divisão geométrica do território, assim como ninguém se vangloriará de pertencer ao 71º quadrado do tabuleiro ou a qualquer outra etiqueta análoga. Nossas afeições públicas têm início em nossas famílias e não se pode esperar que de uma relação fria com seus parentes se origine um cidadão zeloso. Das famílias passamos à vizinhança e às nossas relações provincianas habituais. Estas são como pousadas e locais de repouso. Essas divisões de nosso país, produzidas pelo hábito e não por um súbito espasmo da autoridade, constituíam pequenas gravuras da grande pátria na qual o coração se encontrava em sua plenitude, sem que o amor pelo todo fosse sufocado por esses amores subordinados. Ao contrário, pode ser que isso represente uma espécie de aprendizado elementar para aquelas vistas mais amplas e elevadas que são as únicas capazes de levar os homens a considerar a prosperidade de um reino tão extenso como o da França como se fosse algo de seu próprio interesse pessoal. Os cidadãos são levados a se interessar pelo conjunto de um território ou pelo velho nome das províncias por meio de velhos preconceitos e hábitos irrefletidos, e não por meio das propriedades geométricas de suas configurações. É certo que essas repúblicas permanecerão oprimidas e unidas enquanto o poder e a preeminência de Paris durarem, embora, pelas razões expostas, não creia que durem muito.

Após tratar dos princípios cívicos criadores e aglutinadores dessa constituição, trataremos agora da Assembleia Nacional, a quem a Constituição dos senhores confere, na teoria como na prática, todo o poder soberano possível e sem submetê-la a nenhum controle externo. Vemos um corpo sem leis fundamentais, sem máximas estabelecidas, sem normas de procedimento respeitadas, sem nada que a possa fixar em um sistema qualquer; que sempre interpreta a extensão de seus poderes atribuindo o sentido mais amplo à sua competência legislativa e toma como exemplos de casos comuns as exceções tiradas da necessidade mais urgente. A futura assembleia guardará muitas semelhanças com a atual, mas em decorrência da forma das novas eleições e da tendência do novo papel-moeda, será expurgada do pequeno grau de controle interno existente em uma minoria escolhida originalmente a partir de interesses variados e que conserva alguma coisa do espírito deles. Se isso for possível, a próxima assembleia deverá ser pior do que a atual, pois esta, ao destruir e alterar tudo, não deixará à sua sucessora nada que possa torná-la popular. Movida pela emulação e pelo exemplo, lançar-se-á aos empreendimentos mais temerários e absurdos, pois é um absurdo imaginar que uma tal assembleia possa permanecer em perfeita quietude.

Na pressa de fazerem tudo de uma só vez, os onissuficientes legisladores franceses esqueceram algo que parece essencial e que, acredito, sempre foi lembrado no passado, seja na teoria, seja na prática, pelos construtores de repúblicas, a saber, esqueceram-se de estabelecer um *Senado* ou algo dessa natureza e caráter. Nunca antes de hoje ouviu-se falar de um corpo político composto de uma única assembleia legislativa e executiva, sem um conselho dessa natureza para seus funcionários executivos; sem algo com que os Estados estrangeiros pudessem manter contato; algo que nos detalhes ordinários do governo o povo pudesse respeitar; algo que pudesse dar uma certa unidade e firmeza ao Estado e conservar uma certa continuidade em sua atuação. Os reis têm geralmente um corpo assim para aconselhá-los e, apesar de uma monarquia poder prescindir de tal conselho, ele parece ser a própria essência de um governo republicano. O Senado desempenha um papel intermediário entre o poder supremo exercido pelo povo, ou delegado imediatamente por este, e o poder meramente executivo. Não há vestígios desse corpo na Constituição francesa; e ao não estabelecerem nada dessa espécie, seus Sólons e Numas[177] mostraram, nisso como em tudo mais, uma soberana incapacidade.

Olhemos agora para o que eles fizeram no sentido da formação de um poder executivo. Escolheram para exercê-lo um rei degradado. Esse primeiro funcionário executivo deles deve ser uma máquina desprovida de qualquer faculdade deliberativa no exercício de suas funções. Na melhor das hipóteses, esse rei não passa de um canal pelo qual se transmite à Assembleia Nacional algum assunto que possa ser do interesse dela. Se pelo menos o

---

177. O ateniense Sólon (630 a.C.-560 a.C.) e o romano Numa Pompilius (753 a.C.-673 a.C.), que reinou entre 715 a.C.-673 a.C., exemplos de legisladores e/ou reformadores sábios e bem-sucedidos. (N.T.)

monarca representasse um canal exclusivo, seu poder não deixaria de ter alguma relevância, apesar de infinitamente perigoso para quem decidisse exercê-lo. Mas a informação pública e o esclarecimento dos fatos podem chegar à Assembleia, com igual autenticidade, por muitas outras vias. Quanto aos meios, portanto, de dar uma direção às medidas da Assembleia pela declaração de um relator autorizado, esse cargo de informação é nulo.

Consideremos o plano francês de um funcionário executivo em suas duas divisões naturais, a civil e a política. Na primeira, deve-se observar que a nova Constituição despojou o rei do controle das esferas mais elevadas da magistratura, em qualquer de seus ramos. O rei não é a fonte da justiça; e tampouco os juízes, seja o de primeira instância, seja o de apelação, são por ele nomeados. Não tem o direito de propor candidatos, nem de vetar os escolhidos. Ele não é sequer o promotor público. Ele atua meramente como um notário para autenticar a escolha dos juízes nos diferentes distritos. Cabe ao rei executar essas sentenças por meio de seus funcionários. Quando examinamos a verdadeira natureza de sua autoridade, ele não parece ser nada mais que um chefe de bedéis, guardas de tribunal, esbirros, carcereiros e carrascos. É impossível colocar algo que se denomina realeza em uma situação mais degradante. Antes teria sido mil vezes melhor para a dignidade desse desventurado príncipe que ele nada tivesse de comum com a administração da justiça, já que foi desprovido de tudo o que há de venerável e de consolador nessa função, e não pode iniciar, suspender, mitigar um processo ou até mesmo conceder perdão. Tudo o que é vil e odioso na justiça recai sobre ele. Não foi por acaso que a Assembleia se esforçou por remover o estigma de certas funções, já que estava decidida a colocar a pessoa que até recentemente era seu rei em uma situação somente um grau acima do carrasco e para o desempenho de uma função que tem aproximadamente a mesma qualidade. Dado o estado em que atualmente se encontra o rei da França, não seria nada natural que ele lograsse ser respeitado por si mesmo ou pelos demais.

Passemos à função política que exerce, sob as ordens da Assembleia Nacional, esse novo funcionário executivo. Executar as leis é um ofício régio; executar ordens é não ser rei. Apesar disso, a magistratura executiva, mesmo reduzida a seu aspecto político, é uma função de grande responsabilidade. É um encargo que realmente depende muito da fidelidade e da diligência tanto daqueles que o exercem, como dos seus subordinados. A lei deveria fixar os meios para que esse magistrado execute suas tarefas, e disposições nesse sentido deveriam ser oferecidas pelas circunstâncias correspondentes ao encargo. Uma tal magistratura deve estar cercada de dignidade, autoridade e consideração e deveria conduzir à glória. O cargo executivo é uma função que supõe vigor, uma vez que não é da impotência que se deve exigir as tarefas do poder. Que tipo de pessoa é um rei que deve comandar sem dispor dos meios para recompensar o serviço? Nenhum cargo permanente, nenhuma concessão de terras, nem mesmo uma pensão de 50 libras esterlinas ao ano ou um título vão e trivial. Na França, o rei não é mais a fonte da honra, o mesmo se aplicando à justiça. Todas as recompensas, todas as distinções, estão em outras mãos. Os que servem ao rei não têm outra motivação natural senão o medo – medo de tudo, exceto do seu senhor. Suas funções de coerção no interior do país são tão odiosas quanto as que ele exerce no departamento de justiça. Quando se trata de conceder uma isenção de imposto a uma municipalidade, é a Assembleia que o faz; mas, quando se trata de enviar tropas para fazê-la cumprir as determinações da Assembleia, é o rei que deve executar a ordem e que em todas as ocasiões se vê salpicado com o sangue de seu povo. Não tem direito ao veto, embora seu nome e sua autoridade sirvam para impor qualquer decreto severo. E pior, ele deve colaborar na chacina dos que tentarem libertá-lo de seu cativeiro ou que mostrem o mais ligeiro apego e lealdade à sua pessoa ou à sua antiga autoridade.

A magistratura executiva deveria estar constituída de tal maneira que seus membros fossem levados a amar e venerar a quem devem obedecer. Uma negligência proposital ou, o que é pior, uma obediência perversa e maligna, podem arruinar os mais sábios conselhos. É inútil que a lei tente prevenir ou investigar essas negligências premeditadas e solicitudes fraudulentas, já que não é da sua competência fazer com que os homens ajam zelosamente. Os reis, ainda quando o são verdadeiramente, devem e podem tolerar a liberdade dos súditos que lhes são desagradáveis. Podem igualmente suportar, sem desdouro para si mesmos, a autoridade dessas pessoas, se isso for benéfico para seu serviço. Luís XIII odiava mortalmente o cardeal de Richelieu, mas toda a glória de seu reinado e o sólido fundamento de seu próprio trono dependeram do apoio que deu a esse ministro na luta contra os seus rivais. Luís XIV não estimava o cardeal Mazarino quando ascendeu ao trono, mas, no seu próprio interesse, preservou-o no poder. Já idoso, detestava Louvois,[178] mas conseguiu tolerá-lo durante anos, em razão dos fiéis serviços que este prestava à sua grandeza. Quando Jorge II nomeou a seus conselhos alguém como Pitt,[179] que certamente não lhe agradava, sua de-

---

178. François-Michel Le Tellier, marquês de Louvois (1641-1691). (N.T.)

179. Ou seja, o rei inglês Jorge II nomeou William Pitt (1708-1778) para integrar seu gabinete ministerial durante a Guerra dos Sete Anos, apesar de detestá-lo pessoalmente. Grande orador, Pitt ficou notório pela oposição ao governo do ministro Robert Walpole. (N.T.)

cisão não continha nada de humilhante para um sábio soberano. Mas esses ministros, que eram escolhidos por interesses e não por afeições, agiam em nome de seus reis e como seus delegados; não se comportavam explícita e constitucionalmente como seus donos. Parece-me impossível que algum rei, após ter-se recuperado dos seus primeiros tormentos, possa infundir seriamente vitalidade e vigor a medidas que, de forma convicta, sabe terem sido ditadas por pessoas profundamente hostis à sua pessoa. Que ministro que sirva a tal rei (ou como quer que o chamem), apenas em nome de uma decorosa aparência de respeito, obedecerá de bom grado às ordens de quem, até outro dia, havia em seu nome entregue à Bastilha? Obedecerão às ordens daqueles a quem tratavam com leniência enquanto exerciam uma justiça despótica, e aos quais achavam ter proporcionado um asilo seguro em uma prisão? Se tal obediência fosse possível, os franceses também teriam de fazer, em meio às suas inovações e regenerações, uma revolução na natureza ao impor uma nova constituição ao espírito humano. Do contrário, seu governo supremo não poderá se coadunar com o seu órgão executivo. Há casos em que os nomes e as abstrações não são suficientes. Os senhores podem até chamar uma meia dúzia de indivíduos importantes que suscitam medo e ódio pelo nome de *nação*, mas isso não fará nenhuma diferença, pois serão ainda mais temidos e odiados. Caso se considere como justo e necessário fazer uma revolução tal qual ocorreu na França, isto é, com os mesmos meios e as mesmas pessoas, teria sido mais sábio ter concluído o serviço dos dias 5 e 6 de outubro. O novo funcionário executivo passaria então a dever sua situação tanto aos seus criadores quanto aos seus senhores, e poderia estar obrigado – pelo interesse, pela sociedade no crime, e por gratidão – a servir aos que o haviam elevado a um posto de grande lucro, de grandes oportunidades de prazer, e de algo mais: pois haveria de receber ainda mais dos que certamente não teriam limitado uma criatura engrandecida do modo como fizeram com um antagonista submetido.

Um rei nessas circunstâncias, totalmente embrutecido por seus infortúnios a ponto de considerar não como uma necessidade, mas como uma recompensa e um privilégio o ato de comer e dormir, e sem nenhuma consideração pela glória, nunca estará qualificado para o cargo. Se, ao contrário, tiver os sentimentos comuns aos demais homens, deve ter consciência de que, em uma função submetida a tantas restrições, não poderá obter nem fama, nem reputação. Não tem nenhum interesse generoso que possa incitá-lo a agir. Na melhor das hipóteses, sua conduta será passiva e defensiva. Semelhante função poderia ser honrosa para alguém de condição inferior, mas não para o rei, uma vez que ascender a uma posição e ser rebaixado são coisas diferentes que sugerem sentimentos diferentes. Ele *verdadeiramente* nomeia os ministros? Se o fizer, simpatizarão com ele. Eles lhe são impostos? Neste caso, o relacionamento com eles será de oposição mútua. Enquanto todos os demais países revestem o cargo de ministro do Estado da mais alta dignidade, ele se encontra cheio de perigos e desprovido de glórias na França. Todavia, na medida em que houver ambição na terra e o desejo de um salário miserável for um incentivo à avareza míope, aqueles que o exercem terão rivais que invejarão essa nulidade. Os êmulos dos ministros têm a possibilidade, garantida pela Constituição dos senhores, de atacá-los nas partes vitais, sem que eles tenham meios de se defender a não ser sob a infamante condição de acusados. Os ministros de Estado são as únicas pessoas daquele país que não podem participar dos conselhos nacionais. Que ministros! Que conselhos! Que nação! Mas eles são responsáveis. E o resultado dessa responsabilidade há de ser muito pobre. A elevação do espírito que nasce do medo não conduzirá jamais uma nação para a glória. A responsabilidade previne os crimes e torna perigosos todos os atentados contra as leis. Mas só os idiotas podem pensá-la como um princípio inspirador de um serviço ativo e zeloso. Poder-se-ia confiar a condução de uma guerra a um homem que pode detestar as suas origens e que, em cada passo dado para assegurar seu triunfo, confirma o poder daqueles pelos quais ele é oprimido? Os Estados estrangeiros estarão dispostos a tratar seriamente com um homem que não tem nenhuma prerrogativa de guerra ou paz, e que sobre essa questão não dispõe nem sequer de um único voto, nem o seu, nem o de seus ministros, ou de alguém a quem possa influenciar? Um estado de desprezo é incompatível com um príncipe; é preferível suprimi-lo de uma vez por todas.

Estou ciente das alegações segundo as quais esses caprichos e extravagâncias da Corte e do poder executivo só permanecerão na atual geração, e que o rei se viu coagido a declarar que o delfim será educado em conformidade com sua situação. Isto equivale a dizer que não lhe seria dado educação alguma. Sua educação será pior que a de um monarca arbitrário. Alfabetizado ou iletrado, como quer que seja, algum gênio bom ou mau lhe contará que seus ancestrais eram reis, e partir desse momento seu objetivo será o de assegurar sua posição e vingar seus pais. O senhor dirá que isso não faz parte de seus deveres e, de fato, é bem possível que não, embora faça parte de sua natureza, de modo que não é prudente trabalhar pelo dever quando se tem contra si a natureza. Nesse fútil sistema de organização do corpo político, o Estado nutre atualmente em seu âmago uma fonte de debilidade, perplexidade, reação, ineficiência e decadência, e prepara os meios para a sua ruína final. Em suma, nada vejo na força executiva (pois não posso chamá-la de autoridade) que tenha sequer uma aparência de vigor ou que apresente o menor grau de justa correspondência, simetria, ou relação amigável com o poder supremo, tal como existe agora ou como está planejado para o futuro governo.

Os franceses estabeleceram, por uma economia tão pervertida quanto a política, duas instituições[180] de governo, uma real e outra fictícia. Ambas requerem grandes despesas, mas é a segunda que, a meu juízo, custa mais. Uma máquina como esta última não vale a graxa de suas engrenagens. A despesa é enorme, sem que a beleza da máquina, ou os serviços que presta justifiquem a décima parte da conta. Ora, não estou dando o devido reconhecimento aos talentos de seus legisladores, pois não estou considerando a necessidade como deveria. Seu esquema de poder executivo não foi escolha deles, já que foi preciso conservar o cerimonial monárquico para o povo, que não consentiria em ficar sem ele. Muito bem, eu os compreendo. Apesar de suas grandiosas teorias, às quais os franceses gostariam que o céu e a terra se curvassem, eles sabem como se conformar à natureza e às circunstâncias das coisas. Mas na medida em que os legisladores franceses se viram obrigados a se curvar a tal ponto perante as circunstâncias, deveriam ter levado sua submissão mais longe e, já que era necessário conservar o rei, torná-lo um instrumento adequado e útil a seus fins. Isso estava no poder dos senhores. Para citar um exemplo entre vários, os senhores podiam deixar a seu rei o direito de guerra e paz. Mas como deixar ao magistrado executivo a mais perigosa de todas as prerrogativas? Desconheço uma que seja mais perigosa, bem como a existência de outra pessoa a quem se possa confiar essa prerrogativa. Não digo que essa prerrogativa devesse ser confiada ao rei isolada de outros encargos auxiliares que atualmente ele não possui. Mas se essas prerrogativas lhe fossem concedidas, por mais arriscadas que fossem, as vantagens de um poder assim constituído compensariam os riscos com sobras. Não há outro meio de impedir que os diversos potentados europeus intriguem clara e pessoalmente com os membros de sua Assembleia, interfiram nos seus assuntos e fomentem a mais perniciosa de todas as facções no coração de seu país; facções que as potências estrangeiras dirigem em consonância com seus interesses. Desse que é o pior dos males, nós, ingleses, ainda estamos livres, graças a Deus. Os franceses fariam um bom emprego de sua habilidade – se é que têm alguma – na procura de corretivos e controles indiretos para esse encargo perigoso. Se não gostarem dos que adotamos na Inglaterra, seus líderes poderiam empregar suas habilidades

---

180. Na verdade foram três, contando-se os estabelecimentos republicanos provinciais.

na procura de melhores. Se fosse necessário exemplificar as consequências que um governo executivo como o dos senhores exerce sobre a direção dos principais assuntos, recomendar-lhe-ia a leitura dos últimos relatórios do Sr. Montmorin[181] à Assembleia Nacional e de todos os outros atos relativos às divergências entre a Grã-Bretanha e a Espanha. Mas o simples fato de indicá-los representaria um desrespeito à sua inteligência.

Ouvi dizer que as pessoas a quem chamam de ministros manifestaram uma intenção de renunciar a seus cargos. Fico surpreso que não o tenham feito há muito tempo. Por nada deste mundo eu teria permanecido na situação em que eles se encontraram no último ano. Dou como certo que eles desejavam o bem da revolução. Seja como for, eles não podiam, dada a posição privilegiada em que estavam (apesar de ser um privilégio humilhante), deixar de ser os primeiros a perceber no conjunto e isoladamente em seu próprio departamento os males que foram produzidos por essa revolução. Em cada passo que deram ou evitaram, eles devem ter percebido a degradante situação de seu país e sua absoluta incapacidade de servi-lo. Eles se encontram em uma espécie de servidão subalterna nunca vista em lugar nenhum. Privados da confiança do seu soberano a quem foram impostos e da Assembleia que os impôs a ele, todas as nobres funções de seus cargos são exercidas por comitês da Assembleia, sem nenhum respeito por sua autoridade pessoal ou oficial. Devem administrar, mas não têm poder; devem ser responsáveis, mas carecem de liberdade de ação; devem deliberar, mas não têm escolha. Nessa confusa situação, isto é, sem nenhuma influência sobre os dois soberanos aos quais se acham submetidos, eles devem agir de tal maneira (não importa o que verdadeiramente pretendam) que às vezes traem um, às vezes outro, mas sempre a si mesmos. Essa tem sido a situação deles e essa deverá ser a situação de seus sucessores. Além de ter um grande respeito pelo Sr. Necker e desejar-lhe as melhores intenções, sou-lhe devedor das atenções que recebi de sua parte. Quando seus inimigos o expulsaram de Versalhes, acreditei que o seu exílio fosse motivo do mais sério júbilo – *sed multae urbes et publica vota vicerunt*.[182] Ele agora está sentado sobre as ruínas das finanças e da monarquia francesa.

---

181. Armand-Marc, conde de Montmorin de Saint-Hérem (1745-1792), diplomata e ministro dos Assuntos Estrangeiros, ocupa uma posição de destaque no governo após a queda de Necker (4 de setembro de 1790). Deixará o ministério em novembro de 1791, sendo posteriormente uma das vítimas dos massacres de setembro de 1792. (N.T.)

182. Juvenal, *Sátiras*, X, p. 284: "Mas as cidades numerosas e os votos públicos o venceram". Burke pretende dizer que Necker, o "homem da opinião", segundo Mirabeau, foi vítima de sua própria popularidade. (N.T.)

Muito mais poderia ser dito sobre a estranha constituição da parte executiva do novo governo, mas a fadiga deve impor limites ao estudo de temas que, em si mesmos, mal os têm. Tampouco sou capaz de divisar maiores traços de gênio e talento no plano de magistratura judicial da Assembleia Nacional. De acordo com o seu procedimento invariável, os redatores da constituição começaram pela total abolição dos Parlamentos. Esses órgãos veneráveis, como as outras instituições do antigo governo, tinham necessidade de reforma, ainda que não se introduzisse nenhuma mudança na monarquia. Requeriam inúmeras alterações ainda, a fim de adaptá-los ao sistema de uma constituição livre. Em muitos aspectos, porém, as particularidades de sua constituição mereciam a aprovação dos sábios. Possuíam uma excelência fundamental: eram independentes. A circunstância mais duvidosa que caracterizava esse cargo, isto é, o fato de ser vendável, contribuía, entretanto, para assegurar essa independência. Os cargos eram vitalícios e pode-se dizer, de fato, que eram obtidos por herança. Nomeados pelo monarca, eram considerados como praticamente alheios ao seu poder. As ações mais determinadas da autoridade régia contra eles serviram apenas para demonstrar sua independência radical. Compunham órgãos políticos permanentes feitos para resistirem às inovações arbitrárias, e tanto essas corporações como a maioria de suas formas de atuação foram bem calculadas a fim de assegurar às leis sua certeza e sua inviolabilidade. Eles foram um abrigo seguro para garantir as leis em todas as revoluções dos gostos e das opiniões. Preservaram esse depósito sagrado do país durante os reinados de príncipes arbitrários e as lutas de facções arbitrárias, já que mantiveram vivos a memória e o registro da Constituição. Foram a grande segurança para a propriedade privada, da qual se poderia dizer (quando não existia liberdade individual) que estava, de fato, tão bem protegida na França como em qualquer outro país. Qualquer que seja a forma do poder supremo de um Estado, ele deveria, na medida do possível, constituir sua autoridade judicial de tal modo que ela não apenas conservasse sua independência, mas também pudesse equilibrá-lo de alguma forma. Deveria garantir sua justiça contra seu próprio poder e tornar sua judicatura algo, por assim dizer, exterior ao Estado.

Esses Parlamentos forneceram senão os melhores, pelo menos algum corretivo considerável aos excessos e vícios da monarquia. Um poder judiciário organizado de tal modo é dez vezes mais necessário quando uma democracia detém o poder absoluto do país. Nessa Constituição, os juízes eleitos, temporários e locais tais como os senhores estabeleceram e que exercem sua funções subordinadas em um círculo estrito, hão de ser o pior de todos os tribunais. Buscar-se-á em vão neles qualquer aparência de justiça para com os estranhos, os ricos odiosos, os membros das minorias vencidas e todos aqueles que nas eleições apoiaram os candidatos malsucedidos. Será impossível manter os novos tribunais livres do pior espírito de facção. A experiência nos ensina que não há sistema de escrutínio que não permita descobrir as opiniões dos eleitores, e que os melhores procedimentos de ocultação terminam por produzir a desconfiança, uma causa ainda mais nociva de parcialidade.

Se os Parlamentos tivessem sido preservados, ao invés de serem dissolvidos a um custo tão ruinoso para a nação, eles poderiam ter servido a essa nova república, talvez não precisamente aos mesmos (não pretendo estabelecer um paralelo exato), mas quase aos mesmos propósitos que a o tribunal e o senado do Areópago serviram em Atenas, ou seja, como contrapesos e corretivos aos males de uma democracia injusta e leviana. Todos sabem que esse tribunal foi o grande esteio daquele Estado e também do cuidado com que foi mantido e da veneração religiosa com que foi consagrado. Admito que os Parlamentos não estavam totalmente imunes às facções, mas esse mal era externo e acidental, e não tanto um vício de sua própria constituição, como deve ocorrer em sua nova invenção de tribunais eleitos a cada seis anos. Muitos ingleses elogiaram a abolição dos antigos tribunais, supondo que eles decidiam tudo mediante a propina e a corrupção. Não obstante, resistiram ao teste da fiscalização monárquica e republicana. A Corte estava disposta a provar a corrupção desses órgãos quando foram dissolvidos em 1771. Se pudessem, aqueles que mais uma vez os dissolveram teriam feito o mesmo, mas como ambas as inquisições fracassaram, concluo que os casos manifestos de corrupção pecuniária eram raros entre eles.

Teria sido prudente preservar, juntamente com os Parlamentos, pelo menos seu antigo poder de registro e de veto sobre todos os decretos da Assembleia, como eles faziam com aqueles que foram aprovados na época da monarquia. Seria um meio de enquadrar os decretos ocasionais de uma democracia em alguns princípios de jurisprudência geral. O vício das antigas democracias e uma das causas de sua ruína foi o fato de que elas governaram como os senhores o fazem, por meio de decretos ocasionais, *psephismata*.[183] Essa prática rompeu de imediato o teor e a estabilidade das leis, diminuindo o respeito do povo por elas até que, enfim, terminou por destruí-las completamente.

Outorgar o poder de veto, que no tempo da monarquia pertencia ao Parlamento de Paris, ao principal funcionário de seu executivo que, ao arre-

---

183. Decretos promulgados na Assembleia ateniense, após o voto dos cidadãos. (N.T.)

pio do bom-senso, os senhores obstinadamente chamam de rei, é o cúmulo do absurdo. Não se deveria jamais sofrer admoestação daquele que deve executar. Isso implica em desconhecer os âmbitos do conselho e da execução, como também os da autoridade e da obediência. A pessoa a quem os senhores denominam rei não deveria ter esse poder, sob pena de ser preciso conceder-lhe um poder maior.

O sistema atual dos senhores é estritamente judicial. Ao invés de imitar a sua monarquia e de colocar seus juízes em assentos independentes, a Assembleia pretende reduzi-los à mais cega obediência. Como os senhores mudaram todas as coisas, foi preciso também que inventassem novos princípios de ordem. Vocês começam pela nomeação de juízes que, suponho, devem decidir segundo a lei, mas que depois ficam sabendo que a qualquer momento outras leis lhes serão dadas, tendo eles, assim, que se adaptarem. Todos os estudos que fizeram (se é que fizeram algum) lhes serão inúteis. Entretanto, para substituir esses estudos, eles devem jurar obediência a todas as regras, ordens e instruções que hão de receber sucessivamente da Assembleia Nacional. Caso se submetam a isso, além de não deixarem fundamento legal para os súditos, serão também instrumentos completos e extremamente perigosos nas mãos do poder governante que, no meio de uma causa ou ante a perspectiva dela, pode alterar completamente a regra da decisão. Se, por outro lado, essas ordens da Assembleia Nacional vierem a ser contrárias à vontade do povo que escolhe localmente esses juízes, o resultado disso será uma confusão mais terrível que se possa imaginar. Pois os juízes devem seu cargo à autoridade local, ao passo que as ordens a que juram obedecer são provenientes de quem não tem nenhuma participação em sua nomeação. Enquanto isso, os juízes têm o exemplo do tribunal de *Chatelet*[184] para encorajá-lo e guiá-lo no exercício de suas funções. Essa corte deve julgar criminosos que lhe são enviados pela Assembleia Nacional, ou trazidos diante dela por outras fontes de delação. Reunidos sob a proteção de uma guarda encarregada de defender suas vidas, seus componentes desconhecem as razões pelas quais julgam, a autoridade sob a qual atuam, e a fonte de sua autoridade. Especula-se que tenham às vezes que pronunciar condenações sob ameaça de morte. Pode ser que isso não seja tão certo e nem possa ser provado, embora saibamos que já tenham visto as pessoas recém-libertadas por eles serem enforcadas, com perfeita impunidade dos agentes, diante das portas de seu tribunal.

---

184. Tribunal e prisão, gozava de uma terrível reputação ao final do Antigo Regime, pois abrigava os criminosos hediondos. (N.T.)

A Assembleia de fato promete ditar um código legal breve, simples, claro e assim por diante. Isto é, que a brevidade das leis deixará ao juiz um grande poder discricionário, e isso no momento em que a Assembleia desacreditou a autoridade de todo o conhecimento que poderia conferir ao critério judicial (na melhor das hipóteses, algo sempre perigoso) garantias *seguras*.

É curioso observar que os corpos administrativos foram cuidadosamente subtraídos da jurisdição desses novos tribunais. Isto significa isentar do poder das leis as pessoas que deveriam ser as mais inteiramente submissas a elas. Os indivíduos que desempenham encargos pecuniários públicos são os que mais deveriam estar estritamente mantidos no cumprimento de seus deveres. Era de se esperar que uma das primeiras preocupações dos senhores, se não tivessem a intenção de fazer desses órgãos administrativos verdadeiros estados soberanos independentes, fosse a de formar um tribunal temível como os seus extintos Parlamentos, ou como o nosso "banco do rei", onde todos os funcionários corporativos poderiam obter proteção no exercício legal de suas funções e encontrar punição caso transgredissem seu dever legal. Mas a causa dessa isenção é clara. Esses órgãos administrativos são os instrumentos que melhor servirão a seus atuais líderes na passagem da democracia à oligarquia. Devem, portanto, ser colocados acima da lei. Dir-se-á que os tribunais legais constituídos pelos senhores são inadequados para coagi-los, e realmente o são, já que são inadequados a qualquer propósito racional. Dir-se-á também que os órgãos administrativos serão responsáveis perante a Assembleia Nacional. Receio que ambas as afirmações não expressem uma devida reflexão sobre a natureza dessa Assembleia e desses órgãos. Todavia, estar sujeito aos humores dessa Assembleia é não estar sujeito à lei, seja para proteção, seja para coerção.

Este órgão judicial ainda requer algo que o complete. Ele deve ser coroado com um novo tribunal, a saber, uma grande magistratura do Estado, capaz de julgar os crimes cometidos contra a nação, ou seja, contra o poder da Assembleia. Os legisladores franceses parecem ter em vista algo como a Suprema Corte de Justiça erigida na Inglaterra durante a época da grande usurpação. Como essa parte do plano ainda está inacabada, é impossível formar um juízo direto acerca. Isto posto, se não houver um grande cuidado para formá-lo em um espírito bem diferente daquele que orientou a Assembleia em suas deliberações relativas aos crimes de Estado, esse tribunal, posto a serviço da máquina inquisitorial, o *comitê de pesquisa*, extinguirá as últimas centelhas de liberdade na França e estabelecerá a mais terrível e arbitrária tirania jamais vista em qualquer nação. Se os legisladores franceses quiserem dar a esse tribunal alguma aparência de liberdade e justiça, devem evitar recorrer ou mandar para ele as causas relativas a seus próprios membros, a seu bel-prazer. Eles devem também remover a sede desse tribunal da República de Paris.[185]

Teriam os franceses demonstrado mais sabedoria na constituição do seu exército do que é discernível no seu sistema judiciário? A organização militar inteligente é algo mais difícil e que requer maior habilidade e cuidado, não só pelas exigências intrínsecas ao problema, mas porque o exército é o terceiro princípio aglutinador desse novo corpo de repúblicas que os senhores chamam de nação francesa. Certamente não é fácil prever o que esse exército poderá finalmente se tornar. Os senhores votaram por um exército numeroso e bem pago, pelo menos totalmente à altura das quantias de que os senhores aparentemente dispõem para pagá-lo. Mas qual é o princípio de sua disciplina? A quem deve obedecer? Os senhores agarraram o lobo pelas orelhas, e desejo-lhes que desfrutem da posição favorável em que escolheram colocar-se e na qual encontram as melhores condições para deliberar livremente sobre esse exército, ou sobre qualquer outra coisa.

O ministro e secretário de Estado para o Departamento da Guerra é o Sr. de la Tour du Pin. A exemplo de seus colegas de governo, este senhor é um dos mais zelosos defensores da Revolução, e um dos mais fervorosos admiradores da nova Constituição originária daquele evento. Sua exposição dos fatos sobre as forças militares da França é importante não apenas por sua autoridade oficial e pessoal, mas porque ela assinala de modo bastante claro a condição efetiva do exército francês, e porque esclarece os princípios pelos quais a Assembleia procede na administração desse objeto delicado. Tal parecer pode permitir-nos formar um juízo sobre até que ponto pode ser conveniente para a Inglaterra imitar a política marcial francesa.

O Sr. de la Tour du Pin apresentou-se a 4 de junho passado para prestar contas da situação de seu departamento, tal como ele existe sob os auspícios da Assembleia Nacional. Ninguém o conhece tão bem, e ninguém pode expressá-lo melhor. Dirigindo-se à Assembleia Nacional, declarou: "Sua Majestade enviou-me *hoje* para informá-los das múltiplas desordens das quais, *diariamente,* recebe as mais perturbadoras notificações. O exército (*le corps militaire*) ameaça tombar na mais turbulenta anarquia. Regimentos inteiros ousaram violar, de uma só vez, o respeito às leis, ao rei, à ordem estabelecida por seus decretos, e aos juramentos que prestaram com a máxima solenidade. Compelido pelo meu dever a informá-los sobre esses

---

185. Para maiores esclarecimentos sobre a questão de todas essas judicaturas e sobre o comitê de pesquisa, ver a obra do Sr. Calonne.

excessos, meu coração sangra quando considero quem são aqueles que os cometeram. Estes homens, contra os quais não está em meu poder calar as queixas mais graves, são uma parte daquela mesma soldadesca que até hoje tem sido tão cheia de honra e de lealdade, e com a qual tenho convivido como camarada e amigo há 50 anos.

"Que incompreensível espírito de delírio e de engano os teria extraviado tão repentinamente? Enquanto os senhores são infatigáveis em estabelecer a uniformidade no império, e em moldar o todo em um corpo coerente e consistente; enquanto os franceses aprendem simultaneamente dos senhores o respeito que as leis devem aos Direitos do Homem e o que os cidadãos devem às leis, a administração do exército nada apresenta além de problemas e confusão. Em mais de uma unidade militar, percebo os laços da disciplina frouxos ou rompidos; as pretensões mais inauditas expressas de forma direta e sem nenhum disfarce; as ordenanças sem força; os chefes sem autoridade; os cofres militares e as bandeiras saqueadas; a autoridade do próprio rei [*risum teneatis*][186] arrogantemente desafiada; os oficiais desprezados, degradados, ameaçados, afastados, e alguns deles prisioneiros de sua própria unidade, levando uma vida precária em meio ao desgosto e à humilhação; e, para cúmulo dos horrores, comandantes de postos tiveram suas gargantas cortadas sob os olhos, e quase que nos braços, de seus próprios soldados.

Esses males são enormes; mas eles não são as piores consequências que podem decorrer dessas insurreições militares. Cedo ou tarde elas podem ameaçar a própria nação. *A natureza das coisas exige* que o exército nunca aja senão como *um instrumento*. A partir do momento em que, erigindo-se em um corpo deliberativo, ele agir de acordo com suas próprias resoluções, o *governo, seja ele qual for, degenerará imediatamente em uma democracia militar*, espécie de monstro político que sempre termina devorando seus criadores.

Depois de tudo isso, quem não se inquietaria diante das consultas irregulares e dos comitês turbulentos, formados em alguns regimentos por soldados rasos e suboficiais sem o conhecimento, ou até mesmo com o desprezo pela autoridade de seus superiores; embora a presença e a colaboração desses superiores não conferissem nenhuma autoridade a essas assembleias democráticas [*comices*] monstruosas.

Não é necessário acrescentar muita coisa a esse quadro acabado – pelo menos até o ponto em que a tela admite. Não obstante, receio que o mesmo não abarca a totalidade da natureza e a complexidade dos distúrbios dessa democracia militar que, conforme observou correta e sabiamente o Minis-

---

186. "Por favor, não ria". (N.T.)

tro da Guerra, deve ser, onde quer que ela exista, a verdadeira constituição do Estado, independentemente do nome pelo qual a designem. Pois, embora ele informe a Assembleia que a maior parte do exército não abandonou a obediência, permanecendo ainda ligada a seu dever, os viajantes que viram as unidades de melhor conduta observaram nelas antes a ausência de motim do que a existência de disciplina.

Não posso deixar de fazer aqui uma breve pausa para refletir sobre as expressões de surpresa que esse ministro confidenciou a respeito dos excessos que relata. A seu ver, o abandono das tropas de seus antigos princípios de honra e lealdade parece totalmente inconcebível. É evidente que aqueles a quem ele se dirige conhecem muito bem as causas dessa mudança. Eles sabem as doutrinas que pregaram, os decretos que aprovaram, as práticas que fomentaram. Os soldados se lembram do dia 6 de outubro. Recordam-se dos guardas franceses. Não se esqueceram da tomada dos castelos reais em Paris e Marselha. O fato de que os governadores de ambas as cidades tenham sido assassinados impunemente é algo que não lhes saiu da memória. Eles não abandonaram os princípios da igualdade dos homens, estabelecidos de modo tão ostensivo e laborioso. Não podem fechar os olhos à degradação de toda a nobreza francesa, e à supressão da própria ideia de um cavalheiro. A total abolição de títulos e distinções não se perdeu para eles. O Sr. du Pin, entretanto, assombrou-se com sua deslealdade, uma vez que os doutores da Assembleia lhes ensinaram ao mesmo tempo o devido respeito às leis. É fácil julgar qual dos dois tipos de lição homens com armas nas mãos venham a aprender com maior probabilidade. Quanto à autoridade do rei, podemos inferir do próprio ministro (se toda argumentação a esse respeito não fosse supérflua) que ele não goza de maior consideração entre as tropas do que no resto do país. "O rei", diz ele, "renovou repetidas vezes suas ordens para pôr fim a tais excessos: mas, em uma crise tão terrível, *sua* [da Assembleia] atuação tornou-se indispensável para evitar os males que ameaçam o Estado. *Vocês* unem à força do poder legislativo a *da opinião,* ainda mais importante". É evidente que o exército não pode ter opinião sobre o poder ou autoridade do rei. Talvez o soldado a essa altura já tenha aprendido que a própria Assembleia não goza de um grau de liberdade muito maior que o daquela caricatura de monarca.

Deve-se ver agora o que se propôs para fazer frente a essa necessidade, uma das mais graves que podem ocorrer em um Estado. O ministro pede à Assembleia que recorra a todos os seus terrores e conclame toda a sua majestade, pois deseja que os graves e severos princípios anunciados por ela possam dar vigor às proclamações do rei. Depois disso, deveríamos esperar por tribunais civis e marciais; a dissolução de alguns regimentos, a dizimação de outros, e todos os meios terríveis empregados pela necessidade nesses casos para impedir o avanço do mais terrível de todos os males; era de se esperar, sobretudo, que fosse aberta uma séria investigação sobre o assassinato de comandantes sob os olhares de seus soldados. Mas nada disto aconteceu, nem mesmo algo semelhante. Assim que a Assembleia foi informada de que a soldadesca pisoteou os decretos de sua autoria promulgados pelo rei, ela aprovou novos decretos e autorizou o rei a fazer novas proclamações. Depois de o Secretário da Guerra ter afirmado que os regimentos não deram a mínima aos juramentos prestados *com a mais imponente solenidade,* o que a Assembleia propôs? Mais juramentos! Ela renova os decretos e proclamações à medida que constata sua ineficiência, e multiplica os juramentos ao ritmo em que eles enfraquecem as sanções da religião sobre as mentes dos homens. Espero que versões resumidas dos excelentes sermões de Voltaire, d'Alembert, Diderot e Helvétius, sobre a Imortalidade da Alma, sobre a existência de uma Providência particularmente supervisora, e sobre um Futuro estado de Recompensas e Castigos, sejam enviadas aos soldados com seus juramentos cívicos. Não duvido que isso ocorra, pois ouço dizer que certa categoria de leitura constitui parte nada desprezível de seus exercícios militares, estando os mesmos tão abundantemente supridos de munição de panfletos quanto de cartuchos de balas.

Para prevenir os males que decorrem das conspirações, conversas irregulares, comitês sediciosos e monstruosas assembleias revolucionárias [*comitia, comices*] dos soldados, e de todos os distúrbios originados da ociosidade, luxúria, dissipação e insubordinação, creio que foram empregados os meios mais espantosos que a mente humana foi capaz de conceber, considerando até mesmo as invenções desse século tão fecundo. Trata-se nada menos do que disso: em cartas circulares dirigidas a todos os regimentos, o rei promulgou sua autorização e incentivo para que os diversos corpos se unissem aos clubes e círculos das inúmeras municipalidades, tomando parte em suas festas e divertimentos cívicos! Parece-me que essa alegre disciplina foi criada para suavizar a ferocidade dos soldados, para reconciliá-los com seus companheiros de garrafa de outros grupos, e para fundir conspirações particulares em associações mais gerais.[187] Que esse remédio

---

187. "Como reconheceu Sua Majestade, não um sistema de associações particulares, mas uma reunião das vontades de todos os franceses pela liberdade e prosperidade comuns, assim como pela manutenção da ordem pública, na suposição de que seria conveniente que cada regimento participasse das festas cívicas para multiplicar as relações e reforçar os laços de união entre os cidadãos e as tropas". Sob o temor de que não me levem a sério, insiro as palavras que autorizam as tropas a se confraternizarem com as confederações populares.

cairia no agrado dos soldados descritos pelo Sr. de la Tour du Pin, é algo que dou por vencido, assim como o fato de que eles se submeterão prontamente a *tais* proclamações reais, por mais rebeldes que possam ser em outras matérias. Entretanto, deveria questionar se todos esses juramentos, reuniões e festejos cívicos iriam predispô-los a uma obediência maior do que a atualmente demonstrada perante seus oficiais, ou os ensinariam a se submeterem melhor às austeras regras da disciplina militar. Embora isto os torne cidadãos admiráveis segundo a moda francesa, de modo algum fará deles bons soldados, qualquer que seja o critério admitido. Do mesmo modo, poder-se-ia questionar se as conversas mantidas em banquetes os tornariam mais aptos a terem o caráter de *meros instrumentos,* algo que, conforme esse oficial veterano e estadista justamente observa, é sempre exigido a um exército pela natureza das coisas.

Quanto à probabilidade dessa melhora da disciplina por meio da livre conversação dos soldados com as sociedades festivas municipais, prática oficialmente encorajada pela autoridade e sanção reais, podemos julgá-la pelo estado das próprias municipalidades segundo nos informa o Ministro da Guerra nesse mesmo discurso. A boa disposição de certos regimentos permite-lhe ficar otimista em obter êxito em seus esforços para restaurar a ordem *no momento,* embora vislumbre alguma coisa sombria e nublada em relação ao futuro. Quanto a impedir o retorno da desordem, ele afirma: "por isto, a administração não pode ser responsável perante os senhores, pelo menos até que se veja as municipalidades arrogando-se uma autoridade sobre as tropas que as suas instituições reservaram inteiramente ao monarca. Não obstante terem os senhores fixado as fronteiras da autoridade militar e municipal, e limitado a ação – que permitiram à última em detrimento da primeira – ao direito de requisição, o fato é que nem a letra nem o espírito de seus decretos jamais autorizaram a plebe dessas municipalidades a depor os oficiais, levá-los a julgamento, dar ordens aos soldados, retirá-los dos postos a eles designados, interrompê-los em suas marchas ordenadas pelo rei ou, em uma palavra, escravizar as tropas ao capricho de cada uma das cidades ou até mesmo dos burgos pelos quais elas devam passar".

Esse é o caráter e a disposição das municipalidades destinadas a recuperar a soldadesca, trazê-la de volta aos verdadeiros princípios da subordinação militar e transformá-la em máquina nas mãos do poder supremo da pátria! Tais são as enfermidades das tropas francesas; e tal é o remédio para sua cura! Dá-se com a marinha o mesmo que com o exército. As municipalidades relegam as ordens da Assembleia, e os marinheiros, por seu turno, relegam as ordens das municipalidades. Lamento sinceramente pela condição de um respeitável servidor público, como a desse Ministro da Guerra, obrigado em sua velhice a brindar pela Assembleia em suas taças cívicas e a tomar parte, com sua cabeça encanecida, em todos os fantásticos devaneios desses políticos juvenis. Tais planos diferem das proposições vindas de um homem com 50 anos de experiência de vida, parecendo antes serem frutos daqueles grandes estrategistas políticos que abreviam o caminho de seu avanço ao poder e que, sobre todos os assuntos, possuem uma certa iluminação e segurança interior fanáticas; para crédito dos quais um de seus doutores achou adequado, com grande aceitação e ainda maior sucesso, advertir a Assembleia a não dar atenção aos homens idosos, ou a quaisquer pessoas que se façam valer por sua experiência. Suponho que todos os ministros de Estado devam se qualificar e passar por este teste, abjurando integralmente os erros e as heresias da experiência e da observação. Cada um tem seu próprio gosto, mas quanto a mim, caso não pudesse chegar à sabedoria, desejaria ao menos conservar algo da dignidade rígida e peremptória da idade. Esses senhores ocupam-se em regenerar os homens, mas por preço algum entregaria minhas fibras rígidas a serem regeneradas por eles; e tampouco começaria, em meu grande climatério, a rugir em seus novos sotaques, ou balbuciar, em meu segundo berço, os sons elementares de sua metafísica bárbara.[188] *Si isti mihi largianturut repueriscam et in eorum cunis vagiam, valde recusem.*[189]

É impossível revelar a imbecilidade de cada uma das partes desse sistema pueril e pedante, que eles denominam Constituição, sem descobrir a profunda insuficiência e malícia de qualquer outra parte com que ela, direta ou indiretamente, entra em contato. É igualmente impossível propor um remédio para a incompetência da coroa sem pôr em evidência a debilidade da Assembleia. Não se pode deliberar sobre a confusão do exército sem revelar as piores desordens das municipalidades armadas. A anarquia militar escancara a anarquia civil, e vice-versa. Gostaria que todos lessem cuidadosamente o eloquente discurso (pois trata-se disso) do Sr. de la Tour du Pin. Ele atribui a salvação das municipalidades à boa conduta de uma parte das tropas. Essas tropas devem preservar a parte bem-disposta das municipalidades, confessadamente em menor número, do saque feito pela de pior disposição, que é a mais numerosa. Mas as municipalidades atuam como se tivessem uma soberania e pretendem comandar as tropas que são

---

188. O Ministro da Guerra abandonou posteriormente essa escola e renunciou a seu cargo.
189. Cícero, *De Senectute,* XXIII, p. 83: "Se me fosse dado retornar à tenra infância e chorar em meu berço, recusá-lo-ia enfaticamente". (N.T.)

necessárias à sua proteção. Com efeito, devem comandá-las ou cortejá-las. Pela necessidade de sua situação e pelos poderes republicanos que obtiveram, as municipalidades devem ser, com relação ao exército, os senhores, os servos, ou até aliados, seja sucessiva ou simultaneamente, de acordo com as circunstâncias. Que poder pode se impor ao exército senão o da municipalidade, e qual pode se impor à municipalidade senão o do exército? Para preservar a concórdia onde se extinguiu a autoridade, a Assembleia, sob o risco das piores consequências, procura curar as desordens pelas próprias desordens, e espera defender-se de uma democracia puramente militar alimentando no Exército um interesse depravado pelo municipal.

Se algum dia os soldados chegarem a se misturar por algum tempo aos clubes, cabalas e conspirações, uma atração eletiva os levará à parte mais baixa e mais desesperada. Com eles irão seus hábitos, afetos e simpatias. As conspirações militares, que devem ser remediadas por meio das federações cívicas; as municipalidades rebeldes, que devem se tornar obedientes fornecendo-lhes os meios para corromper os mesmíssimos exércitos do Estado que devem mantê-las em ordem; todas essas quimeras de uma política funesta e monstruosa devem agravar a confusão de onde surgiram. Deve haver sangue. A falta de bom senso manifestada por seus legisladores nas combinações das diferentes forças do Estado, bem como na criação de todas as autoridades civis e judiciais, fará com que ele corra. Desordens podem ser apaziguadas num determinado momento e num determinado lugar, mas hão de eclodir em outros, pois o mal encontra-se radical e intimamente ligado à Constituição. Todos esses projetos de misturar os soldados rebeldes com cidadãos sediciosos enfraquecerão ainda mais a ligação dos soldados com seus oficiais, assim como dotarão os artesãos e camponeses turbulentos de uma audácia militar e revoltosa. Para garantir um verdadeiro exército, o oficial deveria ser o primeiro e o último aos olhos do soldado; primeiro e último em sua atenção, obediência e estima. Tudo indica que a partir de agora a moderação e a paciência deverão ser as principais qualidades dos oficiais. Para gerenciar suas tropas, devem lançar mão de artifícios eleitoreiros e portar-se não como comandantes, mas como candidatos. Como, porém, pode ser que o poder ocasionalmente caia em suas mãos por tais meios, torna-se de suma importância saber por qual autoridade hão de ser nomeados.

Não se conhece ainda a decisão definitiva dos senhores a esse respeito; e isto tampouco é de grande importância, pelo menos enquanto a estranha e contraditória relação entre o seu exército e todas as partes de sua república, bem como a intrincada relação dessas partes entre si e com o todo, permaneça como está. Os senhores parecem ter deixado a nomeação provisória dos oficiais, em primeira instância, ao rei, com a reserva da aprovação pela Assembleia Nacional. Mas os homens com um interesse a perseguir são extremamente sagazes em descobrir a verdadeira sede do poder. Devem perceber logo que aqueles que possuem o direito indefinido de veto são os que realmente indicam. Desse modo, os oficiais devem considerar as intrigas da Assembleia como o único caminho seguro para sua promoção. Ainda assim, contudo, a Constituição dos senhores os obriga a iniciarem sua solicitação na Corte. Essa dupla negociação por promoção militar parece-me uma invenção bastante propícia – como se não tivesse sido estudada para nenhuma outra finalidade – a promover, na própria Assembleia, facções em estreita relação com esta vasta patronagem militar; e, a partir disso, envenenar o corpo de oficiais com facções de uma natureza ainda mais perigosa para a segurança do governo (seja qual for a sua base de apoio), as quais terminarão por destruir a eficiência do próprio exército. Aqueles oficiais que perdem as promoções a eles destinadas pela coroa aderirão a uma facção oposta à da Assembleia que rejeitou suas reivindicações, e devem nutrir descontentamentos no coração do exército contra os poderes estabelecidos. Por outro lado, os oficiais que, fazendo coincidir seus interesses com os da Assembleia (onde são os primeiros), sentem que ocupam, na melhor das hipóteses, apenas o segundo lugar na boa vontade da coroa, devem desprezar uma autoridade que não lhes poderia favorecer nem prejudicar com relação à promoção. Se, para evitar esses males, não houver outra regra para o comando ou promoção senão a antiguidade no posto, os senhores terão um exército de pura formalidade, que se tornará ao mesmo tempo mais independente e mais semelhante a uma república militar. Na verdade, o rei, e não o exército, é o instrumento. E um rei não pode ser deposto pela metade. Se ele não for tudo no comando do exército, então não é nada. O que esperar de um poder colocado nominalmente à testa de um exército se tal poder não é objeto de gratidão ou temor? Tal nulidade é incompatível com a administração daquele que talvez seja o objeto mais delicado de todos, a saber, o comando supremo das forças armadas. Os soldados devem estar submetidos (e suas inclinações ao que as suas necessidades exigem) a uma autoridade verdadeira, vigorosa, efetiva, decidida e pessoal. A própria autoridade da Assembleia sofre ao passar por um canal tão debilitante quanto o que ela escolheu. O exército não respeitará por muito tempo uma Assembleia que atua por meio de um órgão de falsas aparências e de imposição palpável. Não obedecerá seriamente a um prisioneiro: desprezará aquilo que não passa de uma alegoria ou terá pena de um rei cativo. Salvo um grande equívoco de minha parte, esta relação entre o exército dos senhores e a coroa vai se tornar um grande dilema de sua política.

Ademais, é preciso ponderar se uma Assembleia como a dos senhores, mesmo supondo que ela estivesse na posse de um outro tipo de órgão para transmitir suas ordens, está apta a promover a obediência e a disciplina de um exército. Sabe-se que os exércitos, até o momento, têm prestado uma obediência muito incerta e precária a qualquer Senado ou autoridade popular, e estarão muito menos dispostos a obedecer a uma Assembleia cuja duração prevista é de apenas dois anos. Os oficiais deverão perder integralmente a disposição característica dos militares, se virem com perfeita submissão e devida admiração o domínio dos advogados, sobretudo quando percebem que têm uma nova corte a fazer a uma sucessão infinita deles, cuja política militar e as qualidades do comando (supondo que tenham algum) devem ser tão incertas quanto a efêmera duração de seu poder. Ante a fraqueza de um tipo de autoridade e a vacilação de todas, os oficiais de um exército ficarão por algum tempo amotinados e repletos de sectarismo, até que algum general popular, que domine a arte de conciliar a soldadesca e possua o verdadeiro espírito de comando, atraia a atenção de todos sobre si. Os exércitos o obedecerão em consideração à sua pessoa. Não há outro meio de garantir a obediência militar nesse estado de coisas. Mas, no momento em que isto acontecer, a pessoa que realmente comandar o exército será o seu soberano; o soberano de seu rei (isso não quer dizer muita coisa), de sua Assembleia e de sua República inteira.

Como foi que a Assembleia obteve seu atual poder sobre o exército? É certo que isto se deveu, sobretudo, à libertinagem que levou os soldados a se afastarem de seus oficiais. Os legisladores franceses começaram pela mais terrível operação. Tocaram no ponto central, em torno do qual as partículas que compõem o exército estão em repouso. Destruíram o princípio de obediência no grande elo crítico e essencial entre o oficial e o soldado, precisamente onde começa a cadeia de subordinação militar e do qual depende a totalidade daquele sistema. Dizem ao soldado que ele é um cidadão e que goza dos Direitos do Homem e do Cidadão. Foi-lhe dito que é um direito de todo homem governar-se a si próprio e ser governado apenas por aqueles a quem delegue tal poder. É muito natural que ele pense que deveria mais do que nunca exercer seu direito de escolha onde ele deve prestar o maior grau de obediência. Portanto, é muito provável que ele faça sistematicamente aquilo que hoje faz ocasionalmente, ou seja, exercerá pelo menos um poder de veto na escolha de seus oficiais. No momento, os oficiais são conhecidos por, no melhor dos casos, serem apenas tolerados e, mesmo assim, se tiverem bom comportamento. Com efeito, tem havido muitos casos em que os oficiais foram demitidos por seus regimentos. Eis aqui um segundo veto à escolha do rei; um veto ao menos tão eficaz quanto o da Assembleia. Os soldados já sabem que a Assembleia Nacional não acolheu mal a questão de saber se eles não deveriam ter a escolha direta de seus oficiais, ou de alguma proporção deles? Quando semelhantes temas são submetidos à deliberação, não é nada estranho supor que os soldados tendam para a opinião que for mais favorável a suas pretensões. Não suportarão serem vistos como o exército de um rei prisioneiro ao mesmo tempo em que, no mesmo país, um outro exército, com o qual devem festejar e se confederar, for considerado o exército livre de uma livre Constituição. Volverão os olhos sobre o outro e mais permanente exército; refiro-me ao municipal ou Guarda Nacional. Eles bem sabem que essa corporação realmente elege seus próprios oficiais. É possível que não sejam capazes de discernir os motivos de distinção pelos quais não devem eleger seu próprio Marquês de La Fayette (ou não importa qual seja seu novo nome). Se a eleição de um comandante-em-chefe faz parte dos Direitos do Homem, por que não o deles? Eles assistem à eleição de juízes de paz, magistrados, curas, bispos, prefeitos e comandantes do exército parisiense. Por que haveriam de ser os únicos excluídos? Serão os bravos soldados franceses os únicos homens daquela nação incapacitados de julgar o mérito militar e as qualidades necessárias para um comandante-em-chefe? Será que deveriam perder os Direitos do Homem pelo fato de serem pagos pelo Estado? Eles fazem parte da nação e contribuem para seu próprio soldo. E o rei, a Assembleia Nacional, e todos os que a elegem, não são igualmente pagos? Ao invés de considerar todas essas pessoas privadas dos seus direitos pelo fato de receberem um salário, os soldados percebem, ao contrário, que elas são pagas para exercerem esses direitos. Todas as resoluções, todos os expedientes, todos os debates, todas as obras dos seus doutores em religião e política foram diligentemente postos em suas mãos; e os senhores esperam que eles se limitem a aplicar à sua própria causa exatamente o tanto de suas doutrinas e exemplos que for da vontade dos senhores?

Tudo depende do exército em um governo como o dos senhores, pois os senhores sistematicamente destruíram todas as opiniões e preconceitos, e, na medida do possível, todos os instintos que sustentam o governo. Portanto, no momento em que houver alguma divergência entre a sua Assembleia

Nacional e alguma parte da nação, os senhores terão de recorrer à força. Não lhes resta outra alternativa, ou melhor, os senhores nada mais deixaram para si próprios. O relatório de seu Ministro da Guerra mostra-lhes que a distribuição do exército é feita, em grande medida, tendo em vista a coerção interna.[190] Os senhores estão obrigados a governar por meio de um exército no qual, a exemplo de toda a nação, foram inculcados princípios que, em pouco tempo, devem incapacitá-lo para o uso que resolverem fazer dele. O rei terá que mobilizar tropas contra seu povo, quando foi dito ao mundo inteiro – afirmação esta que ainda ressoa em nossos ouvidos –, que soldados não deveriam abrir fogo nos cidadãos? As colônias asseguram a si mesmas uma constituição independente e um livre-comércio. Devem ser reprimidas pelas forças armadas. Qual é o capítulo de seu código dos Direitos do Homem em que se pode ler que faz parte desses direitos ter seu comércio monopolizado e restrito em benefício de outrem? Da mesma forma que as colônias se rebelam contra os senhores, os negros se rebelam contra eles. Novamente, as tropas, com seus massacres, torturas e enforcamentos! Eis os seus Direitos dos Homens! Eis os frutos de declarações metafísicas, levianamente feitas e vergonhosamente descumpridas! Não faz muito tempo que os agricultores de uma de suas províncias recusaram-se a pagar alguns tipos de aluguéis ao dono do solo. Em decorrência disso, os senhores decretaram que os habitantes do campo deverão pagar todos os aluguéis e as taxas, salvo os que foram abolidos como vexatórios, e, caso eles se recusem a fazê-lo, ordenarão ao rei que faça marchar as tropas contra eles. Os senhores formulam princípios metafísicos que têm consequências universais, e depois lançam mão do despotismo para limitar a lógica. Os líderes do atual sistema comunicam-lhes seus direitos, como homens, de tomar as fortalezas, de assassinar os guardas, de se apoderar dos reis, sem a menor aparência de autoridade, nem mesmo da Assembleia enquanto esta, em sua qualidade de corpo legislativo soberano, se reunia em nome da nação. Não obstante, estes mesmos líderes se atrevem a ordenar que saiam as tropas, que participaram dessas mesmas desordens, para coagir aqueles que não fizeram nada além de julgar e agir conforme esses princípios e exemplos, os quais foram garantidos por sua própria aprovação.

Os líderes ensinam o povo a abominar e rejeitar todo feudalismo como a mais bárbara das tiranias e depois dizem-lhe o quanto dessa tirania bárbara ele terá de suportar com paciência. Como são pródigos em ilustrar os abusos, o povo, em contrapartida, os considera frugais ao extremo na repa-

---

190. *Courrier Français*, 30 de julho de 1790, Assemblée Nationale, n. 210.

ração dos mesmos. O povo sabe que certos foros de isenção e tarifas pessoais, dos quais os senhores lhe permitiram redimir-se (sem, no entanto, fornecer-lhe os meios financeiros para o resgate), nada são em comparação com aqueles encargos a respeito dos quais os senhores nada decidiram ainda. Sabe também que quase todo o sistema de propriedade fundiária é feudal em sua origem; que deriva da distribuição das posses dos proprietários originais, efetuada por um conquistador bárbaro a seus soldados bárbaros; e que os efeitos mais nocivos da conquista são, indubitavelmente, os arrendamentos de terra de toda espécie.

Com toda probabilidade, os camponeses são os descendentes desses antigos proprietários, romanos ou gauleses. Entretanto, se lhes é impossível estabelecer em qualquer grau seus títulos à maneira dos juristas e antiquários, eles se refugiam na cidadela dos Direitos do Homem. Nela descobrem que os homens são iguais entre si, e que a terra, mãe gentil e igual de todos, não deveria ser monopolizada para favorecer o orgulho e o luxo de alguns indivíduos que, por sua natureza, não são melhores do que eles próprios e que, se não trabalharem por seu pão, são piores. Os camponeses aprendem que as leis naturais fazem daquele que ocupa e trabalha o solo o verdadeiro proprietário; que não há prescrição contra a natureza; e que os acordos (caso existam) feitos com os senhores ao tempo da servidão são apenas o efeito da coerção e da força; e que, uma vez reintegrados os Direitos do Homem ao povo, esses acordos tornaram-se tão nulos quanto tudo mais que se decidiu sob a égide da antiga tirania aristocrática e feudal. O povo dirá que não vê nenhuma diferença entre um ocioso de chapéu ornamentado com o penacho nacional e um ocioso trajado de monge com um capuz ou uma sobrepeliz rendada. Se os senhores fundamentam o título das rendas na hereditariedade e na prescrição, eles lhe dirão, segundo o discurso do Sr. Camus publicado pela Assembleia Nacional para sua informação, que as coisas viciadas na origem não podem se beneficiar da prescrição; que o título desses senhores de terras estava viciado na origem; e que a força é, pelo menos, tão perniciosa quanto a fraude. Quanto ao título hereditário, eles dirão que a sucessão daqueles que cultivaram o solo é a autêntica árvore genealógica da propriedade, e não os pergaminhos podres ou substituições néscias; dirão que os senhores usufruíram da usurpação por demasiado tempo e que se eles, camponeses, concedem a esses monges leigos alguma pensão caridosa, os referidos senhores deveriam ser gratos à magnanimidade do verdadeiro proprietário que se comporta tão generosamente com relação a um falso pretendente a seus bens.

Quando os camponeses lhes devolvem essa moeda de razões sofísticas, na qual os senhores cunharam sua imagem e inscrição, os senhores a depreciam como metal ordinário e dizem-lhes que para o futuro pagarão com guardas franceses, dragões da cavalaria e hussardos. Para castigá-los, os senhores lançam mão da autoridade subalterna de um rei, que é apenas instrumento de destruição, totalmente impotente para proteger o povo ou sua própria pessoa. Os senhores acreditam que, por meio dessa autoridade, vocês se fazem obedecidos. Eles respondem: "Os senhores nos ensinaram que não existem gentis-homens; e qual dos seus princípios nos ensina a nos curvar diante de reis que não elegemos? Sabemos, independente dos seus ensinamentos, que as terras foram distribuídas em apoio às dignidades, títulos e cargos feudais. Se os senhores eliminaram a causa como sendo abusiva, por que deveria permanecer o efeito mais nocivo? Já que não há mais honras hereditárias ou famílias privilegiadas, por que somos tributados para manter o que os senhores nos dizem que não deveria existir? Os senhores não deixaram a nossos antigos senhores de terras nenhuma outra condição ou nenhum outro título que o de exatores sob a sua autoridade. Os senhores empreenderam algum esforço para torná-los respeitáveis entre nós? Não. Os senhores os enviaram para nós com suas armas viradas para baixo, seus escudos partidos e seus sinetes desfigurados; e tão desplumados, degradados e metamorfoseados ficaram tais bípedes implumes, que não mais os reconhecemos. São estranhos para nós; e nem sequer atendem pelo nome de nossos antigos senhores. Pode ser que fisicamente sejam os mesmos homens, embora não tenhamos muita certeza disso, dadas suas novas doutrinas de identidade pessoal. Em todos os demais aspectos eles estão totalmente alterados. Não vemos por que razão não temos tanto direito de recusar-lhes suas rendas quanto os senhores têm de revogar todas as suas honras, títulos e distinções. Jamais os encarregamos de fazer isso que é apenas um entre inúmeros exemplos de usurpação de um poder que não lhes foi delegado. Vemos os *burghers* de Paris, por meio de seus clubes, suas turbas e sua guarda nacional, dirigindo-os a seu bel-prazer e ditando as leis que, sob a sua autoridade, são a nós impostas. Por intermédio dos senhores, esses cidadãos dispõem das vidas e das fortunas de todos nós. Por que os senhores não atenderiam aos desejos do laborioso agricultor relativo à nossa renda – que nos afeta de maneira mais grave – da mesma forma como atendem às exigências desses cidadãos insolentes com relação às distinções e títulos honoríficos que de modo algum afetam suas vidas ou as nossas? Não obstante, parece-nos que os senhores dedicam mais atenção às suas fantasias que às nossas necessidades. Figura entre os Direitos do Homem o pagamento de tributos a seus iguais? Poderíamos concluir, antes dessa medida dos senhores, que não éramos perfeitamente iguais. Poderíamos ter mantido algum preconceito antigo, habitual e sem fundamento em favor daqueles senhores rurais, mas não podemos conceber com que propósito, senão o de destruir todo o respeito que ainda pudéssemos ter por eles, os senhores poderiam ter feito a lei que os degrada. Os senhores nos proibiram de tratá-los com algumas das antigas deferências e agora enviam tropas para nos coibir, por meio de sabres e baionetas, a uma submissão que não toleravam que prestássemos à branda autoridade da opinião.

O fundamento de alguns desses argumentos é hediondo e ridículo a todos os ouvidos sensatos, mas não para os metafísicos da política que, entre a abertura de escolas de sofística e a criação de estabelecimentos para a anarquia, consideram-no sólido e conclusivo. É evidente que, mediante simples considerações legais, os líderes da Assembleia não teriam tido o menor escrúpulo em revogar as rendas, juntamente com os títulos e as insígnias das famílias. Se assim o fizessem, não estariam senão agindo conforme o princípio de seus raciocínios e de modo a completar a analogia de sua conduta. Todavia, eles haviam recentemente se apossado de uma grande parcela de propriedade fundiária mediante o confisco. Levaram essas mercadorias ao mercado, o qual teria sido totalmente destruído se permitissem que os agricultores se rebelassem contra as especulações em que eles próprios livremente se intoxicaram. A única garantia de que goza a propriedade, qualquer que ela seja, é contra os juros de sua própria ganância com relação a alguma outra. Seus líderes não deixaram nada além de sua própria vontade arbitrária para determinar qual propriedade deve ser protegida e qual deve ser subvertida.

Tampouco deixaram em pé algum princípio pelo qual alguma de suas municipalidades possa ser forçada a obedecer, ou então que a obrigue conscienciosamente a não se separar do todo, seja tornando-se independente, seja unindo-se a algum outro Estado. Parece que a população de Lyon ultimamente tem-se recusado a pagar impostos. E por que haveria de pagá-los? Que autoridade legítima restou para recolhê-los? Alguns foram impostos pelo rei; outros, mais antigos, foram estabelecidos pelos velhos estados, organizados segundo ordens. Aquela população poderia dizer à Assembleia: "quem são vocês que, não sendo nossos reis nem os estados que elegemos, ainda se reúnem em desacordo com os princípios pelos quais os investimos? Quem somos nós, se não nos for permitido julgar quais impostos devemos ou não pagar? Não temos assistido à total recusa das gabelas,[191] que os senhores ordenaram que fossem pagas, embora vejamos esse ato de desobediência ratificado em seguida por vocês mesmos? Quem somos nós que não podemos dispor dos mesmos poderes cuja validade os senhores aprovaram em outros?". A resposta para isto é: "enviaremos tropas". A última razão dos reis é sempre a primeira da Assembleia dos senhores. Esta ajuda militar pode servir por algum tempo, enquanto perdurar o efeito do aumento do soldo e a vaidade de serem árbitros de todas as disputas for adulada. Mas chegará o dia em que esta arma infiel disparará subitamente na mão que a empunha. A Assembleia mantém uma escola onde, sistematicamente e com inesgotável perseverança, ela ensina princípios e formula regras avessos a todo espírito de subordinação civil e militar – e então espera manter em obediência um povo anárquico por meio de um exército anárquico.

As milícias municipais que, de acordo com sua nova política, devem contrabalançar esse exército nacional, são, se consideradas em si mesmas, de uma constituição muito mais simples e muito menos censuráveis em cada um de seus aspectos. São um mero corpo democrático, sem ligação com a coroa ou com o reino; armadas, treinadas, e providas de oficiais segundo a vontade do distrito a que seus regimentos geralmente pertencem; e o serviço pessoal dos indivíduos que as compõem, ou a multa que substitui o serviço militar, são dirigidos pela mesma autoridade.[192] Nada é mais uniforme. Se, entretanto, considerarmos essas milícias municipais em qualquer relação com a coroa, com a Assembleia Nacional, com os tribunais públicos ou com o outro exército; ou, ainda, se as considerarmos em termos de coerência ou coesão de suas partes, elas parecem um monstro, cujos movimentos imprevisíveis, uma vez concluídos, dificilmente deixariam de causar uma grande calamidade nacional. Como guardiãs de uma Constituição geral são piores do que era a *systasis* de Creta, a Confederação da Polônia, ou qualquer outro corretivo mal concebido que já se tenha imaginado para as necessidades produzidas por um sistema de governo mal estruturado.

---

191. No Antigo Regime francês, o imposto sobre o sal. (N.T.)

192. Vejo na prestação de contas do Sr. Necker que a Guarda Nacional de Paris recebeu, além e acima do dinheiro arrecadado nos limites da sua cidade, cerca de 145 mil libras esterlinas provenientes do tesouro público. Se isso significa um pagamento efetivo referente aos nove meses de sua existência, ou uma estimativa de seu encargo anual, é algo que não consigo perceber claramente. Trata-se, aliás, de algo sem importância, uma vez que essa corporação pode conseguir os recursos que bem desejar.

Após expressar minhas poucas observações acerca da constituição do poder supremo, do executivo, do judiciário, do exército e das relações recíprocas que mantêm entre si, direi algo sobre a habilidade mostrada por seus legisladores com respeito à receita pública.

Em sua conduta relativa a esta matéria percebe-se, se é que isso é possível, ainda menos vestígios de sabedoria política ou capacidade financeira. Quando os Estados-Gerais se reuniram, parecia que seu grande objetivo fosse o de melhorar a receita pública, ampliar sua arrecadação, expurgá-la da opressão e da vexação, de modo a estabelecê-la sobre bases mais sólidas. Enormes eram as expectativas de toda a Europa em torno do assunto. A manutenção ou a queda da França dependiam desse importante ajuste, o qual se tornou (com toda justiça, no meu modo de ver) o teste pelo qual a habilidade e o patriotismo dos que governavam naquela Assembleia seriam julgados. A receita do Estado é o próprio Estado. Com efeito, tudo depende disso, seja no que diz respeito à manutenção, seja à reforma. A dignidade de qualquer profissão depende totalmente da natureza e da extensão da virtude que se possa exercer nela. Como todas as grandes qualidades mentais que operam em público (e que não são meramente passivas e sofridas) requerem força para se manifestar – quase ia dizendo para existirem verdadeiramente –, a receita pública, que é a mola de todo o poder, chega a ser em sua administração a esfera de toda virtude ativa. Por ser de uma natureza magnífica e esplêndida, instituída para objetivos grandiosos e voltada para os grandes interesses da sociedade, a virtude pública requer amplo raio de ação e espaço para desenvolver-se, sendo-lhe impossível difundir-se e aprimorar-se sob confinamento ou em situações de aperto, mesquinhas e sórdidas. Somente por meio da receita é que o corpo político poderá atuar consoante seu verdadeiro gênio e caráter, podendo demonstrar, assim, tanto de sua virtude coletiva quanto daquela virtude que deve caracterizar os que a movimentam, e que são, por assim dizer, sua vida e princípio orientador, conforme possa dispor de uma receita justa. Pois não só a magnanimidade, a liberdade, a liberalidade, a beneficência, a firmeza, a providência e a proteção tutelar de todas as belas-artes derivam sua seiva e o crescimento de seus órgãos a partir disso, como também a moderação, a abnegação, o trabalho, a vigilância, a frugalidade, e tudo o mais em que a mente se mostre acima dos apetites, em parte alguma estão mais de acordo com sua própria substância do que pelo intermédio da provisão e da distribuição da riqueza pública. Não é sem razão, portanto, que a ciência financeira teórica e prática, que deve chamar em seu auxílio tantos ramos auxiliares do conhecimento, ocupa elevada posição na estima não só do vulgo, como também dos melhores e mais sábios homens; e como esta ciência tem crescido com o progresso do seu objeto, a prosperidade e o aperfeiçoamento das nações têm-se dado geralmente com o aumento das suas receitas; e ambos continuarão crescendo e florescendo enquanto o equilíbrio entre o que foi poupado pelos indivíduos para que fortaleçam os seus esforços e o que for recolhido para os esforços comuns do Estado guardarem entre si uma proporção devida, além de uma estreita correspondência e comunicação. Em virtude da grandeza das receitas e da urgência das necessidades do Estado, é provável que se descubram antigos abusos na constituição das finanças, e que sua verdadeira natureza e a racionalidade de sua teoria venham a ser mais perfeitamente compreendidas; a tal ponto que uma receita menor pode ter sido mais aflitiva ao povo num certo período do que outra, bem maior, em outro momento, mesmo que a riqueza proporcional do Estado permaneça inalterada. Nesse estado de coisas, a Assembleia francesa encontrou em suas receitas algo a preservar, a garantir e a sabiamente administrar, bem como a revogar e alterar. Ainda que sua orgulhosa presunção pudesse justificar os mais severos testes, limitar-me-ei, contudo, a considerar apenas o que constitui o mais simples e óbvio dever de um ministro das finanças qualquer, ao invés de julgar suas habilidades em seus procedimentos financeiros a partir de algum modelo de perfeição ideal.

Os objetivos de um financista são, portanto, assegurar uma ampla receita; impor seu recolhimento com discrição e equidade; empregá-la economicamente e, quando a necessidade obrigá-lo a fazer uso do crédito, garantir suas inversões naquele momento ou nas instâncias futuras, pela clareza e honestidade de seus procedimentos, exatidão de seus cálculos e solidez de seus fundos. Esses tópicos nos permitem ter uma rápida e nítida visão dos méritos e capacidades daqueles que na Assembleia Nacional têm se ocupado da direção dessa árdua tarefa. Longe de ter algum aumento de receitas em mãos, descubro no relatório do Sr. Vernier, do Comitê de Finanças, datado de 2 de agosto último, que o montante da receita nacional, em comparação com seu produto antes da Revolução, sofreu uma redução anual na ordem de duas centenas de milhões, ou *8 milhões de libras esternilas*, o que é consideravelmente mais que um terço do total!

Se isso for o resultado de uma grande capacidade, é certo que o talento jamais se mostrou de maneira mais distinta ou com um efeito tão poderoso. Nenhum tipo comum de loucura, nenhuma forma trivial de incapacidade, nenhum exemplo ordinário de negligência oficial, nem corrupção, peculato, e dificilmente qualquer espécie de hostilidade direta jamais vista no mundo moderno poderiam, em tão pouco tempo, ter produzido uma subversão tão completa das finanças e, com ela, da força de um grande reino. *Cedo qui vestram rempublicam tantam amisistis tam cito?*[193]

Tão logo a Assembleia se reuniu, os sofistas e oradores começaram a execrar a antiga composição da receita em muitos de seus ramos mais essenciais, tais como o monopólio público do sal. Acusaram-no, com tanta razão quanto imprudência, de ser mal concebido, opressivo e injusto. Não se limitaram a fazer essa observação nos discursos preliminares de algum plano de reforma; fizeram-no em uma resolução solene ou em sentença pública, como se fosse uma sentença judicial versando sobre o tema, e a qual espalharam por toda a nação. Na ocasião em que aprovaram o decreto, ordenaram, com a mesma gravidade, que esse imposto absurdo, opressivo e injusto fosse pago, até conseguirem encontrar outra fonte de receita para substituí-lo. A consequência era inevitável. As províncias que sempre estiveram isentas desse monopólio do sal, algumas das quais eram oneradas com outras contribuições porventura equivalentes, foram totalmente desestimuladas a suportar qualquer parcela dessa carga, que por uma distribuição equitativa poderia reduzir o ônus das outras. Quanto à Assembleia, ocupada como estava em declarar e a violar os Direitos do Homem, bem como em promover a confusão geral, não teve oportunidade nem capacidade imaginativa, e nem tampouco autoridade, seja para implementar qualquer plano relativo à substituição do imposto ou sua equalização, seja para conduzir suas mentes a qualquer esquema de acomodação com os outros distritos que deviam ser aliviados.

O povo das províncias salineiras, impaciente por ter de suportar o peso de taxas condenadas pela mesma autoridade que havia ordenado o seu pagamento, rapidamente teve sua paciência esgotada. Julgava-se tão hábil na tarefa da demolição quanto a Assembleia poderia ser. Aliviou-se do peso de sua carga arremessando fora todo o fardo. Entusiasmados por esse exemplo, cada distrito ou parte do mesmo, julgando a partir de seus próprios sentimentos e de suas próprias concepções, fizeram o que bem entenderam quanto às demais taxas.

Veremos a seguir como se conduziram os legisladores franceses na concepção de imposições equitativas, proporcionais aos meios dos cidadãos e menos propensas a taxar com maior rigor o capital produtivo empre-

---

193. Cícero, *De Senectute*, VI, p. 20: "Como conseguiste arruinar o teu país tão rapidamente?" (N.T.)

gado na geração da riqueza privada da qual deve ser derivada a riqueza pública. Tolerando que os diversos distritos e, em cada distrito, que vários indivíduos julgassem que parte da antiga receita eles poderiam deixar de pagar, o que se viu foi a introdução de uma nova desigualdade do tipo mais opressivo, e não de melhores princípios de equidade. Os impostos eram deixados ao alvedrio dos contribuintes. As partes do reino mais submissas, mais ordeiras ou mais leais à comunidade nacional suportaram todo o ônus do Estado. Nada logra ser mais injusto e opressivo quanto um governo fraco. Para suprir todas as deficiências dos antigos impostos, e as novas deficiências de toda espécie que eram de se esperar, o que restava a um Estado sem autoridade fazer? A Assembleia Nacional solicitou uma contribuição voluntária de um quarto da renda de todos os cidadãos, deixando que a honra dos contribuintes estimasse o valor. Obtiveram mais do que se poderia esperar racionalmente, embora essa quantidade estivesse, na verdade, muito longe de atender as reais necessidades do tesouro, e muito aquém de suas expectativas otimistas. As pessoas racionais poderiam ter esperado pouco desse imposto apresentado sob o disfarce da benevolência; um imposto fraco, ineficaz e desigual, destinado a proteger a luxúria, a avareza e o egoísmo, enquanto lança sua carga sobre o capital produtivo, a integridade, a generosidade e o espírito público; um imposto que, numa palavra, penalizaria a virtude. Aos poucos, porém, a máscara foi arrancada, e agora estão tentando (sem muito sucesso) outros meios de extrair sua benevolência pela força.

Essa benevolência, criatura raquítica da debilidade da Assembleia, seria custeada por uma outra fonte, irmã gêmea da mesma imbecilidade prolífica. As doações patrióticas eram para compensar o fracasso das contribuições patrióticas. Fulano de tal devia tornar-se fiador de Beltrano. Esse plano levou-os a tomar coisas de muito valor do doador e de comparativamente pouco valor para o destinatário: por meio dele, arruinaram-se vários negócios comerciais e promoveu-se a pilhagem dos ornamentos da coroa, dos pratos de coleta das igrejas e dos bens do povo. Com efeito, a invenção desses aspirantes juvenis à liberdade nada mais era senão uma imitação servil de um dos mais pobres expedientes do despotismo cego. Tiraram uma enorme e velha peruca do guarda-roupas das extravagâncias antiquadas de Luís XIV para cobrir a calvície prematura da Assembleia Nacional. Produziram essa loucura formal e obsoleta, apesar de tudo o que foi exposto nas *Memórias* do Duque de Saint-Simon, como se tivesse faltado aos homens sensatos argumentos que os alertassem para os seus desmandos e suas insuficiências. Salvo engano, um expediente do mesmo tipo foi tentado por Luís XV, mas sem êxito. Não obstante, as necessidades impostas pelas guerras desastrosas forneceram desculpas para os projetos desesperados. As resoluções impostas pela calamidade raramente são sábias. Mas, no caso em questão, a ocasião era propícia para o talento e a previdência. Foi em uma época de profunda paz, que já durava cinco anos e prometia durar por muito mais tempo, que a Assembleia recorreu a essa trivialidade desesperada. Estava certa de que perderia mais reputação, em sua situação séria, entretendo-se com aqueles brinquedos e joguetes financeiros que preencheram metade dos seus jornais, do que poderia ser possivelmente compensado pelo pobre suprimento temporário que ela fornecia. Parecia que os que adotaram tais projetos ignoravam totalmente suas circunstâncias ou estivessem muito aquém das necessidades que deveriam suprir. É evidente que, qualquer que seja a eficácia desses artifícios, não se poderá contar novamente nem com as doações patrióticas nem com as contribuições patrióticas. Os recursos da loucura pública esgotam-se prematuramente. Toda a política fiscal da Assembleia consiste efetivamente em produzir, por meio de qualquer artifício, a aparência momentânea de grandes reservas, ao mesmo tempo em que ela corta as fontes e os mananciais do suprimento perene. Não resta a menor dúvida de que a exposição feita, não faz muito tempo, pelo Sr. Necker tinha a intenção de ser favorável. Apresenta uma perspectiva lisonjeira a respeito do orçamento anual, mas expressa, como era de se esperar, alguma apreensão pelo que poderia estar por vir. A respeito desse último prognóstico, ao invés de examinar com profundidade os fundamentos dessa apreensão a fim de evitar, mediante uma previsão adequada, o mal prognosticado, o presidente da Assembleia limitou-se a dirigir uma espécie de nota amigável de censura ao Sr. Necker.

No que se refere aos demais projetos de taxação da Assembleia, é impossível dizer-se qualquer coisa com segurança sobre os mesmos, pois ainda não foram postos em prática; mas ninguém é tão ingênuo a ponto de imaginar que essas medidas possam cobrir parte significativa do enorme déficit criado em suas receitas por sua incapacidade. No momento atual, seu tesouro se torna a cada dia mais pobre em espécie e mais rico em símbolos fictícios. Nessa situação em que tão pouca coisa se encontra, no tesouro ou fora dele, a não ser papel – o símbolo não da opulência mas da necessidade; criatura não do crédito, mas do poder –, os representantes franceses imaginam que a prosperidade do Estado inglês se deve a esse papel-bancário e não que o papel-bancário tire o seu apoio na próspera condição de nosso comércio, na solidez de nosso crédito e na total exclusão de toda ideia de poder de qualquer parte da transação. Esquecem-se de que, na Inglaterra, não se recebe nem um xelim de qualquer tipo de papel-moeda a não ser voluntariamente; que a totalidade deste teve sua origem em dinheiro vivo efetivamente depositado; que pode ser convertido à vontade, em um instante, novamente em dinheiro metálico, sem que isso implique a menor perda. Nosso papel-moeda tem valor comercial porque não decorre de nenhuma imposição legal. É poderoso na Bolsa de Valores, pois em Westminster Hall é impotente. Como pagamento de uma dívida de 20 xelins, um credor pode recusar todo papel emitido pela Banco da Inglaterra. Tampouco há entre nós uma só garantia pública, de qualquer espécie ou natureza, que seja imposta pela autoridade. Pode-se demonstrar facilmente que o nosso papel-moeda, ao invés de depreciar o valor da moeda real, tende, na verdade, a fortalecê-la; ao invés de ser um substituto da moeda, ele apenas facilita a sua entrada, a sua saída e a sua circulação; que ele é o símbolo da prosperidade, e não o emblema da miséria. Jamais a escassez de moeda ou uma exuberância de papel-moeda foram motivo de queixa nesta nação.

De acordo! Mas uma redução dos gastos pródigos e a economia que foi introduzida pela sábia e virtuosa Assembleia fazem com que as perdas sofridas na receita sejam compensadas. Pelo menos nisso eles cumpriram suas obrigações de um financista. Mas aqueles que dizem isso atentaram para as despesas da própria Assembleia Nacional? Das municipalidades? Da cidade de Paris? Para as crescentes despesas dos dois exércitos? Da nova polícia? Das novas magistraturas? Teriam eles ao menos comparado cuidadosamente a atual lista de pensões com a anterior? Esses políticos foram cruéis, não econômicos. Ao compararmos os gastos do pródigo governo anterior e sua relação com as receitas de então, com as despesas desse novo sistema ante o estado de seu novo tesouro, creio que o governo atual resultará ser incomparavelmente mais oneroso.[194]

---

194. O leitor observará que toquei apenas levemente (uma vez que meu plano não exigia nada além disso) na condição das finanças francesas em relação com as demandas que pesam sobre elas. Se eu tivesse pretendido fazer de outro modo, os materiais que tenho em mãos não teriam sido totalmente adequados para essa tarefa. Sobre esse ponto, remeto o leitor à obra do Sr. Calonne e à impressionante exposição que ele fez do estrago e devastação na fazenda pública, e em todos os negócios da França, produzidos pelas presunçosas boas intenções da ignorância e da incapacidade. Tais efeitos sempre serão produtos de tais causas. Examinando-se essa exposição com um olhar bem severo e, talvez, excessivamente rigoroso, deduzindo-se tudo o que possa ser posto na conta de um financista que perdeu seu cargo, e cujos inimigos podem supor que esteja tratando de defender seus pontos de vista pessoais, creio que se descobrirá não se ter jamais oferecido à humanidade uma lição mais salutar de cautela contra o espírito audacioso dos inovadores como a que se oferece atualmente à custa da França.

Resta-nos apenas considerar as provas de capacidade financeira oferecidas pelos atuais administradores franceses para obter recursos mediante o crédito. Aqui fico um pouco perplexo, já que crédito, propriamente dito, eles não têm nenhum. O crédito do antigo governo não era certamente dos melhores, embora fosse capaz de conseguir, sob determinados termos, levantar dinheiro não só no país como também na maioria dos países da Europa onde houvesse algum excedente de capital; e o crédito daquele governo melhorava diariamente. Deve-se supor que o estabelecimento de um sistema de liberdade haveria de dar-lhe nova força; e assim teria sido de fato, se um sistema de liberdade tivesse se estabelecido. Que ofertas seu governo de suposta liberdade recebeu da Holanda, de Hamburgo, da Suíça, de Gênova, da Inglaterra, para uma operação com o seu papel-moeda? Por que essas nações de comerciantes e economistas deveriam se envolver em qualquer negociação pecuniária com um povo que pretende inverter a própria natureza das coisas; no qual se vê o devedor impondo ao credor, pela ponta da baioneta, o meio de saldar suas dívidas; no qual se salda um compromisso pela contração de outro, em que a própria penúria se transforma em recurso e, finalmente, os juros são pagos com seus farrapos?

Sua fanática confiança na onipotência da pilhagem da Igreja induziu esses filósofos a negligenciar qualquer cuidado com a fazenda pública, da mesma forma que o sonho da pedra filosofal induz os ingênuos, sob a mais plausível ilusão da arte hermética, a ignorar todos os meios racionais de aumentar suas fortunas. Para esses financistas filosóficos, essa medicina universal, preparada a partir dos despojos da Igreja, deve curar todos os males do Estado. Esses senhores podem não acreditar muito nos milagres da religião; mas não se pode negar que eles têm uma inabalável fé nos prodígios do sacrilégio. Encontram-se premidos por alguma dívida? Emitam *assignats*. Há que se decretar indenizações ou pensões em favor daqueles a quem eles privaram de suas propriedades, ou expulsaram de sua profissão? *Assignats*. É preciso equipar uma frota? *Assignats*. Se 16 milhões de libras esterlinas desses *assignats* impostos ao povo deixam as necessidades do Estado mais urgentes do que nunca, haverá quem sugira a emissão de 30 milhões de libras esterlinas em *assignats,* enquanto um outro propõe a emissão de 4 vintenas a mais de *assignats*. A única diferença entre suas facções financeiras diz respeito à maior ou menor quantidade de *assignats* que pretendem impor à tolerância do público. Todos são professores no que diz respeito a *assignats*. Mesmo aqueles cujo bom-senso natural e experiência comercial, não obliterados pela filosofia, fornecem argumentos decisivos contra esse engano, propõem a emissão de *assignats* na conclusão de seus raciocínios. Suponho que devam falar a linguagem dos *assignats*, uma vez que não se compreenderia nenhuma outra. Toda a experiência de sua ineficácia não é o bastante para desencorajá-los minimamente. Estão desvalorizados no mercado os antigos *assignats*? Qual é o remédio? Emitam-se novos *assignats*! – *Mais si maladia, opiniatria, non vult se garire, quid illi facere? Assignare; postea assignare; ensuita assignare.*[195] As palavras estão ligeiramente alteradas. O latim de seus atuais doutores pode ser melhor que o da sua velha comédia;[196] mas sua sabedoria e a variedade de seus recursos são as mesmas. Seu canto tem menos notas que o do cuco; mas longe de ter a doçura desse arauto do verão e da abundância, sua voz é tão áspera e agourenta quanto a do corvo.

Quem, salvo os mais aventureiros mais desesperados em filosofia e finanças, poderia em última análise ter pensado em destruir a receita estabelecida do Estado, a única garantia para o crédito público, na esperança de recompô-la com os materiais da propriedade confiscada? Todavia, ainda supondo que um excessivo zelo pelo Estado viesse a levar um prelado pio e venerável (por antecipação, um Pai da Igreja)[197] a pilhar sua própria ordem e, pelo bem da Igreja e do povo, investir-se do cargo de grande financista do confisco e Controlador Geral do sacrilégio, ele e seus coadjutores estariam, a meu juízo, obrigados a demonstrar, em sua conduta subsequente, que tinham algum conhecimento das funções que assumiram. Quando os legisladores franceses resolveram apropriar ao *Fisco* uma certa porção da propriedade fundiária de seu conquistado país, cabia-lhes fazer tudo o que fosse possível para tornar o seu banco um verdadeiro instrumento de crédito.

Independente das circunstâncias, o estabelecimento de um fundo de crédito-circulante lastreado em algum *banco rural* mostrou-se, até aqui, tarefa no mínimo difícil. A tentativa culminava o mais das vezes em falência. Entretanto, quando a Assembleia foi levada, pelo desprezo aos princípios morais, a desafiar os princípios econômicos, poder-se-ia esperar que, no mínimo, ela não poupasse esforços para reduzir essa dificuldade ou impedir qualquer agravamento dessa bancarrota. Era de se esperar que, para tornar seu Banco Rural aceitável, lançaria mão de todos os meios a seu alcance para

---

195. Burke lança mão de sua erudição clássica para satirizar, em latim, a política econômica da Assembleia Nacional francesa: "Mas se a opinião enfermiça não quer se curar, o que resta a ser feito? Emitam-se os *assignats* – e então mais *assignats*; e mais e mais *assignats*". (N.T.)

196. Burke refere-se à citação latina da peça *Malade Imaginaire*, de Molière. (N.T.)

197. É assim que La Bruyère se refere a Bossuet.

demonstrar franqueza e lealdade na declaração da garantia; tudo que pudesse ajudar a restabelecer seu crédito. Tomando-se as coisas por seu aspecto mais positivo, sua condição era a de um grande proprietário fundiário que deseja dispor de suas terras para o pagamento de uma dívida e a satisfação de certas obrigações. Impossibilitados de vendê-las imediatamente, os senhores desejaram hipotecá-la. Em semelhantes casos, o que faria um homem de boas intenções e de um entendimento normalmente claro? Não deveria ele primeiramente calcular o valor bruto da propriedade; os custos de sua administração e transmissão; os encargos perpétuos e temporais de todos os tipos que incidem sobre ela; e então deduzir o excedente líquido para calcular o valor exato da garantia? Quando esse excedente (a única garantia para o credor) tivesse sido claramente determinado e posto à disposição dos fiduciários, ele então notificaria as partes a serem vendidas, bem como os prazos e as condições da venda; feito isso, ele admitiria que o credor público, se assim o decidisse, aplicasse seu capital nesse novo fundo; ou então ele poderia buscar empréstimos dos que se dispusessem a adiantar-lhe recursos em troca de um *assignat* para adquirir esse tipo de garantia.

Isto seria proceder como homens de negócios, isto é, metódica e racionalmente; e segundo os únicos princípios que possam existir para o crédito público e privado. A outra parte saberia então exatamente o que comprava, de modo que a única dúvida ainda pendente seria o temor de um novo confisco do espólio (talvez com o acréscimo de sanções), desta vez pela garra sacrílega daqueles infelizes execráveis que poderiam se tornar compradores no leilão dos bens de seus inocentes concidadãos.

Para apagar tanto quanto possível o estigma que até hoje acompanhou os bancos rurais de toda espécie, fazia-se absolutamente necessário estabelecer e declarar com clareza e precisão o valor líquido da propriedade confiscada, assim como a data, as condições e o local da venda. Em virtude de outro princípio, ou melhor, por conta de uma promessa previamente feita sobre esse assunto, tornou-se necessário ainda que sua fidelidade futura em um negócio de risco pudesse ser determinada por sua adesão a um compromisso anterior. Após a Assembleia ter finalmente decidido que o butim da Igreja deveria servir de recurso para o Estado, seus representantes, a 14 de abril de 1790, chegaram a uma solene resolução sobre o assunto, no qual se comprometiam perante o país a que "no orçamento anual dos gastos públicos fosse introduzida uma soma suficiente para cobrir as despesas da religião C. A. R., o sustento dos ministros dos altares, a assistência aos pobres, as pensões dos eclesiásticos seculares e regulares de um ou de outro sexo, *a fim de que as propriedades e os bens que estão à disposição da nação sejam isentos de todos os encargos, e empregados pelos representantes ou pelo corpo legislativo, para as grandes e mais prementes exigências do Estado*". No mesmo dia a Assembleia assumiu o compromisso de que a verba necessária para o ano de 1791 seria fixada sem demora.

Nesta resolução se admite que é dever da Assembleia demonstrar claramente seus gastos com os itens anteriormente citados, os quais, em resoluções anteriores, ela já se havia empenhado a tratar com prioridade. Admite-se que é seu dever apresentar a propriedade líquida e livre de qualquer encargo, e que se deve fazê-lo imediatamente. Mas a Assembleia tomou essas providências imediatamente ou resolveu adotá-las mais tarde? Ela, em algum momento, forneceu uma lista das rendas das propriedades imobiliárias ou publicou um inventário dos bens móveis confiscados para garantia dos seus *assignats*? Deixo aos seus admiradores ingleses a tarefa de explicar a maneira pela qual poderá a Assembleia cumprir seus compromissos de destinar ao serviço público "uma propriedade isenta de qualquer gravame", sem estabelecer com precisão o valor e as taxas que incidem sobre ela. Imediatamente após ter dado essa garantia e sem nada fazer para efetivá-la, a Assembleia emitiu, sobre o crédito de uma declaração tão bela, 16 milhões de libras esterlinas do seu papel. Isso foi bastante corajoso de sua parte. Quem, após esse golpe de mestre, poderia duvidar de sua capacidade financeira? Mas então, antes de qualquer nova emissão dessas *indulgências* financeiras, ela ao menos teve o cuidado de honrar sua promessa original? Se tal estimativa, quer do valor das propriedades, quer do montante de seus encargos, foi levada adiante, a mim escapou: jamais ouvi falar disso.

Todavia, quando seus legisladores apresentaram as terras da Igreja como garantia de quaisquer débitos ou serviços, eles finalmente confessaram e revelaram por inteiro sua abominável fraude. Roubam simplesmente para poder trapacear; mas, num prazo brevíssimo, esgotam os frutos tanto do roubo como da trapaça, ao apresentarem, para outros fins, contas que lançam pelos ares todo o seu aparato de engano e força. Sou muito grato ao Sr. de Calonne por sua referência ao documento que prova esse fato extraordinário: por alguma razão, isto me havia escapado. Com efeito, eu não precisava fazer minhas avaliações quanto à quebra de compromisso da Assembleia para com a declaração de 14 de abril de 1790. O Comitê de sua Assembleia, ao que parece, reportou o fato de que o custo de manutenção dos estabelecimentos eclesiásticos reduzidos e de outras despesas acessórias da religião, o sustento dos religiosos de ambos os sexos – efetivados ou pensionistas –, e os outros gastos concomitantes de natureza análoga que a Assembleia tomou a seu encargo após essa convulsão na propriedade, ultrapassam a renda das propriedades adquiridas pela revolução na enorme soma de 2 milhões de libras esterlinas anuais; isto sem mencionar uma dívida superior a 7 milhões. Estes são os poderes de cálculo da impostura! Esta é a ciência financeira da filosofia! Este é o resultado de todas as ilusões apresentadas para mobilizar um povo miserável na rebelião, no assassinato e no sacrilégio, e fazer dele um instrumento zeloso e eficiente da ruína de seu próprio país! Nunca um Estado, em qualquer caso, logrou enriquecer mediante o confisco dos bens de seus cidadãos. Essa nova experiência teve o mesmo êxito que as demais. Todas as mentes honestas, todos os verdadeiros amantes da liberdade e da humanidade, devem exultar de alegria ao descobrirem que a injustiça nem sempre constitui uma boa política, nem a rapina a via principal para a riqueza. Com muita satisfação subscrevo, em uma nota, as observações inteligentes e espirituosas do Sr. de Calonne a esse respeito.[198-199]

198. *Ce n'est point à l'assemblée entière que je m'adresse ici; je ne parle qu'à ceux qui l'égarent, en lui cachant sous des gazes séduisantes le but où ils l'entraînent. C'est à eux que je dis: votre objet, vous n'en disconviendrez pas, c'est d'ôter tout espoir au clergé, et de consommer sa ruine; c'est-là, en ne vous soupçonnant d'aucune combinaison de cupidité, d'aucun regard sur le jeu des effets publics, c'est-là ce qu'on doit croire que vous avez en vue dans la terrible opération que vous proposez; c'est ce qui doit en être le fruit. Mais le peuple que vous y intéressez, quel avantage peut-il y trouver? En vous servant sans cesse de lui, que faites-vous pour lui? Rien, absolument rien; et, au contraire, vous faites ce qui ne conduit qu'à l'accabler de nouvelles charges. Vous avez rejeté, à son préjudice, une offre de 400 millions, dont l'acceptation pouvoit devenir un moyen de soulagement en sa faveur; et à cette ressource, aussi profitable que légitime, vous avez substitué une injustice ruineuse, qui, de votre propre aveu, charge le trésor public, et par conséquent le peuple, d'un surcroît de dépense annuelle de 50 millions au moins, et d'un remboursement de 150 millions. Malheureux peuple! voilà ce que vous vaut en dernier résultat l'expropriation de l'Eglise, et la dureté des décrets taxateurs du traitement des ministres d'une religion bienfaisante; et désormais ils seront à votre charge: leurs charités soulageoient les pauvres; et vous allez être imposés pour subvenir à leur entretien! De l'Etat de la France*, p. 81. Ver também p. 92 ss.

199. "Não me dirijo aqui à totalidade da Assembleia, mas apenas àqueles representantes que desencaminham o povo mediante a ocultação, sob véus sedutores, do destino para o qual eles o arrastam. É a eles que eu digo: vosso objetivo, vós haveis de convir, é o de suprimir toda esperança ao clero e de consumar sua ruína; é isto – sem desconfiardes de qualquer combinação da cupidez, sem que vos preocupeis com o jogo dos efeitos públicos – que, devemos crer, vós tendes em vista na terrível ação que propusestes; este deve ser o resultado de tudo isso. Mas o povo que vós envolveis nesta questão, que vantagem tirará ele disso? Afinal, o que fazeis por ele enquanto vos servis incessantemente dele? Nada, absolutamente nada; antes, pelo contrário, fazeis o que não leva senão a cumulá-lo de novos encargos. Rejeitastes, ao vosso critério, uma oferta de 400 milhões, cuja aceitação seria um meio de aliviá-lo; e a este recurso, tão proveitoso quanto legítimo, preferistes uma injustiça ruinosa que, conforme vós mesmos admitis, agrava o tesouro público e, consequentemente, o povo, com um aumento de despesa anual

A fim de convencer o mundo de que os recursos do confisco eclesiástico são inesgotáveis, a Assembleia passou a fazer outros confiscos de propriedades nos cargos públicos, que não poderiam ser feitos sob qualquer alegação comum sem que os proprietários fossem indenizados a partir do confisco da propriedade fundiária. A Assembleia onerou esse fundo, que deveria apresentar um superávit livre de todas as obrigações, com um novo encargo; a saber, a compensação a todo corpo judiciário destituído, e de todas as propriedades correspondentes aos cargos e ofícios suprimidos, perfazendo um valor que não posso precisar, mas que indubitavelmente chega a alguns milhões em moeda francesa. Entre os novos encargos, deve-se levar em conta também uma anuidade de 480 mil libras esterlinas para quitar (se ela resolver manter a palavra), em parcelas diárias, os juros dos primeiros *assignats*. Preocupou-se alguma vez a Assembleia em declarar abertamente o quanto custará a administração das terras da Igreja postas nas mãos das municipalidades e de uma legião de subordinados desconhecidos, a cujos cuidados, habilidade e diligência eles decidiram dar o encargo das propriedades confiscadas – medida esta cuja consequência foi tão habilmente apontada pelo bispo de Nancy?

É entretanto inútil prolongar-se nesses óbvios tópicos sobre os encargos. Teria a Assembleia Nacional esclarecido a respeito do maior de todos os gravames, isto é, o montante necessário à manutenção de todos os estabelecimentos de ordem geral e local, comparando-o com o rendimento habitual da receita? Qualquer déficit nessa área recairá sobre os bens confiscados, e isto antes mesmo que o credor possa plantar seus repolhos em um acre da propriedade da Igreja. O Estado repousa inteiramente neste confisco: retire-se este esteio e ele cairá por terra. Diante desta situação, a Assembleia tratou de propositalmente cobrir com um denso nevoeiro tudo o que ela deveria ter zelosamente esclarecido; e então, ela própria de olhos vendados, como os touros que cerram os olhos quando arremetem, obrigou, pela força das baionetas, seus escravos – não menos vendados que os seus senhores – a aceitar seus valores fictícios como realidades, e a engolir pílulas de papel em doses de 34 milhões de libras esterlinas. Ela então, com base na quebra de todos os seus compromissos anteriores, fundamenta orgulhosamente sua pretensão a um crédito futuro, e num momento em que

---

de pelo menos 50 milhões, além de um reembolso de 150 milhões. Infeliz povo! Eis o que, em última análise, vos custará a expropriação da Igreja e a vigência dos decretos tributários relativos ao sustento dos ministros de uma religião benevolente, já que, de agora em diante, eles estarão ao vosso encargo: um imposto recairá sobre vós para que podeis subvencionar a caridade com que eles aliviam os pobres! (N.T.)

está claro (se é que em tal matéria pode haver algo claro) que o excedente das propriedades confiscadas não bastará para pagar nem sequer a primeira de suas hipotecas, refiro-me àquela de 400 milhões (ou 16 milhões de libras esterlinas) em *assignats*. Em todo esse procedimento não consigo discernir nem o sólido bom-senso de um simples negócio, nem a sutil destreza de uma fraude engenhosa. As objeções feitas no interior da Assembleia contra a abertura das comportas que inundam o país com um papel fraudulento não foram atendidas, embora tenham sido vigorosamente refutadas por 100 mil financistas nas ruas. Estes são os números que servem de cálculo para os metafísicos da aritmética. Estes são os grandiosos cálculos sobre os quais se apoia um crédito público filosófico na França. Eles não podem levantar recursos, mas podem sublevar multidões. Que se regozijem com os aplausos do clube de Dundee,[200] por sua sabedoria e patriotismo ao aplicar desse modo a pilhagem dos cidadãos a serviço do Estado. Desconheço qualquer manifestação sobre esse assunto da parte dos diretores do Banco da Inglaterra, ainda que na balança do crédito a aprovação deles tivesse um *pouco* mais de peso do que a do clube de Dundee. Entretanto, para fazer justiça ao clube, creio que os cavalheiros que o compõem são mais sensatos do que parecem; que serão menos liberais com seu dinheiro do que com seus discursos; e que não dariam uma orelha da mais amassada e rota cédula de seu papel escocês em troca de vinte dos seus *assignats* novinhos.

No começo do ano, a Assembleia emitiu papéis no valor de 16 milhões de libras esterlinas: em que estado a Assembleia deve ter deixado os seus negócios para que o alívio proporcionado por uma soma tão volumosa nem ao menos fosse perceptível? Esse papel sofreu também sofreu uma depreciação quase imediata de 5%, que pouco depois chegou a quase 7%. O efeito desses *assignats* sobre o recolhimento dos impostos é notável. O Sr. Necker descobriu que os arrecadadores de impostos, que cobravam em moedas, pagavam ao tesouro em *assignats*. Por este mecanismo, no qual recebiam em dinheiro e prestavam contas em papel depreciado, os coletores obtiveram um lucro de 7%. Não era muito difícil prever que isso devia ser inevitável, ainda que não menos embaraçoso. O Sr. Necker viu-se obrigado a comprar (creio que uma parte considerável no mercado de Londres) ouro e prata para cunhagem, o que lhe custou cerca de 12 mil libras esterlinas acima da mercadoria obtida. Esse ministro pensava que qualquer que fosse a miste-

---

200. Alusão a um clube liberal escocês (*Whig*) favorável às reformas do Parlamento Britânico e que, apesar de sua constituição social aristocrática, saudou a Revolução de 1789 como um triunfo da razão e da liberdade sobre a superstição, a ignorância e o despotismo. (N.T.)

riosa virtude nutritiva desses *assignats*, o Estado não poderia viver apenas deles; que era necessário um pouco de prata verdadeira, especialmente para a satisfação daqueles que, tendo o ferro em suas mãos, era improvável que se distinguissem pela paciência ao perceberem que o aumento do pagamento que lhes fora prometido em moeda real, lhes seria fraudulentamente retirado por um papel depreciado. O ministro, compreensivelmente aflito, recomendou à Assembleia que ela deveria exigir dos coletores de impostos que pagassem em espécie o que recebessem em espécie. Não lhe pôde escapar que, se o Tesouro pagava 3% para sustentar uma moeda que retornaria com uma depreciação de 7% com relação ao valor em que o ministro a emitira, tal operação não teria grandes chances de enriquecer o público. A Assembleia não tomou conhecimento dessa advertência. Os representantes franceses estavam diante do seguinte dilema: continuar a receber os *assignats*, sob o risco de o numerário desaparecer de seu tesouro, ou recusar esses *amuletos* de papel, depreciá-los, sob pena de arruinar assim o crédito da única fonte de recursos que lhes restava. Eles então parecem ter optado por dar algum crédito a seu papel, recebendo-o eles próprios e, ao mesmo tempo, proferiram uma espécie de declaração jactanciosa segundo a qual não havia diferença de valor entre o numerário e os seus *assignats*, o que estava, creio eu, acima de sua competência legislativa. Esta foi uma profissão de fé bem robusta, pronunciada sob um anátema, pelos veneráveis padres desse sínodo filosófico. *Credat* quem quiser; certamente não *Judaeus Apella*.[201]

Produziu-se uma nobre indignação nas mentes de seus líderes populares, quando eles ouviram a lanterna mágica de seu espetáculo financeiro ser comparada às exibições fraudulentas do Sr. Law.[202] É-lhes impossível manterem-se calmos ao ouvirem a comparação entre as areias de seu Mississipi e a rocha da Igreja sobre a qual construíram seu sistema. Rogo para que refreiem esse espírito orgulhoso enquanto não tenham mostrado ao mundo que pedaço de chão sólido existe para seus *assignats*, o qual não tenha sido previamente ocupado com outros encargos. Cometem uma injustiça àquela grande "fraude-mãe" do Sr. Law, quando a comparam à sua degenerada imitação. Não é verdade que Law erigiu seu sistema apenas so-

---

201. Horácio, *Sátiras*, I, v, p. 100: "Deixe o Judeu Apela acreditar, eu não". Na Roma de Horácio (século I a.C.), o termo "Judeu Apela" servia para designar pejorativamente todos os incautos crentes de uma determinada causa. No caso de Burke, o termo se refere aos financistas judeus, vistos por ele como os principais favorecidos pelas operações financeiras da Revolução Francesa. (N.T.)

202. John Law (1671-1729), financista escocês e Controlador Geral das Finanças, durante a Regência; célebre pela falência da Companhia do Mississipi criada por ele. (N.T.)

bre a especulação do Mississipi. Ele acrescentou o comércio com a Índia Oriental, com a África, e de todas as receitas fiscais da França. Sem dúvida que tudo isso não era o bastante para sustentar o edifício que o entusiasmo público, e não ele, decidiu erguer sobre essas bases. Não obstante, aquelas bases constituíam ilusões generosas se comparadas com as de hoje. Elas supunham e aspiravam a um aumento do comércio francês, abrindo-lhe todo o âmbito dos dois hemisférios. Não pensavam em alimentar a França com a sua própria substância. Uma grande imaginação encontrou nesse voo comercial algo de cativante, capaz de ofuscar o olhar de uma águia. Aquele sistema, à diferença do que se passa com o dos senhores, não foi feito para atrair o olfato de uma toupeira, farejando e enterrando-se em sua mãe-terra. Os homens de então não tinham sido suficientemente reduzidos em suas dimensões naturais por uma filosofia degradante e sólida, e adequada para as ilusões baixas e vulgares. Acima de tudo, lembre-se de que, mesmo abusando de suas imaginações, os que então administraram o sistema de Law fizeram uma homenagem à liberdade humana: sua fraude nunca foi seguida pela força. Esta foi reservada para o nosso tempo, para extinguir os pequenos lampejos de razão que poderiam atravessar a sólida escuridão desta era iluminada.

Lembro-me de não ter dito uma palavra sobre um plano financeiro que pode ser alegado em favor das capacidades desses senhores, o qual, apesar de não ter sido finalmente adotado, foi apresentado com grande pompa pela Assembleia Nacional. Muito tem-se falado a respeito da utilidade e da elegância desse projeto, que traz um sólido auxílio para sustentar o crédito do papel-moeda. Refiro-me ao projeto de cunhar dinheiro com os sinos das igrejas suprimidas. Esta é a alquimia da Assembleia Nacional. Existem certas loucuras que, ultrapassando os limites do ridículo, tornam irrisório qualquer argumento e despertam em nós apenas o sentimento de repulsa; por conseguinte, não falarei mais sobre isso.

Reputo como igualmente inútil tecer alguma consideração a mais sobre seus projetos e contraprojetos sobre a circulação no intuito de adiar o dia fatal, sobre o jogo entre o Tesouro e a *Caisse d'Escompte,* e sobre todos esses ultrapassados e velhos expedientes de fraude mercantil que hoje são alçados à condição de política de Estado. A receita pública não será escarnecida. A conversa fiada sobre os Direitos do Homem não valerá como pagamento de um biscoito ou de uma libra de pólvora. Aqui, então, os metafísicos descem de suas especulações aéreas e seguem fielmente os exemplos anteriores. Quais exemplos? Os exemplos de bancarrota. Apesar de vencidos, frustrados, desmoralizados, quando seu alento, sua força, suas invenções, suas fantasias os abandonam, sua confiança preserva-se ainda inabalada. O fracasso explícito de suas capacidades serve-lhes como pretexto para que se declarem benfeitores. Quando a receita desaparece entre suas mãos, eles têm a presunção, como alguns de seus últimos atos demonstram, de *se* vangloriar pelo socorro prestado ao povo. Todavia, não trouxeram alívio algum para o povo. Se tivessem essa intenção, por que ordenaram que os impostos odiosos fossem pagos? O próprio povo logrou aliviar-se, a despeito da Assembleia.

Entretanto, à parte toda discussão sobre os partidos que poderiam reivindicar o mérito desse alívio falacioso, será que houve, efetivamente, algum socorro ao povo, sob qualquer forma? O Sr. Bailly, um dos principais agentes da circulação do papel-moeda, nos ilustra a respeito da natureza desse socorro. O discurso que proferiu na Assembleia Nacional continha um panegírico eloquente e elaborado aos habitantes de Paris sobre a constância e a inquebrantável resolução com que suportaram suas angústias e misérias. Uma bela pintura de sua felicidade pública! Como se fosse necessário ter grande coragem e uma inflexível firmeza de espírito para tolerar as benfeitorias e suportar o alívio! A julgar pelo discurso desse douto Senhor Prefeito, poder-se-ia pensar que os franceses tiveram de passar pelas dificuldades de algum terrível cerco no último ano; que Henrique IV andou interrompendo as avenidas de seus abastecimentos, enquanto Sully fazia troar suas ordens às portas de Paris; quando, na realidade, não estão sitiados por nenhum inimigo a não ser sua própria insensatez e loucura, sua própria credulidade e perversidade. Contudo, é mais fácil que o Sr. Bailly primeiro derreta o gelo eterno dessas regiões atlânticas do que devolva o aquecimento central a Paris, enquanto esta permanecer "afligida pelas massas frias, áridas e petrificadas" de uma filosofia falsa e insensível. Pouco tempo depois desse discurso, a saber, no último dia 13 de agosto, o mesmo magistrado, prestando contas de seu governo na tribuna da mesma Assembleia, expressou-se da seguinte maneira: "No mês de julho de 1789 (período inesquecível), as finanças da cidade de Paris *ainda* se encontravam em bom estado; a despesa equilibrava-se com a receita, e a cidade dispunha naquela ocasião de 1 milhão (40 mil libras esterlinas) no Banco. Os gastos que se viu obrigada a fazer *posteriormente à Revolução* elevaram-se a 2,5 milhões de libras. Em virtude desses gastos e da queda vertiginosa no produto das *doações gratuitas,* seguiu-se uma falta de dinheiro não apenas esporádica, mas *total*". Esta é a Paris cuja alimentação, no decorrer do último ano, consumiu quantias imensas arrancadas das partes vitais de toda a França. Enquanto Paris ocupar o lugar que foi de Roma Antiga, ela será mantida pelas províncias subjugadas. Trata-se de um mal que inevitavelmente acompanha o domínio de repúblicas democráticas soberanas. A exemplo do que ocorreu em Roma, o mal deve sobreviver à dominação republicana que o engendrou. Nesse caso, o próprio despotismo deve submeter-se aos vícios da popularidade. Sob os imperadores, Roma reuniu os males de ambos os sistemas, de modo que essa combinação antinatural foi a principal causa de sua ruína.

Dizer ao povo que se alivia sua condição pela dilapidação dos bens públicos é uma impostura cruel e insolente. Os estadistas, antes de se vangloriarem pelo socorro prestado ao povo com a destruição de sua receita, deveriam dispensar muito cuidado na solução do seguinte problema: é mais vantajoso para o povo pagar consideravelmente e receber em proporção, ou ganhar pouco ou nada e estar livre de toda contribuição? Minha mente está resolvida a decidir em favor da primeira proposição. A experiência e, creio, as melhores opiniões, estão do meu lado. Manter o equilíbrio entre o poder aquisitivo do súdito e as exigências do Estado é parte fundamental da habilidade de um autêntico político. Os meios de aquisição têm prioridade no tempo e nas providências. Para ser capaz de adquirir sem escravizar-se, o povo deve ser dócil e obediente. O magistrado deve ser respeitado e as leis obedecidas. Os princípios de subordinação natural não podem ser desarraigados artificialmente da alma do povo. Deve respeitar a propriedade da qual não possa tomar parte. Deve labutar para obter o que pelo labor pode ser obtido e caso descubra, como ocorre frequentemente, que o sucesso é desproporcional ao esforço, deve-se ensinar-lhe que seu consolo está nas proporções finais da justiça eterna. Quem quer que o prive desta consolação entorpece sua operosidade e fere a raiz de toda a aquisição e de toda a conservação. Quem age dessa maneira é o opressor cruel, o inimigo impiedoso dos pobres e dos desditosos, e cujas perversas especulações o levam a expor os frutos da próspera indústria e os acúmulos da fortuna à pilhagem dos negligentes, dos amargurados e dos fracassados.

Muitos financistas por profissão são incapazes de ver na receita pública outra coisa a não ser bancos, circulações, pensões vitalícias, seguros, arrendamentos perpétuos, e todas as miudezas do varejo. Em um Estado bem ordenado, estas coisas não devem ser desprezadas, nem a habilidade contida nelas ser objeto de uma estima trivial. Elas são boas, desde que assumam as obrigações desta ordem estabelecida e se baseiem nela. No entanto, quando os homens pensam que essas maquinações mendicantes podem remediar os males resultantes da destruição dos fundamentos da ordem pública e da subversão dos princípios da propriedade, estão destinados a levar seu país à ruína, deixando um melancólico e duradouro monumento dos efeitos produzidos por uma política absurda e presunçosa levada a cabo por pessoas de visão estreita e limitada.

Os efeitos da incapacidade demonstrada pelos líderes populares em todas as questões fundamentais da comunidade devem ser cobertos pelo "onirreparador nome" da liberdade. Observo, com efeito, algumas pessoas gozarem de grande liberdade; e muitas outras, se não a maioria, numa servidão opressiva e degradante. Mas o que é a liberdade sem a sabedoria e a virtude? É o maior de todos os males possíveis, pois é apenas estupidez, vício e loucura sem proteção ou freio. Os que sabem o que é a liberdade virtuosa não podem suportar vê-la desonrada por mentes incapazes em virtude das palavras altissonantes que lhes saem da boca. Certamente não desprezo um grande e entusiasmado sentimento de liberdade, estou certo disso. Eles aquecem o coração, engrandecem e liberam nossas mentes, animam nossa coragem em época de conflito. Velho como sou, sigo lendo com prazer os belos arroubos de Lucano e Corneille.[203] Tampouco condeno totalmente os artifícios e os mecanismos da popularidade: eles facilitam a realização de muitos projetos importantes; mantêm o povo unido; alentam o espírito em seus esforços; e imprimem uma alegria passageira sobre a severa fronte da liberdade moral. Todo político deveria fazer sacrifício às graças, e unir a complacência à razão. Todavia, em um empreendimento como esse da França, todos esses sentimentos e artifícios secundários são de pouca utilidade. Constituir um governo não requer demasiada prudência. Estabeleça a sede do poder, ensine a obediência, e o trabalho estará pronto. Dar liberdade é ainda mais fácil. Não é necessário guiar; e requer apenas que se solte a rédea. Mas constituir um *governo livre*, ou seja, harmonizar elementos opostos como a liberdade e a restrição numa obra consistente, é algo que exige muito estudo, profunda reflexão, e uma mente sagaz, poderosa e flexível. Não encontro nada disso entre os que assumiram a liderança da Assembleia Nacional. Talvez não estejam tão miseravelmente desprovidos dessas capacidades quanto parece, e prefiro acreditar nisso, pois de outra maneira ficariam abaixo do nível médio da inteligência humana. Entretanto, quando os líderes decidem rivalizar entre si pela popularidade, os talentos que

---

203. Marcus Annaeus Lucanus (39-65), poeta romano; e Pierre Corneille (1606-1684), célebre dramaturgo e poeta trágico francês. (N.T.)

porventura possam ter de nada servem para a construção do Estado. Estão destinados a se tornar bajuladores em vez de legisladores; os instrumentos, e não os guias do povo. Se algum deles propusesse um plano de liberdade sobriamente delimitado e definido por qualificações razoáveis, seria imediatamente sobrepujado por seus competidores, que poderiam apresentar algo mais esplendidamente popular. Levantar-se-iam suspeitas de sua fidelidade à causa. A moderação seria estigmatizada como a virtude dos covardes, e o compromisso como a prudência dos traidores; até que, esperançoso de conservar o crédito que lhe possibilite acalmar e moderar algumas situações, o líder popular fosse obrigado a propagar ativamente as doutrinas e estabelecer poderes que derrubariam posteriormente qualquer propósito sóbrio que ele, em última análise, pudesse ter visado.

Todavia, serei tão pouco razoável a ponto de não perceber, nos trabalhos infatigáveis da Assembleia, nada que seja digno elogio? Não nego que, em meio a uma infinidade de atos de violência e loucura, algum bem possa ter sido feito. Os que tudo destroem certamente eliminarão algum abuso, da mesma forma que os que fazem tudo de novo têm a possibilidade de fazer algo útil. Contudo, para que se lhes possa dar crédito pelo que fizeram em virtude da autoridade que usurparam, ou perdoar os crimes pelos quais adquiriram essa autoridade, seria necessário provar que as mesmas coisas não poderiam ter sido obtidas sem que se produzisse tal revolução. É certo que poderiam, pois deixando de lado aquelas medidas da Assembleia cuja utilidade podia ser posta em dúvida, todas as demais consistiram praticamente em concessões feitas voluntariamente pelo rei durante a reunião dos Estados-Gerais, ou em instruções simultâneas dos eleitores das Três Ordens. Alguns costumes foram abolidos com justiça, muito embora eles fossem de tal sorte que, se tivessem ficado como estavam por toda a eternidade, teriam subtraído bem pouco à felicidade e à prosperidade de qualquer Estado. As melhorias introduzidas pela Assembleia Nacional são superficiais, ao passo que seus erros são fundamentais.

Gostaria que meus compatriotas, sejam quais forem, preferissem recomendar a nossos vizinhos o exemplo da Constituição Britânica a tomá-los como exemplo para o aperfeiçoamento da nossa. Nesta última eles encontram um tesouro inestimável. A meu juízo, não lhes faltam certos motivos de queixa e preocupação, os quais, entretanto, devem-se antes à sua própria conduta do que à Constituição. Penso que nossa venturosa situação deve-se à nossa Constituição; mas à sua totalidade, e não a alguma parte isolada; que essa felicidade se deve, em grande medida, tanto ao que deixamos de pé em nossas diversas revisões e reformas, quanto ao que alteramos ou acrescentamos. Nosso povo encontrará suficiente emprego para um espírito verdadeiramente patriótico, livre e independente, na defesa de qualquer violação à sua Constituição. Tampouco excluiria a possibilidade de alterar; e mesmo quando eu alterasse, seria no intuito de preservar. Recorreria a esse remédio apenas em caso de grande abuso, e, quando este fosse o caso, procuraria seguir o exemplo de nossos ancestrais, fazendo com que a reforma, na medida do possível, respeitasse o estilo do próprio prédio. Entre os princípios diretores de nossos antepassados, mesmo em sua conduta mais decidida, figuravam sempre uma precaução política, uma prudente circunspeção e uma timidez mais moral do que conjuntural. Não estando iluminados com a luz de que esses senhores franceses nos dizem ter recebido um quinhão tão abundante, nossos antepassados agiram sob uma forte impressão da ignorância e da falibilidade humanas. Aquele que os criou assim tão falíveis, recompensou-os por terem seguido a natureza em sua conduta. Imitemos, pois, sua precaução, se quisermos merecer sua fortuna ou conservar seus legados. Acrescentemos, se assim o desejarmos; mas não sem preservar o que eles deixaram, e, apoiados no terreno firme da Constituição Britânica, contentemo-nos em admirar, sem procurar seguir, o voo desesperado dos aeronautas franceses.

Confidenciei-lhe com toda franqueza meus sentimentos. Não creio que logrem alterar os seus e não estou certo de que deveriam. Por força de sua juventude, o senhor não pode guiar e deve seguir a fortuna do seu país. Todavia, é possível que meus sentimentos lhe sejam de alguma utilidade mais tarde, em alguma das formas futuras que seu governo deverá assumir. Dificilmente permanecerá em seu estado atual; mas antes de tomar sua forma definitiva ele pode ser obrigado a passar, como diz um de nossos poetas, "por grandes variedades de formas desconhecidas do ser", sendo purificado pelo fogo e pelo sangue em todas as suas transmigrações.

Nada mais tenho para recomendar minhas opiniões, a não ser uma longa observação e muita imparcialidade. Elas vêm de alguém que não foi instrumento do poder nem bajulador da grandeza; e que não desejaria que seus últimos atos desmentissem o teor de sua vida. Procedem de um homem cuja maior parte da atividade pública foi um combate pela liberdade dos outros; de um homem cujo peito jamais foi inflamado por alguma cólera duradoura ou veemente, a não ser pelo que ele considerava como tirania; e que dedicou uma parte de seu tempo nos esforços empreendidos pelos homens bons para desacreditar a opressão opulenta ao exame dos assuntos dos senhores, e que, assim procedendo, está convencido de não se ter afastado de seu ofício habitual. Elas vêm de um homem cujo desejo por honras, distinções e emolumentos é tão pequeno, que não espera em absoluto por eles; que não despreza a fama e não teme a censura; que passa ao largo das disputas, embora esteja disposto a arriscar uma opinião; de alguém que deseja preservar a congruência, mas que a preservaria variando seus meios de garantir sua unidade de ação, e que, quando a estabilidade do navio no qual navega possa estar em perigo por um excesso de peso em um de seus lados, dispõe-se a transferir o pequeno peso de suas razões para aquele lado que pode preservar seu equilíbrio.

Finis

Este livro foi impresso pela RR Donnelley
em fonte Minion Pro sobre papel Norbrite 67 g/m²
para a Edipro no verão de 2019.